中國學術思想 研究輯刊

八 編

林 慶 彰 主編

第 19 冊

羅整菴哲學思想研究

蔡 家 和 著

花木蘭文化出版社

國家圖書館出版品預行編目資料

羅整菴哲學思想研究／蔡家和 著 — 初版 — 台北縣永和市：
花木蘭文化出版社，2010〔民99〕
序2+ 目2+252 面；19×26 公分
（中國學術思想研究輯刊 八編：第19 冊）
ISBN：978-986-254-203-3（精裝）
1.（明）羅欽順 2.學術思想 3.理學
126.82 99002482

ISBN - 978-986-2542-03-3

9 789862 542033

中國學術思想研究輯刊

八 編 第十九冊 ISBN：978-986-254-203-3

羅整菴哲學思想研究

作 者 蔡家和
主 編 林慶彰
總 編 輯 杜潔祥
出 版 花木蘭文化出版社
發 行 所 花木蘭文化出版社
發 行 人 高小娟
聯絡地址 台北縣永和市中正路五九五號七樓之三
電話：02-2923-1455 ／傳眞：02-2923-1452
網 址 http://www.huamulan.tw 信箱 sut81518@ms59.hinet.net
印 刷 普羅文化出版廣告事業
封面設計 劉開工作室
初 版 2010 年 3 月
定 價 八編 35 冊（精裝）新台幣 58,000 元

羅整菴哲學思想研究

蔡家和　著

作者簡介

蔡家和，臺灣省基隆市人，淡江大學數學學士，中央大學哲學碩士、博士。現任東海大學哲學系副教授。研究領域，以儒家、宋明理學為主。著有論文二十餘篇。

提　要

　　本論文主要對於整菴思想作一詮釋與界定。因本文重在研究羅整菴之思想，故資料來源以整菴的《困知記》為主，因整菴之哲學思想幾乎都詳載於此書。於研究方法上以文獻之解讀與詮釋為主。

　　研究成果如下：

　　於整菴的理氣論方面，整菴以理氣一致的思想修正朱子學，而企圖回到明道的理氣圓融一致之義理；於心性論處，整菴視道心為性，而朱子視道心為心之原於性命之正，重在心義而不在性義，故小有差別，此乃整菴避免淪為心學、禪學的呼籲。

　　於整菴與明道思想的異同之研究方面，整菴最欣賞明道的義理思想，乃於天道論之理氣圓融性上有取於明道，但於心即理義上不同於明道，以致於工夫論上還是停留於朱子學，而非明道之學。

　　於第四章之研究成果，吾人認為朱子、整菴學與陽明學兩者不同。一者尊天道論；一者重心的自覺性，陽明言心即理，縱使言天道也是不離吾人的良知之知覺下的天道。心學與理學之思想可以互補，不可會通，而朱子學之儒學經典詮釋不合於孔孟的思想。

　　於第五章處吾人談整菴的儒佛之辨的判準，以虛實的判準為得宜，但此是在不可視心學為虛學之前提下而可如此言之，在此整菴稍有偏差。

　　第六章認為整菴學確實有天人不一的可能性。且黃宗羲、劉蕺山接受了整菴的天道論及佛學的部分思想，進而轉化整菴的思想，其思想更為客觀公正。

目次

自　序

　　吾人當初於碩士論文研究王門後學，於宋明理學中屬心學，然陽明學是反省朱子學而來，當時覺得，若不研究朱子學，終不切，故於博士期間，精心於朱子學的研究，當時朱子《四書集註》、《易本義》等書，牟宗三先生的《心體與性體》的朱子學部分，都曾逐字逐句讀過一兩遍以上。而真要著手於博士論文寫作時，覺得歷來研究朱子的人太多了，似乎沒有辦法在他們之外有創新的詮釋。於是吾人把方向轉向到明代的朱子學，也因為當時我的指導教授楊祖漢老師正開課於《明儒學案》，故吾人對明代朱子學產生興趣。而又於研究韓國儒學中，發現羅整菴對韓國儒者有些微的影響，故題目就鎖定在羅整菴身上。依著對於朱子學已略知一二，處理整菴就比較得心應手，然整菴學畢竟還是在反省與修正朱子學，故亦非老實地只是「此亦一述朱，彼亦一述朱」，所以有些想法亦值得發揮。這是吾人五六年前作整菴學研究的想法。

　　如今花木蘭文化出版社打算出版一系列的碩博士論文，在此之際，吾人亦想把博士論文出版，故於東海哲學系的上課課程，開明代朱子學的課，再一次的復習整菴學。然五六年後的現在，吾人的思想有一些轉變，原因是，研究了明末清初的一些思想家後，如黃宗羲、劉蕺山，發現整菴學可以有一些不同的詮釋，故於九十八年五月，於研討會上，寫了一篇文章〈從所以然到自然──整菴對朱子學的修正〉，如今放在附錄中，此可用以比較吾人前後期對整菴理解的轉變。至於博士論文，以吾人現在心力，亦無從修改起，因為當初對朱子學較熟，故有些想法保留亦有益，因為以現在的功力，也許也寫不出當時的精熟程度。以現在的學力，衡量當初的作品，其中亦不算錯，

只是詮釋的觀點有些微變化，故吾人保留當時作品，而把其中一篇附錄〈中國哲學天道論者對於德福一致問題之解決方式〉刪除了，因為這篇文章已投稿他處，而補進了〈從所以然到自然——整菴對朱子學的修正〉一文，其實這篇文章正是談論整菴學的理氣論，與正文的理氣論相比，可以看出吾人想法過渡的痕跡。

　　這本論文能得以出版，雖不是什麼大作，但要感謝的人還是很多，亦很難一一道盡。感謝林慶彰教授主編，還有花木蘭文化出版社，此書才得以出版。而楊祖漢老師作為我的碩、博士論文指導老師，也感謝他的辛勞，其對後進的培養照顧不遺餘力，我跟著他所帶領的讀書會，已邁進了第十二個年頭，每星期六，風雨無阻，甚至畢業後，來到苗栗、台中教書，每個星期六還是北上研讀，這對平日哲學基礎的培養與訓練，甚有幫助。還要感謝的是李瑞全老師，從進中央大學哲學所的碩士班與博士班之八年內，其對於學生我培養、照顧有加，亦幫我爭取一些獎學金，且其非論文口試委員，而願意讀完我的論文，且給後輩一些建議，對我助益甚大。岑溢成教授亦是吾人要感謝的人，常與他在打球之餘，討論學問，對哲學實力的培養很有幫助。朱建民老師，在哲研所裡的生活上的資助與幫忙，且對我論文的建議與修正，助益甚大。也感謝鍾彩鈞教授，能提攜後進，對後進的包容，值得吾人再三地感謝。也感謝顏國明教授，其照顧後輩，讓我有兼課的磨鍊機會。最後也感謝我的家人，能讓我唸哲學這個冷門的行業。

蔡家和序於台中

民國九十八年八月

第一章 導　論

一、目　的（含動機）

（一）整菴學可作為宋明儒學程朱學者以來，研究氣論之先驅

在研究晚明一直到清代的學思裡，常有以氣爲主的思想，其雖本著朱子的理氣論之思維，但理氣之間的關係非常密切，甚至即氣言理，似乎有容易陷入自然主義之傾向與危險。〔註1〕而當吾人研究到明代羅整菴思想時，可見其思想乃程朱學者之提出理氣論以來的某一面向的反動，〔註2〕在理氣論上似乎爲晚明之以氣爲主之思想的濫殤。〔註3〕對於理氣論之看法，黃宗羲幾乎完

〔註1〕理氣之比配，又可類於天理、人欲之比配，故哲學意涵就有很多方面可以發揮。此可參見鄧克銘：〈羅欽順「理氣爲一」說之理論效果〉：「如將天理與人欲視爲理與氣之關係，依羅氏之看法，人欲是氣，則天理是氣中之理，兩者爲一物。在此前提下，理可說在欲中，而非離欲之外另有一理。」《漢學研究》（台北：漢學研究中心，2001年12月）第19卷第2期，頁44。亦可參見牟宗三：《心體與性體》（一）：「至梨洲則于此並無眞工夫，眞知見，其辭語尤乖謬。亟欲說理氣是一，而竟落于視理爲氣之謂詞，爲關聯的特質之層次，是則儒家内聖之學之言道體性體全部倒塌矣！……遂順之而下滾耳。」（台北：正中書局，1996年），頁403。黃宗羲（牟宗三先生批評了明代三個自然主義學者，黃宗羲亦是其中之一，但始作俑者爲羅整菴）是否爲自然主義者，亦尚可商量，但晚明之風氣與思潮有整菴思想的影子是不容忽略的。

〔註2〕這種反動只能說是程朱學者内部立場的反動，與陽明反對朱子學之不同系統的反動是不一樣的。

〔註3〕此意思吾人以黃宗羲的看法爲主，黃宗羲編了《宋元學案》、《明儒學案》，評論了這麼多儒者，而天道論獨取整菴學何故？吾人認爲或許宋代思想，張載或明道似乎有以氣爲本的意思，但其思想在朱子學的理氣論之後，所以不爲

全同意整菴的意思，而且兩人的理氣論思想型態一樣，亦是說理與氣之間不可分開，而且要一致。黃宗羲這樣說：「蓋先生之論理氣，最為精確，謂通天地，亙古今，無非一氣而已。氣本一也。」〔註4〕故可見黃宗羲欣賞整菴的理氣論，並用在自己的思想裡，"一氣之流行"之思想對於後來的發展影響很大，〔註5〕所以在此吾人認為，整菴思想可以作為一研究之開始點。

（二）朱子學的理論如何在明代朱子學的系統內，從整菴思想裡得到 另一種解決

朱子學到了明代，有不同的詮釋與講法。整菴思想在此氣氛下成長，一方面要面對心學如甘泉與陽明思想的挑戰，一方面要釐清朱子學的正宗地位為何。整菴思想承繼於朱子學算是較具有特色的一位，比起河東學派之對於朱子學沒有發明而言，更值得研究。若能研究之，透過比較的詮解，更能了解整菴學與朱子學的特色。羅整菴思想主要是以承繼朱子學為主，而發展出自己的一套理論見解，尤其是朱子的理氣論，明代各家的理解不見得合於朱子，但可視為是朱子學的發展，雖然不合於朱子，但因朱子學的影響下而發展出的一套理論，亦可看出其所要面對的問題為何，亦可見其自成一套理論系統。在理氣合一問題上時，朱子認為理氣不離，而整菴認為除了理氣不離之外，還認為理氣要一致。故朱子與整菴的不同，在於「一」的意思之見解不同。朱子的意思，是指不可離氣而另有一個理；而整菴的意思除同於朱子之外，還認為理氣要相一致。〔註6〕例如朱子的氣強理弱之言，其理氣思想，一個在超越（理），一個在現實（氣），二者不同，而有間的兩物一定要相合

黃宗羲所注意到。故獨強調一氣之話語，是取自羅整菴，而且整菴談這些話語較明道等人的思想還來的更為明顯。且吾人談這種發展是程朱學者之後的發展。可視張載與明道為朱子學之前，其理氣論的意味不重。

〔註4〕 沈善洪主編：《黃宗羲全集》（八），（杭州：浙江古籍出版社，1992 年），頁408。

〔註5〕 此意思亦取自黃宗羲的看法，黃宗羲師徒對於後學的影響很大，例如陳確的思想。此可參見劉又銘：《理在氣中》（台北：五南出版社，2000 年），頁1～5。劉先生認為張載或許有氣論的成份，但當時理氣論的講法未成形，故以整菴為研究之開始。而且黃宗羲編的《宋元學案》、《明儒學案》，其哲學史的地位，其貢獻與影響亦無遠弗屆，為研究宋明儒者必讀之書，故其影響之盛自可見之。

〔註6〕 「理須就氣上認取，然認氣為理便不是。此處間不容髮，最為難言，要在人善觀而默識之。『只就氣認理』與『認氣為理』，兩言明有分別，若於此看不透，多說亦無用也。」見羅整菴：《困知記》（北京：中華書局，1990 年），頁32。此意思表示當就氣認理，故理氣一致；而不可認氣為理，表示理氣不同。

在一起；而整菴反對理氣之不一致（此不一致非邏輯上的不一致，只是不齊一的不一致），例如氣強理弱，這就是不一致，這是整菴所批評朱子想不透的結果。從朱子肯認理弱氣強之思想，與整菴反對理弱氣強之思想，便可見朱子與整菴對於理氣爲一的「一」之意思解釋不同。〔註7〕

（三）對於整菴思想的詮釋問題之釐清

近人對於整菴思想之解讀不同，似乎很多面向都解得通，於是便造成整菴思想之理解上的混亂，在此吾人也有一套詮釋系統可供參考。且吾人的論文之章節安排便是以此動機爲主，整菴的哲學思想作爲題目，論及整菴本人的思想，及與外部理論之比較，更能看出整菴思想的特色。此三點乃吾人的論文寫作之動機，及所要論及的問題所在。

二、前人研究成果之回顧

前人研究成果裡，吾人以較有權威性之大家爲主，例如牟宗三先生與唐君毅先生。還有，鍾彩鈞先生論文很有價值，還有大陸一些持唯氣論思想的學者。舉這些學者理由如下：牟宗三先生判整菴爲自然主義者，認爲這種講法爲下墮之學，吾人認爲整菴學並非如此。唐先生對於整菴思想的獨到見解，對吾人研究整菴學問很有啓發性，值得介紹。他把天道與人道分而言之，天道是一本，而人道是對待的。且其對於整菴思想的天人爲一與否的論斷，亦值得再討論。大陸有些學者認定整菴思想爲唯物論、唯氣論，〔註8〕吾人不表贊同。而鍾先生是台灣研究整菴思想較有見樹之學者，值得討論。

（一）唐君毅

唐先生於《中國哲學原論・導論篇》裡談到：

〔註7〕 至於甚至有人認爲理可以生氣，例如劉蕺山與黃宗義便是如此批評朱子，這更是完全理解錯朱子的意思。但朱子也說理先氣後，或是有理生氣的講法，在朱子學的理解裡，沒有所謂的現實的理先氣後可言。現實而言，有理便有氣了，朱子的理先氣後之說，其實是超越的分解之言，也是強調理的重要性、理的理想性、超越性。其分解的講，認爲理氣爲先天的二物獨立而存，理代表著理想，氣代表著現實，但兩物可以相合，而且必定要相合，所以朱子說理氣決爲兩物。其所意味的先，不是現實上的先，也不是時間上的先，而是邏輯上的先，重點在強調理的優越性、理想性。

〔註8〕 所謂唯物論與唯氣論之講法，吾人認爲唯物論乃以物爲本體，而其他部分，例如心的部分只是物的一個屬性，或說可由物來解釋心的存在。同樣的唯氣論乃是以氣爲本體，而理只是氣的屬性罷了。

> 若謂理之生氣，有如包涵某物者，將其中之物生出，如母之生子，而吾人又將理視爲在氣上一層面之形而上之理，則此理之義中，既不包涵氣之義，亦不能生氣，如石女腹中無子，不能生子。然吾人如視理原不離於氣，則此理之生氣，即氣之依理而生，依理而行，如人之依道路而自有其「行走」；則理之生氣之義，即不難解。〔註9〕

此乃對於朱子學的「理先氣後」及「理生氣」的意思作一解釋，其認爲，理先氣後的意思乃是指邏輯之先後者，其大意不外謂：「物有理，即物之概念中涵有理之概念，亦預設理之概念，故必有理乃能有是物。物之概念亦連於氣者，則理之概念，在邏輯上先於物，亦即先於氣。」〔註10〕亦是說，理先於氣，不是時間上的先後，如今日有理，明日有氣，若如此認定則爲錯誤理解，且如此理解對於「理生氣」之理解亦將同樣影響到而誤解。所以引文裡，唐先生反對理生氣如同母生子一樣的實質上的生，因爲理中沒有氣，又如何能生氣呢？所謂的朱子的理生氣的意思只能是理氣不離，而氣依理而行的意思。如此對於朱子學的理解可謂大中至正。唐先生的意思，與黃宗羲、劉蕺山，甚至整菴所解理的朱子不同。吾人必須先認定了朱子的理氣論型態，然後對於整菴之學是否繼承於朱子，才能有所判定，當然整菴對於朱子學的理氣論之理解，除了視理氣之不離外，還有其他的要求，已經不是純然的朱子學，而是有其自己一套系統，視其反對朱子的理弱氣強可知。

而關於唐君毅先生對於整菴本人之思想而言，其不同意黃宗羲對於整菴的天人一致與否的判別。其言：

> 觀整菴所見，要在言心之虛靈知覺，不同于性之絜淨精微，而謂見性，待于心之格物窮理，以合內外。此分心與性，乃承朱子之傳。然朱子分心與性，亦分理與氣；性即理而心爲氣之靈。整菴則又謂理氣爲一。故梨洲謂其自相矛盾。然吾觀整菴所謂理氣爲一，乃謂自統體之宇宙而言之，理皆氣之理。但自人分上說，則人所分于宇宙之氣，只爲宇宙之氣之一部分。人之心氣，固有其理。人外之天地萬物之氣中，亦有其理；此理則初在人心氣之外，與心氣爲二。故人必以心知格其物，而窮其理，乃能與其理相一。此理即性，故必窮理而後心知與性一。未有窮理致知之功，則心與性尚是二。則

〔註9〕 唐君毅：《中國哲學原論・導論篇》（台北：學生書局，1993年），頁485。
〔註10〕 同上，頁484。

整菴之言，亦未必如梨洲所謂自相矛盾。〔註11〕

此意思乃是反對黃梨洲之判別整菴的天人不一的意思。黃梨洲的原文很長，引其重要者如下：

> 第先生之論心性，頗與其論理氣自相矛盾。夫在天爲氣者，在人爲心，在天爲理者，在人爲性。理氣如是，則心性亦如是，決無異也。人受天之氣以生，祗有一心而已，而一動一靜，喜怒哀樂，循環無已，當惻隱處自惻隱，當羞惡處自羞惡，當恭敬處自恭敬，當是非處自是非，千頭萬緒，輵輷紛紜，歷然不能昧者，是即所謂性也。初非別有一物立於心之先，附於心之中也。先生以爲天性正於受生之初，明覺發於既生之後，明覺是心而非性。信如斯言，則性體也，心用也；性是人生以上，靜也，心是感物而動，動也；性是天地萬物之理，公也，心是一己所有，私也。明明先立一性以爲此心之主，與理能生氣之說無異，於先生理氣之論，無乃大悖乎？豈理氣是理氣，心性是心性，二者分，天人遂不可相通乎？〔註12〕

黃宗羲批評整菴的理氣論與心性不一致。在整菴而言，理氣是相一致的，亦即有此氣便有此理，也沒有所謂氣強理弱之不一致的情況產生。但在心性論而言，除了聖人之外，常人的心與性總是不相一致。蓋聖人兼體而無累，心之氣，通體透明，乃格物窮理後之功，其心與性可以說是相合無間，用一般的話語來講，乃其現實的心就是理想的仁義禮智之呈現；而對於常人而言，現實的心還未格物窮理，心氣還有駁雜，不能總是如理想的性一般、想要表現仁義禮智就能表現之，故還要加工夫以讓心氣沈澱。即是說，以整菴看法而言，人不是聖人，所以不能像聖人一樣做到心與性一致，甚至如同天道一樣，理氣一致（全氣是理，一氣之流行）。〔註13〕所以在整菴而言，常人之心

〔註11〕 唐君毅：《中國哲學原論・原教篇》（台北：學生書局，1990年），頁355。

〔註12〕 沈善洪主編：《黃宗羲全集》（八）（杭州：浙江古籍出版社，1992年），頁408～9。又黃宗羲之說本於其師劉蕺山之言：「先生（指羅整菴）既不與宋儒天命、氣質之說，而蔽以『理一分殊』之一言，謂理即是氣之理，是矣。獨不曰性即是心之性乎？心即氣之聚於人者，而性即理之聚於人者，理氣是一，則心性不得是二；心性是一，性情又不得是二。使三者於一分一合之間，終有二焉，則理氣是何物？心與性情又是何物？天地間既有箇合氣之理，又有箇離氣之理；既有箇離心之性，又有箇離性之情，又烏在其爲一本也乎？」見沈善洪主編：《黃宗羲全集》（七）（杭州：浙江古籍出版社，1992年），頁18。

〔註13〕 「伊川先生云：『配義與道，謂以義理養成此氣，合義與道也。方其未養，則

不是性，心與性常不一致。〔註14〕

故黃宗羲認為若理氣論一致的話，心性論也當該是一致，因為天人一致。上天之理落於人心便是天命之性，而上天之氣與吾人的心理、情緒之一氣之流行是一樣的。所以黃宗羲認為人受天之氣以生，祗有一心而已，在此黃宗羲思想是以朱子的心性理氣之架構，而思想內容卻是陽明的心即理之心學。其把心比配為氣，這是朱子學的架構。所以黃宗羲常言，盈天地之間皆氣〔註15〕也，盈天地之間皆心也，其在人為心，在天為氣，是相通為一的。既然在天道是一氣之流行，在人事也是喜怒哀樂的四情之循環，這也是一氣

氣自是氣，義自是義，及其養成浩然之氣，則氣與義合矣。本不可言合，為未養時言也。如言道，則是一箇道都了。若以人而言，則人自是人，道自是道，須是以人行道始得。』他日又云：『《中庸》曰，道不可須臾離也，可離非道也。又曰道不遠人。此特聖人為始學者言之耳。論其極，豈有可離與不可離，而遠與近之說哉！』向非伊川造道之深，安能說得如此分曉？故不知聖賢所以立言之意，未可輕於立論也。」見羅整菴：《困知記》（北京：中華書局，1990 年），頁 93～94。在此有人法天的意思，在氣未養為聖人之前，氣是氣，義是義，若能養氣而為聖人，而如同天道一樣時，則人如同天道之一氣流行，理與氣一致，氣之表現都為至善。又整菴本著伊川之說，認為《中庸》論於致極的話，沒有可離及不可離的分別，因為論其極便是聖人如同天道之流行一般，若如此，理氣一致，哪有離的時候可言？一舉手投足都是天理的表現。至於初學者未作工夫，則義是義，氣是氣，氣之表現常常不能依理而行。

〔註14〕「夫人心之體即天之體，本來一物，無用包也，但其主於我者謂之心爾。心之窮物有盡，由窮之而未至爾。物格則無盡矣，無盡即無不盡，夫是之謂盡心。心盡則與天為一矣，如其為物果二，又豈人之智力之所能包也哉！」見羅整菴：《困知記》（北京：中華書局，1990 年），頁 33。在此可見整菴的天人一理，乃是格物之後，成為聖人，而聖人之化境乃天道之流行之表現。故可見整菴的天人一理的意思是就人於受性之初的未污染而言的天人一理，與黃宗羲的心即理思想，天道、人道一一對應的一理意思不太相同。

〔註15〕吾人認為，理氣之重要性在哲學史的發展，從"以理為主"到"以氣為主"，主要是氣的具體性容易理解，不像理的抽象性不好捉摸。就好像從天的垂象（或可用符徵這辭語）裡較易看出具體事物，若從具體事物想其背後之理就比較抽象了。說天地之間只有萬物而已，這很具體，而說萬物有萬物之理就抽象了。但是當整菴或是黃宗羲講到氣時，不喜歡強調理，並非是忘了理想性、而只承認現實性的下墮之學。因為在他兩人之思想中，氣要高看，故不是自然主義的下墮之學。吾人亦可這樣說，理氣總是不離，但在認識上，先認識氣，然後體會背後的理；但在理想上，理的超越性重要於氣。以氣為主的思想之可能性之一，乃是要以一個實踐原則來代替理氣分別之思辨原則，分別說不一定都是思辨的，因為可以用分別說談實踐之學，但是若只分別而導致理成為不活動，便只是思辨的，亦是說氣論的發展，乃是對朱子學的反動。

之流行，這都是至善無惡的，在黃宗羲、劉蕺山之觀點而言，氣要高看。〔註16〕而在整菴而言，宇宙論所言的氣也要高看，而不是下墮，否則成了凡存在皆合理，不合理的存在也合理這種學說。亦即在整菴而言，天道是至善的，〔註17〕一氣之流行沒有所謂的惡，亦即關於自然而言，此乃吾人效法的對象，所謂的重天理的意思，〔註18〕有惡的話只是人事上的惡。即人無法恢

〔註16〕　見楊祖漢：〈唐君毅、牟宗三先生對劉蕺山哲學的研究〉《劉蕺山學術思想論集》（台北：中研院，中國文哲研究所，1998 年），頁 574：「唐先生對蕺山哲學的了解，……似是以理爲氣，若是則性理的超越性便保不住了，此恐非蕺山本意，而唐先生則認爲蕺山說喜怒哀樂、春夏秋冬，並非一般所理解之氣化之流行，……故此處蕺山所說之氣，必須高看。」

〔註17〕　當吾人說整菴的思想裡，天道是至善的，或爲人所誤解，有些人認爲天道也有惡，在此吾人認爲這將是辭語上的問題。若整菴認爲天道亦有惡，那麼與朱子一樣，因爲朱子認爲所謂的氣強理弱。但整菴又明顯的反對朱子的理弱氣強之不一致的情況產生。這時惡即有惡之理，那麼整菴之學爲自然主義之下墮之學無疑矣。但吾人又認爲整菴之學不是下墮的自然主義，否則整菴的人法天、整菴言的「吾儒只是順天理之自然」及修身工夫等語都將垮台。所以吾人認爲所謂的天理有惡，不是眞惡，而是語辭上的用法。在此吾人的解決方式可以整菴的的方式解決之：「延平李先生曰：『動靜眞僞善惡皆對而言之，是世之所謂動靜眞僞善惡也，非性之所謂動靜眞僞善惡也。惟求靜於未始有動之先，而性之靜可見矣。求眞於未始有僞之先，而性之眞可見矣。求善於未始有惡之先，而性之善可見矣。』此等言語，是實下細密工夫體貼出來，不可草草看過。」見羅整菴：《困知記》（北京：中華書局，1990 年），頁 22。吾人在此可以把性的層次看成是天的層次，而在人的受氣之後，乃是相對的層次，心不是性，心要做工夫回到性。故性之眞，不是現實相對的眞假的眞，而是要回到未始有僞之先，此乃回到性天的層次，回到一氣之流行的層次。而整菴引延平的看法，其認爲天理有惡的意思是相對的善惡的意思，是站在人的立場上看的善惡，而不是天道的善惡的意思。故說天道有惡是就不合於人而言，就天道至善而言，人都要法天道。關於惡如何可能的問題，吾人將於第二章討論之。

〔註18〕　其實這與明道的尊天思想有點類似，明道認爲天理的無限性，人永遠都盡不完。例如：「太山爲高矣，然太山頂上已不屬太山。雖堯、舜之事，亦只是如太虛中一點浮雲過目。」見《二程集》（上）（台北：漢京文化事業有限公司，1983 年），頁 61。又說：「『萬物皆備於我』，不獨人爾，物皆然。都自這裡出去，只是物不能推，人則能推之。雖能推之，幾時添得一分？不能推之，幾時減得一分？百理具在，平鋪放著。幾時道堯盡君道，添得些君道多；舜盡子道，添得孝道多？元來依舊。」同書，頁 34。整菴亦曾引過明道這段文字，其多少受了明道的思想影響。雖然只有聖人配得天道，常人雖不像聖人，但其所受天命之性亦沒有減少，動物雖不能推，犬之性與人之性都是天命之性而來，都受有天道的無盡藏之性。整菴與明道都是尊天的系統，但明道亦尊人，與整菴有些不同。

復回原本所受的天地之氣，而有所間斷，有所執定，便是惡了，在人事上只有聖人可以復其天地受命之初。〔註19〕

黃宗羲所謂的天人不一，除了其自己的講法外（即，既然理是氣之理，性也是心之性），還有這以下方面的意思。第一，天沒有惡，而人有惡，如此則天人不一，〔註20〕因爲在黃宗羲看來，在天而言，所有的氣都有理，都是至善的，而在心而言，所有理想的心都是性，都是由中導和，喜怒哀樂也都是一氣之流行。但是對於整菴而言，心不是性，人之氣心還不是性之仁義理智之理想呈現，所以人有惡，而天沒有惡。天人不一的第二意思乃天之理想爲何與人之理想相違，如此亦是天人不一。〔註21〕

黃宗羲批評整菴的天人不一，其實若以整菴的義理而言，他當該如此回答，即我的系統裡的確認爲天人不一（因爲一般人不像天道的有次序）。但他可以反問黃宗羲，你所問的到底是從那個角度而談的天人合一呢？因爲在整菴而言，是一個尊天的系統，是一個重天理的系統，其與朱子的天人合一，尊天與尊人，和黃宗羲的系統尊天也尊人是不同的。〔註22〕而且整菴當該說，

〔註19〕整菴對於惡的認定，用以談天道的很少，若是天道有惡的話，也是所謂的衍陰伏陽，一下子就過去了，與黃宗羲意思一樣。惡主要發生於人道，在人的性發爲情時，若不節制將流於惡。

〔註20〕關於這一點是否黃宗羲是這意思呢？整菴亦曾談到，其言：「《樂記》『人生而靜，天之性也。感於物而動，性之欲也』一段，義理精粹，要非聖人不能言。陸象山乃從而疑之，過矣。彼蓋專以欲爲惡也。夫人之有欲，固出於天，蓋有必然而不容已，且有當然而不可易者。於其所不容已者而皆合乎當然之則，夫安往而非善乎？惟其恣情縱欲而不知反，斯爲惡爾。先儒多以『去人欲』，『遏人欲』爲言，蓋所以防其流者，不得不嚴，但語意似乎偏重。夫欲與喜怒哀樂，皆性之所有者，喜怒哀樂又可去乎？……是則循其本而言之，天人曷嘗不一？究其末也，亦安得而不二哉？」見羅整菴：《困知記》（北京：中華書局，1990 年），頁 28。若說從末流來看，天人不一，因爲人的後天之恣情縱欲，以至於流連忘反，所以天人當然不同。若從本源來看，聖人也有欲，人在赤子時的良知良能，與天道是一樣的。這是整菴的理一分殊理論，需視其是從理一上來看，還是從分別的分殊上來看。所以吾人說黃宗羲認爲整菴的天人不一，可能是整菴說的從末流上來看，天是至善，而人流而爲禽獸；天無惡，而人有惡的意思。

〔註21〕例如朱子言：「愚謂人所憾於天地，如覆載生成之偏，及寒暑災祥之不得其正者。」見《四書章句集註》（台北：鵝湖出版社，1984 年），頁 22。例如地震在朱子而言是理弱氣強，理管不住氣，但在整菴而言，天道無惡，都是一氣之流行。故地震是天的理想，何以不是人的理想。至於整菴的天道無惡的看法，吾人於第二章談之。

〔註22〕當然朱子學也是重天理的系統，而整菴學只是比較上而言更爲重天理的系

在他的系統裡，天人的合一，只有在聖人的時候才是如此，若天人合一了，（其
實整菴說他的思想是天人合一，只有在聖人而言天人是一，平常人雖天人不
一，但是常人所受的天命之性，與天道在內容而言是一樣的，故吾人認爲黃
宗義與羅整菴的天人合一的定義不一樣）常人也與天道合一，依人的觀點來
看，則人的惡，比配到天地而言，天地也有惡，若如此天道豈是人道所當該
效法的對象。但整菴的天地都是一氣之流行，沒有惡可言。這是整菴之學的
義理，朱子並不是這種系統。就朱子而言，天地之氣，氣強理弱之時，這是
天地之惡；而在人而言，感性不依於理性而行，這也是人的惡。

　　黃宗義又認爲，既然理都是氣之理，何以性不是心之性呢？理氣之間一
定要一致，則心性之間亦要一致，性都是心之性，心與性若不一致，則人有
惡，而天無惡，天人不一致。〔註23〕因爲天之一氣流行，元亨利貞，春夏秋
冬，在人而言便是喜怒哀樂四情之相生。故可見黃宗義是尊人也尊天之系統，
而整菴只是尊天的系統，相對於朱子與黃宗義而言，整菴重視客觀性理，而
且人要以客觀性理爲學習的對象。黃宗義與劉蕺山認爲，在理氣論不以朱子
學爲主，而在心性論以朱子學爲主，心不是性，心要格物窮理以依於性，心
只是現實性，而性是理想性，這與朱子的理氣二之不是一樣嗎？

　　而唐君毅的意思認爲天地不用格物窮理，而人要格物窮理，心與性才是
一。其站在整菴的立場以反駁黃宗義之意思，以天的觀點來看，只有一，以
人的觀點來看，人看待事物的方式都是對待的，人要合於天，要努力才可以，
人不像天一樣那麼容易就達到一氣之流行的至善。唐先生的意思乃是解釋整
菴所說的意思，以天的觀點來看，「人亦一物爾」，這是在理氣論上來看，在
天的觀點下只有一，人也是物，也是氣，也是合於理，理氣一致。但在人的
觀點來看，只要有對待，這已是心性論層次了，因爲人早受了染污，而不保

統。另外，黃宗義思想天人合一，天道之理只是氣之理，同樣的，人道的性
只是心之性。而黃宗義亦不批評朱子學的天人不一，因爲在朱子學而言，天
道有理弱氣強之惡，而人亦有心不及於性之惡，故天人爲一。但在整菴而言，
整菴反對朱子的理弱氣強，理只是氣之理，而且理氣不離，天道的任何一點
存在都有至理於其中。且整菴不是下墮的自然主義，故天道都是善的，否則
如天災地變在整菴學如何解釋，難道地震有地震之理？肯認一切惡事都有天
理負責，則天理的理想性不見了。吾人認爲整菴學不是如此。而是天災地變
亦有天理，而天災地變在人眼中爲惡，而在天地爲善，爲一氣之流行。

〔註23〕黃宗義這時所取的一乃是整菴在理氣論所要的一致的意思。反而這時整菴於
　　　　天人之間，不取一致的意思，而只取就根源上看是同出一源的意思。

有原本的天命之性了。

故吾人認爲唐君毅之反對黃宗羲，有點類似站在整菴的立場在爲整菴辯護。眞正的重點在於，黃宗羲所謂的天人合一是在尊人且尊天——心學的立場下的天人合一；而整菴的天人合一，是在尊天的系統下的天人合一。〔註24〕在整菴思想裡，天人合一，是聖人這個點作爲天人的橋樑；而在黃宗羲而言，天人合一是天人之間一一對應，好的方面也一一對應，壞的方面也可以一一對應，如惡如何可能？在人在天是一樣的，在天不合一氣之流行，在人亦是不合於一氣之流行。至於整菴之學的天人合一問題的更仔細的討論，吾人於第六章討論之。

吾人認爲唐先生的見解很好，對於吾人研究整菴之學也很有啓發，但是其對於整菴的思想，寫的太少，亦沒有展開，讓人無法清楚看出整菴的意思，也沒有深入於整菴的思想裡背後代表的哲學意涵，故吾人認爲還可以再開發、再發展。

（二）牟宗三

牟先生在於朱子學研究裡，吾人覺其有著很好的詮釋，其認爲朱子的思想沒有所謂的內在的矛盾。其對於朱子學的看法，朱子視心與理爲二，與唐君毅先生的看法不太相同，在此吾人認爲牟宗三先生的看法較合於朱子。因爲在朱子而言，心是氣心，是現實的心，而理代表著理想性的意思。在朱子學而言，現實與理想總是有距離，所以人要格物窮理，讓心氣清明，讓心氣沒有物質性的滯礙，則可以回到理想性，此若比配到天道論而言，如同理與氣有距離一般。但是在理氣論上的見解，例如理生氣，或是理先氣後的思想，牟宗三先生與唐君毅先的看法是相一致的：

> 正因其所體會之太極爲只存有而不活動者，是則終于爲二，而其「一」亦是關聯的一，非即體即用無間之一，卻正是不以體用言之有間之一，非即體即用之一原之一，卻正是理氣關聯上的兩原之一。〔註25〕

這裡所說其所體會者，乃是朱子所體會者，亦是牟宗三對於朱子學的定位問題。牟先生對於朱子學的理解，乃認爲其無超出理氣不離的判準。但其實朱子的理氣不離的意思，與整菴不一樣，吾人認爲整菴已與朱子有距離了。朱

〔註24〕吾人認爲整菴的尊天的意思，並非完全否定人道的努力。而是相對於朱子學或黃宗羲之學而言，整菴學言的天理在比較層次而言更爲重要的意思。

〔註25〕見牟宗三：《心體與性體》（一）（台北：正中書局，1996年），頁402。

子的理氣不離，乃是有間的不離，乃是理維持其理想，氣維持其現實，而兩者之不同，卻可以相合的一，所以朱子可以說氣強理弱之語。而整菴要的「一」，是一致的一，也不是心即理的一，也不是朱子的理氣有間的合一，而是理與氣要一致的意思。故在此段之引文而言，吾人認爲牟先生說朱子的一是理氣有間的一，〔註26〕這乃是合於朱子的原意。不過牟宗三先生卻因此而批評整菴、以致於亦批評黃宗羲，其言：

> 此蓋即羅整菴、劉蕺山、黃梨洲等所不滿意之歧理氣爲二也。
>
> 　　至梨洲則于此並無眞工夫，眞知見，其辭語尤乖謬。亟欲說理氣是
> 　　一，而竟落于視理爲氣之謂詞，爲關聯的特質之層次，是則儒家內
> 　　聖之學之言道體性體全部倒塌矣！……遂順之而下滾耳。〔註27〕

牟宗三先生是順著講整菴的學問，而一併帶到蕺山、黃宗羲，其實黃宗羲於理氣論上是本著整菴的理氣論之形態，因爲黃宗羲言整菴的理氣論最爲精確。而牟宗三先生批評黃宗羲，等於是批評整菴。〔註28〕其言：

> 　　如此講法，理氣誠爲一物矣，然理卻只成氣之自然變化之不紊，此
> 　　只成自然主義，猶非其師之形而上下緊收緊吸即體即用之義也。由
> 　　此而有「天地之間只有氣，更無理」，以及理氣「蓋一物而兩名，非

〔註26〕　「問：『太極不是未有天地之先有箇渾成之物，是天地萬物之理總名否？』曰：『太極只是天地萬物之理。在天地言，則天地中有太極：在萬物言，則萬物中各有太極。未有天地之先，畢竟是先有此理。動而生陽，亦只是理；靜而生陰，亦只是理。』問：『《太極解》何以先動而後靜，先用而後體，先感而後寂？』曰：『在陰陽言，則用在陽而體在陰，然動靜無端，陰陽無始，不可分先後。今只就起處言之，畢竟動前又是靜，用前又是體，感前又是寂，陽前又是陰，而寂前又是感，靜前又是動，將何者爲先後？不可只道今日動便爲始，而昨日靜更不說也。如鼻息，言呼吸則辭順，不可道吸呼。畢竟呼前又是吸，吸前又是呼。』」見黎靖德編：《朱子語類》（一）（台北：文津出版社，1986年），頁1。朱子理氣合一的意思是有間的合一，所以這句話的意思亦只能這樣理解，即是說理的理想性恒存，因爲天地之心似乎如人的意志一般的希望以天地能生生不息爲好，所謂的天地之大德曰生，所以理想性總是在前面，但不是說理先氣後乃是時間的先後的意思。而且朱子用呼與吸的二氣之作用之意思來談，或是用陰陽二氣的思想意思來談，表示動靜無端，陰陽無始，陰與陽是既與的，而不是被生的，有生則有死，若陰陽滅了，則只有理而無氣，違反了朱子的理氣不離原則，故朱子的理生氣的意思只能這樣被理解，理使得氣能合理的生存下去，且理氣不相離。

〔註27〕　牟宗三：《心體與性體》（一）（台北：正中書局，1996年），頁402～403。

〔註28〕　牟先生之批評整菴等於批評黃宗羲，乃是理氣論之圓融型態這一點上如此，理論基礎而言，整菴與黃宗羲不同。

兩物而一體」等看似漂亮而實沈淪之言。〔註29〕

在此吾人之看法與牟先生不太一樣。當理與氣一致之時,會有兩種情況產生,一是理隨著氣往下掉,一是氣隨著理往上提。而牟宗三先生一再的強調整菴或黃宗羲的意思正是所謂的自然主義,也就是前者,所謂的理的理想性沒有了,而隨著氣往下落,所謂的凡存在即合理,壞事也合理的意思。吾人認為剛好相反,整菴乃是後者,其要把氣往上提。

整菴有言:

> 天之道莫非自然,人之道皆是當然。凡其所當然者,皆其自然之不可違者也。何以見其不可違?順之則吉,違之則凶,是之謂天人一理。〔註30〕

此句光從字面意思上,似乎有二種解法,前一種解法,其認為天道效法人道;後一種是人道效法天道。吾人認為整菴是後一種講法,因為若說要自然來法效人道,而天道的植物、石頭,甚至無生物等,又如何能夠有效法的行動可言呢?故當為後者。而後者的意思乃是,人道之所當為者,應該以天道為法效的對象。且《困知記》同頁裡又說:「吾儒只是順天理之自然。」〔註31〕從這裡可見,人道當效法天道的自然一氣之流行。因為順天則吉,逆天則凶,所以當法之。而這裡的吉凶所蘊涵的,是只有幸福的意思嗎?亦即人當該觀天象,而知天之往來禍福,而自保其幸福。若如此真成了所謂的自然主然,以生之謂性、以食色之性及幸福為首出。吾人亦認為整菴不是這意思。因為整菴還是在朱子的「性即理」之思想下言天道,所以天道也是仁義禮智,天道的吉凶,也是在道德底下而為吉凶,亦是說順從天道,即是順從仁義禮智,〔註32〕如此則「積善之家必有餘慶,積不善之家必有餘殃。」亦如同所謂的「君子居易以俟命,小人行險以徼幸。」之講法,君子所為者為德,而不是只為利。

故如此的話,可見整菴不該是自然主義。而且整菴若是自然主義的話,則其所要人修身、格物窮理的工夫論之話語也不少,〔註33〕稱讚或評論某些仁人

〔註29〕 同註27,頁403。

〔註30〕 羅整菴:《困知記》(北京:中華書局,1990年),頁23。

〔註31〕 同上註,頁23。

〔註32〕 朱子學認為在天為理,在人為性,故天道是元亨利貞,而人道是仁義禮智。而仁義禮智雖主要就人講,有時也可用在物上,或天理上。例如朱子認為枯槁有性,即是物有仁義禮智,只是氣昏,不容易顯罷了。

〔註33〕 「蓋君子之道,乃中節之和,天下之達道也,必從事於修道之教,然後君子之道可得,而性以全。戒懼慎獨,所以修道也。」見註30,頁9。此乃整菴

君子之道德的話語也不少，若是自然主義，則這些言論都將成了無用之語。

除此之外，牟宗三先生在關於黃宗羲評曹端《辨戾》之文，黃宗羲的按語為：「先生之辨雖爲明晰，然詳以理馭氣，仍爲二之。氣必待馭于理，則氣爲死物。」〔註34〕牟宗三先生認爲黃宗羲愈說愈不成話矣。〔註35〕此原由乃是曹月川認爲若朱子言的理不活動，何以能成爲萬化之根源？理所擔負起的創生萬物之功能又豈是不活動所能承擔。於是曹月川認爲朱子門人記載有誤，他認爲朱子的思想裡，理是活動的，否則理氣之關係如同死人騎活馬一般。但朱子對理的了解，清楚的只是但理，只是萬物的存在的所以然之理，本身的確是不活動的，活動的是氣，而理乘氣之機而跟著活動，本身無所謂動靜。〔註36〕曹月川思想與朱子的意思已有點距離，而黃宗羲在理氣論上亦是順著整菴學而對於朱子學的理氣論上有所修正，與朱子學亦有距離，但其方向與曹月川不同，黃宗羲的心即理意思雖不同於整菴，但在一氣之流行之意思上卻與整菴相同，其本著整菴學的理氣相一致，於是批評曹月川，等於是二種朱子學的修正之爭辯。黃宗羲本著整菴的理氣論之思考，批評曹月川所認定的理會活動，可見整菴的思想裡，理只是理則，不活動的。〔註37〕而黃宗羲雖可言理有活動性，心即理的意思，而黃宗羲與曹月川之不同，在於到底是理在活動還是氣在活動。其實在朱子而言，萬物之飛揚止息，都是氣的運行，氣本身會活動，而不是理活動。那麼是否有可能理氣都活動呢？曹月川的意思可能就是如此，所以說人、說馬之喻表示理氣都活動。但黃宗羲認爲理會活動，還要氣幹什麼呢？其以整菴的理氣一致論及朱子的理不活動論來看月川，現在若說理會活動，氣就不必活動了，否則兩者之活動而產生不一致怎可以呢？例如人要往東走，馬要往西走，不一致怎行？爲了避免理氣不一，人馬不一（因黃宗羲已接受了理氣一致之判準），只好馬是死馬，氣

要人修身之話語。

〔註34〕 《明儒學案》卷四十四，諸儒學案上二，論曹月川處。
〔註35〕 牟宗三：《心體與性體》（一）（台北：正中書局，1996年），頁389。
〔註36〕 「問：「『動而生陽，靜而生陰』，注：『太極者本然之妙，動靜者所乘之機。』太極只是理，理不可以動靜言，惟『動而生陽，靜而生陰』，理寓於氣，不能無動靜所乘之機。乘，如乘載之『乘』，其動靜者，乃乘載在氣上，不覺動了靜，靜了又動。」曰：「然。」」見黎靖德編：《朱子語類》（台北：文津出版社，1986年），頁2370。從這段文字可見朱子的理不活動，藉著氣而有動靜。
〔註37〕 在理不活動上，整菴與朱子一樣。至於朱子與整菴之不同處，乃在於理弱氣強之贊成與否的問題上。

是死氣，才不會有所不一致產生。但在黃宗羲與整菴之思想裡，氣是活動的，若說氣是死氣這才是不成說話，這表示其反對曹月川的講法。這也是整菴、黃宗羲所不滿意曹月川，也不滿意朱子的氣強理弱之說明，因為會有理氣不一致產生。

而黃宗羲之批評，牟宗三先生認為這不成說話，牟先生還是在於整菴的理氣之一致的思想不予認同下而言，因為其認為如此會導致為自然主義而下墮。吾人認為這不是不成說話，而是黃宗羲理氣論之系統與曹月川之系統不同所致。

故吾人認為對於整菴的看法，吾人之所以與牟宗三先生不同的關鍵點在於，對於一的意思的看法之不同。牟宗三先生舉了二種「一」的意思，即心即理的一與朱子言的有間的理氣之合一的意思，吾人認為整菴不是如此，因為整菴認為所謂的一，不只是不相離就可以了，還要一致才可以。整菴不是心學，所以不是心即理的一的意思，又不是理氣可以一個保持理想性、一個保持現實性而有間的相合，故整菴批評朱子的氣強理弱之說，表示不可以理氣不相一致，一個保持理想性，一個保持現實性。其認為理氣要一致，而且是氣往上提的一致，而不是下墮之學的一致。

吾人可以問整菴，何以其所謂的一，一定要取一致的意思？何以不取朱子的有間的合一、理想現實有距離而可相合的一之意思呢？吾人認為，其實整菴的思考便是要消除理想現實的距離與鴻溝，德福的不一致，自然與自由的距離。因為其為特別尊重天道論之系統，以天道之客觀恒存性來對抗心學，甚至比朱子還重天道。其認為心是個別的，而且是現實的，非理想的性，也非客觀的性，而要以性理、天理為效法的對象。既然性理、天道是人效法的對象，便不能有所缺憾。如果天道有所缺憾，吾人還法效他嗎？其實朱子的《中庸》學便是言天地有憾這系統，其認為天地之大而人猶有所憾，這也是《中庸》的原文所述，在此人可以贊天地之化育。而在整菴之極為尊重天道論而言，天地沒有缺憾可言，〔註38〕有如此氣便有如此理，沒有朱子所謂的

〔註38〕 整菴雖常引《中庸》之言，但是與《中庸》的天地有所憾的意思有點不同。有如下的話可見：「故君子依乎中庸，無非順天而已。」見《困知記》（北京：中華書局，1990年），32頁，第33條。又言：「蓋發育萬物自是造化之功用，人何與焉！」在此可見整菴把「大哉聖人之道，洋洋乎，發育萬物。」同書，81頁，第4條。此解釋為以聖人比配天，但發育萬物還是天之所為。又言：「《中庸》所謂『天地位，萬物育。』」同書，頁87，第20條。此只言《中庸》的

氣強理弱、理管不住氣的缺憾情狀發生。這便是整菴的意思，理氣之間沒有距離。在天道而言，其所實現的氣，都有道德理想之理於其中。這與心性論而言的人道是不相同的。現實的心不是理想的性，要做工夫以復本體。但整菴之如此消除天道的理想、現實的距離，自成一系統，但是否因而不會產生其他衍生的問題呢？這問題，吾人將於論文第二章、第六章裡探討之。

（三）鍾彩鈞

鍾彩鈞先生對於整菴理氣論的研究很有見地，內容亦相當深刻，其所用的辭語與概念與吾人不同，但與吾人看法很多都是一樣的，吾人也從他文章裡受益很多。其於談整菴理氣論篇的結論部分認為，朱子的理的意思是徹底的規範意義的，與吾人言朱子的理總是保持在理想性，〔註39〕其實是一樣的，這也是牟先生說朱子的理氣論是有間的合一的意思，理保持理想性，氣是現實性，而可以相合。至於其認為整菴言的理，除了有規範性外，還要有自然的性格。〔註40〕鍾先生認為，整菴順著明道言的善惡皆天理，而認為整菴與明道這方面的意思相同。這點吾人也非常贊同，因為明道除了言天道的道德至善外，又從天道的自然趨勢上談天理。但在此吾人認為「自然」的意思必須說明清楚，即不是流於自然主義的下墮之學的意思便可。

關於鍾先生的文章，吾人有一點小小不同的看法，其談〈羅整菴的理氣論〉這文章裡，引了整菴討論《居業錄》的一段文字。〔註41〕其引文刪去了

天地都是至善的，而不言天地所令人遺憾的部分。由上可見，整菴只取《中庸》的天道之造化的至善之部分，至於聖人可以參天地、贊化育部分，整菴避開，這乃是其尊天的系統所致。

〔註39〕鍾先生認為朱子之學是一元論者，又是二元論者。其意思當該為，理氣不離不雜，所以朱子是理氣二元論者；而理又有其優越性，所以朱子是一元論者。這與牟宗三先生言的朱子之學是理氣有間的合一的意思相類。

〔註40〕鍾彩鈞：〈羅整菴的理氣論〉，《中國文哲研究集刊》（台北：中研院，中國文哲研究所，1995年，3月）第六期，頁217。

〔註41〕「《居業錄》云：『婁克貞見搬木之人得法，便說他是道。此與『運水搬柴』相似，指知覺運動為性，故如此說。夫道固無所不在，必其合乎義理而無私，乃可為道，豈搬木者所能？設使能之，亦是儒者事矣。其心必以為無適而非道，然所搬之木苟不合義，亦可謂之道乎！』愚讀此條，不覺慨然興嘆，以為義理之未易窮也。夫法者道之別名，凡事莫不有法，苟得其法，即為合理，是即道也。搬木者固不知道為何物，但據此一事，自是暗合道妙，與『夫婦之愚不肖，與知能行』一也。道固無所不在，若搬木得法而不謂之道，得無有空缺處邪？」見羅整菴：《困知記》（北京：中華書局，1990年），頁40。

後面一段，可能認爲不重要，吾人引於下以見之。整菴於〈答友人林正郎〉之書信中又談了一次這觀念，而這書信亦有價值，吾人亦引之，兩引文如下：

> 木所從來或有非義，此其責在主者，夫豈搬者之過邪？若搬者即主，則其得法處自是道，得之非義自是非道，顧可舉一而廢百邪！禪家所言「運水搬柴，無非妙用」，蓋但以能搬能運者即爲至道，初不問其得法與否，此其所以與吾儒異也。克貞雖是禪學，然此言卻不差，敬齋乃從而譏之，過矣。〔註42〕

> 此章之說，賢友至以「爲盜得法」相難，可謂直窮到底。據鄙見，爲盜得法，是一道也。此正當理會處，理會得透，方見斯道之大全。〔註43〕

鍾先生認爲「整菴主張有物便有理，而且不將理限制於道德法則，這是將理的範圍擴大，成爲無所不在的秩序性。」〔註44〕但吾人認爲整菴守著朱子、伊川的「性即理」思想，性既然是仁義禮智，天理就是元亨利貞的流行。亦是說不當如鍾先生認爲的理的範圍比道德還來得大的意思。若如此則違反了性即理的意思，且性即理的意思，整菴明言贊成之。〔註45〕

而且就整菴〈與林正郎〉之答書來看，雖然整菴說爲盜得法，是一道也。似乎有懂得天道運行之自然比道德還重要的意思。但整菴之引《居業錄》之文，而鍾先生所刪去的部分裡，整菴把爲盜與得法兩種事件做兩個觀點來看，所以吾人認爲有爲盜得法之說法外，還有爲盜不得法的可能性。面對搬運的時候總有得法與不得法之可能，這時尚不管他是盜還不是盜。若能得法就是道，不得法就不是道，至於爲盜與否另說，故整菴並非認爲應當爲了道而偷東西，所以整菴說「得之非義自是非道」，且這時若兩種義務衝突時，吾人認爲整菴還是要人不偷東西。所以仁義與道是一致的，性即理這命題在整菴而言沒有否定，也沒有因爲理的意思自然義大於道德義，而可以爲了更大的範

〔註42〕同上，頁40。

〔註43〕同上，頁146。

〔註44〕鍾彩鈞：〈羅整菴的理氣論〉，《中國文哲研究集刊》（台北：中研院，中國文哲研究所，1995年，3月）第六期，頁208。

〔註45〕「朱子嘗言：『伊川性即理也一語，便是千萬世說性之根基。』……一旦於理一分殊四字有箇悟處，反而驗之身心，推而驗之人人，又驗之陰陽五行，又驗之鳥獸草木，頭頭皆合。於是始渙然自信，而知二君子之言，斷乎不我欺也。」見羅整菴：《困知記》（北京：中華書局，1990年），頁67。以上引文說明了整菴守著伊川、朱子的性即理之意思。

圍的自然之道而否定了道德。

　　但整菴所言的理的確有往存在之次序上發展的意思，在他而言，所謂的人心的仁義禮智便是天道的元亨利貞之流行。吾人可以這樣問，若有人實踐道德，但不是以仁禮義智之次序實踐之，這還是道德嗎？吾人認爲這還是道德，但在天道而言，若是春天之後是秋天然後夏天、冬天，這天道可能害死很多生物，而不足爲貴。這眞正問題在於，仁義禮智當該如同心學一樣，由心之感通而上談天道，而不是把天道、人道做宇宙論式的獨斷比配，朱子、整菴都是如此。但是否眞的由宇宙論下談心性論這樣就不行呢？吾人認爲不見得，因爲《中庸》言的天命之謂性，天理下貫在人身上就是吾人的仁義禮智之性，若《中庸》講得通，則天命之性是仁義禮智亦當該講得通。這裡的問題在於我們是如何視天道的？視其爲元亨利貞嗎？還是仁義禮智？〔註46〕朱子與《易傳》認爲兩者都是，而且是相通一致的。那麼天地的秩序也是天地的道德，比配到人身上，如同人的行事也要有禮法，也要有秩序，如先親親而後仁民，而後愛物，或是長幼上的有序，父尊子卑等的有序，與天道的天尊地卑等的有序是一樣的。〔註47〕從人道裡的仁義禮智見出天道亦有個善良的心，使萬物得以生生不息。故吾人認爲朱子、整菴學的性即理之比配是無誤的，只是以仁義禮智一一要對應到元亨利貞這種生硬的是文字比配反而是不必要的。

　　故鍾先生所言的整菴的理不只限於道德，而且擴大爲天地之秩序這話語，吾人認爲應當說整菴言的理即是道德的，而且這道德也是天地之秩序。若如此言之較不易使人誤解。

〔註46〕朱子學認爲，天道爲元亨利貞，而落於人或物之性，爲仁義禮智，但有時朱子用語不嚴謹，也視天道爲元亨利貞，亦爲仁義禮智之流行。

〔註47〕「『主佩倚，則臣佩垂。主佩垂，則臣佩委』。『凡爲長者糞之禮，必加帚於箕上，以袂拘而退，其塵不及長者，以箕自向而扱之。』『並坐不橫肱，授立不跪，授坐不立。』『上於東階，則先右足。上於西階，則先左足。』此等皆是粗迹，感應之理便在其中，只要人識得。故程子曰：『灑掃應對，便是形而上者。』理無大小故也。若於事物上無所見，談玄說妙有何交涉？」見羅整菴：《困知記》（北京：中華書局，1990 年），頁 73。此段意思言天人一理，天道有其秩序，如同在人世間有其禮序的意思。即然整菴認爲天人一理，何以又有黃宗羲所言的天人不一的情況呢？緣整菴的天道論，理與氣要一致，但在心性論上心與性可以不一致，故有黃宗羲的疑問，吾人認爲整菴學是在聖人這點上，天人一致，故整菴保留了人要做工夫以復本體的工夫論。而黃宗羲並無批評朱子天人不一、或是明道天人不一，但朱子與明道的天人合一的方式是否一樣，吾人於第三章整菴談明道章論之。

唯氣論之思想

認定整菴思想爲唯氣論者頗多，舉二位大陸學者爲例，有時他們用氣本論的講法，有時用唯物論的講法，其實是同一個型態。〔註48〕例如陳來教授、蒙培元，及侯外廬等人所編的《宋明理學史》之內容，及北京中華書局之《困知記》點校人閻韜，〔註49〕都是把整菴思想歸類爲唯氣論者。在此吾人只舉較有代表性者二人，一是蒙培元先生，一是陳來先生。

（1）蒙培元

蒙先生於《理學的演變》一書裡談及羅整菴，並認定其爲唯物思想。其書之討論，從朱子談到王夫之一氣說下來，而且對於朱子的思想方面有一些批判性的講法，例如所謂的朱子的理氣論有所謂的內在矛盾，其認爲朱子思想是理先氣後的思想，故有所謂的內在矛盾。這問題，吾人反對，且於前文已提及，不再多言。由於蒙先生對於朱子的思想之不同的認定，所以也認定薛文清的思想乃是朱子學的改革。關於這一點，吾人還是本著黃宗羲的看法，覺得河東之學——包括薛文清，亦是沒有什麼修正朱子學，而是朱子學的老實傳人罷了。至於薛瑄以日光與飛鳥比喻以反對朱子的鏡照的比喻，這是小小的不同罷了，只是比喻上的不同，乃是怕人誤解而採的譬喻，不可視爲朱子學的重大改造，與整菴學之修正朱子學大有距離不同。

另其書有一較爲特殊的觀點，其言：「過去認爲，王守仁是朱熹的批判者，而羅欽順是朱熹的繼承者，這是不正確的，至少是不公正的。這種看法並沒有抓到問題的實質。事質上，從朱熹哲學轉化爲羅欽順哲學，遠比轉化爲王守仁哲學困難的多。」〔註50〕吾人認爲這觀點雖新，但不正確，整菴之學與朱子學的距離較近，這幾乎是一目了然。而何以蒙先生會有如此不同之看法呢？觀其文章，吾人認爲，大陸學者喜歡用理本論、心本論與氣本論的三種思想來解釋宋明理學，蒙先生亦同，在此吾人亦不反對。但蒙先生認爲朱子的理本論又有心學的影子，所以朱子學往陽明學發展較容易，而往氣本論發展較爲困難。此

〔註48〕所謂唯物論乃物爲唯一眞實本體，而心爲物之屬性，可由物推出。同樣地，唯氣論乃是就理氣論而發展，認爲氣爲本體，而理只是氣的屬性。但整菴明言，理氣乃形上形下不同的屬性，不可認氣爲理，故吾人反對唯氣論、唯物論之講法。

〔註49〕關於閻韜點校的《困知記》（北京：中華書局，1990年），吾人認爲很用心，錯誤甚少。但是對於其前言的唯物觀點，吾人並不表認同。

〔註50〕蒙培元：《理學的演變》，（福州：福建人民出版社，1998年），頁349～350。

關鍵便在於朱子學何以有心學的意思呢？這也與吾人所認定的朱子學不同。因爲他認爲朱子所言的理是精神本體，所以有唯心主義的理學思想。但朱子學所言的理，縱使人心死了，還是有天道的理與氣存在，〔註51〕故不當認爲朱子學有唯心論的傾向。而若此精神本體，蒙先生指的是天理意思的話，則整菴與朱子是相同的，故不當認爲朱子發展到整菴困難性較大。而蒙先生又認爲朱子有心即理、心即性之思想，〔註52〕此與陽明所認定的朱子學乃心與理爲二之思想不同，此吾人於上文談唐君毅先生時已提過了，不再多談。

（2）陳　來

陳來先生與蒙先生認爲整菴之學爲唯物思想。〔註53〕關於唯物思想之說法，吾人並不反對，不過要看對於唯物主義的定義爲何。其認定的唯物思想也是氣本論的意思。所謂整菴思想爲氣本論，吾人並不肯定，因爲在整菴而言，理氣不是一物，有其形上、形下之別，這是順著明道思想而來，亦很清楚，故理不能只是歸於物的理則、氣的一種屬性，而是一種形上的、理想性的存在，因爲若只是物的理則，物有物理，則理想性不顯，那麼整菴爲自然主義論者，此吾人反對。且觀陳先生及蒙先生所謂的唯物主義，乃是一種以物、以氣爲本體的思想，而不以人的內心爲依具標準的意思。〔註54〕例如蒙先生認爲，因爲朱子還有以心爲主的意思，所以朱子不是唯物論，而整菴是唯物論。但其實整菴亦說合內外之道，吾心之理也是天地之理，吾人之呼吸之氣也是天地之氣，其亦本著朱子的性即理的意思，故不當認爲只是以天地之氣爲標準、爲唯一本體，其認爲亦要以人的性理爲標準，若如此說，朱子與整菴在此點上沒有距離，故整菴便不只是唯物主義的思想。且其以唯物爲判準之意思也要解析清楚，若不說清楚，容易造成誤解。以整菴思想而言，雖然天道之物爲至善，這是在性天的層次上來談，這時人也至善，天也至善，

〔註51〕　此言可參見朱子的〈知言疑義〉，見胡仁華點校：《胡宏集》（北京：中華書局，1987年），頁333。

〔註52〕　蒙培元：《理學的演變》（福州：福建人民出版社，1998年），頁358。

〔註53〕　陳來：《宋明理學》（台北：洪葉文化事業有限公司，1994年），頁280：「羅欽順指出朱熹理氣觀有嚴重失誤，斷言理不是形上的實體，而是氣之運行的條理。」如此講法似乎有據，但整菴順著明道而言，形而上者謂之道，形而下者謂之器，故理不當只是氣的附屬屬性，即非如此，便非唯物論、唯氣論。且整菴言理一分殊，足以包括所有理氣論、甚至心性論，可見理的重要性。故吾人認爲整菴有提高「氣」的意思，但並不因此以氣爲唯一本體。

〔註54〕　蒙培元：《理學的演變》（福州：福建人民出版社，1998年），頁354。

這時是不用效法外物的，因為都是平等。若此是心性論（或分殊）上的觀點，則物不及人，人不及天，這時人要法天。〔註 55〕故當說唯物論時，容易陷整菴於自然主義之下墮之學而不自知。〔註 56〕而且當整菴說「物格則無物」這話時，這時人道如同天道，只是一理之流行，不受原本粗糙的物質性牽制，而氣成了通體透明之氣，人不受生理欲望之控制時，這時以理想的性理為尊，氣反成為理的附屬品，這時可以稱整菴之學為唯物論嗎？且整菴視佛學只論及心不論及性，而心也者屬之於氣，若整菴也是唯氣論者，其等於是自打嘴巴，故吾人認為整菴思想不當屬於唯氣論者。

三、研究方法

1. 以原典的解讀為主，配合第二手的資料研究，並回歸到作者的原意。例如整菴談朱子，便需回到朱子的文獻，視其與朱子之思想間是否有所不同。

2. 視整菴思想所代表的意義與哲學意涵。例如理氣不分、無罅縫，所代表的意義及其所指涉者為何？所要表達一個什麼樣的哲學涵義。

3. 整菴思想在明代哲學裡，占著重要的地位，故其間的發展，亦有研究之空間，對於後來劉蕺山、黃宗羲的影響，及甚至談一氣之流行者如王船山等人的影響，都有重要的地位。除了後來的影響外，其思想亦有所傳承，例如朱子與明道，故對於前人的思想的承傳，及後人思想的影響，吾人亦將稍加說明。

4. 吾人論文主要談整菴的思想部分，至於歷史生平的部分，不是吾人處理的重點，將成為只是輔助者。而其思想之重要部分，大都抄於《困知記》。其他如《整菴存稿》〔註57〕、《整菴續稿》〔註58〕則非吾人論

〔註55〕「以其分之殊，故天之所為，有非人所能為者，人之所為，有非物所能為者。」見羅整菴：《困知記》（北京：中華書局，1990 年），頁 123。

〔註56〕以下這段話亦可看出整菴非自然主義，甚至唯物論者。整菴言：「世道升降，繫於人，不繫於天。誠使吾人顧惜廉恥之心，勝於營求富貴之念，三代之盛，未有不可復者。」見羅整菴：《困知記》（北京：中華書局，1990 年），頁 104。在此有人的精神奮鬥於其中，不當只是以唯氣論泛談整菴思想。或許有人認為整菴這段思想表達著尊人的思想，而不只是尊天的思想。吾人並非認為整菴完全沒有尊人的意思，而是與朱子學或黃宗羲之學比較而言，整菴學的天道論性格更重，而人道論稍輕。

〔註57〕《整菴存稿》（台北：台灣商務印書館，1986 年）文淵閣四庫全書 1261 冊。

文之重點所在。故吾人原典資料部分，整菴本人遺留的書裡，以《困知記》爲主，《整菴存稿》爲輔。

四、預期目標及創新之可能性

（一）整菴之學之合理定位

整菴思想之認爲理氣一致，本來理所代表者是理想性，而氣是現實性，現在整菴要求理想與現實一致，則只有兩種情況產生，一者氣往上提，全氣是理；二者理往下墮，凡現實皆合理，惡事也合理。前者的思想，唐君毅先生代表之，所以他認爲氣要高看，或是他認爲在天道的觀點下，沒有分別，天道的現實性就是理想性之展現。而後者的代表爲牟宗三先生。而吾人較肯定唐先生的意思。

在此吾人討論羅整菴思想的合理定位時，吾人認爲整菴之思想非爲自然主義（生之謂性、下墮哲學）者，而爲極端重視天道論的立場（朱子已經是重天道論者，而整菴思想較朱子更爲重視天道）。整菴認爲在天地而言都是善的，因爲氣要上看，且有氣便有理。在天地而言，天地所創生之物都是好的，例如毒蛇而言，對人不好，但在天地而言，都是善的，毒蛇有毒才好，如同造物者與其創造物的關係，毒蛇有毒，愈是合於其本來造物者心中的「毒」的觀念。但這毒爲人所討厭，所以整菴是一種尊天之思想，尊天道論的思想，而非尊人。（此非尊人的意思是相對於朱子學而言，而不是說整菴不重視人的道德努力，而是朱子學比整菴學更重視人道）整菴亦說，在天地眼中，「人猶物也」或說「以理觀之，我亦物也」，人與天道創生的東西是一樣平等的，因爲都是從天道而來。人本來也是至善的，因爲他合於天道所要創生之物。但在心性論的觀點裡，開始有善惡之區別，人若不合於仁義禮智，人就不是原本的理想，人便是惡的，所以當以心性論來談時，人的現實的心常不能通體透明而表現出理想的性。當說人比萬物爲貴時，也是以分別的思想而說，因爲人能做工夫以復本體，如此之說法，一方面能說人性與物性同的意思，另一方面又能保住人禽之辨。即前者以天道上來談，一切都是平等而至善，或用整菴的意思，此乃受性之初；後者以人的觀點上來談，此乃成形之後。亦

〔註58〕關於《整菴續稿》部分，吾人手邊亦無這資料，可參見鍾彩鈞：〈上海復旦大學藏《整菴續稿》及其價值〉《中國文哲研究通訊》（台北：中研院，中國文哲研究所，1995 年 9 月）第五卷・第三期。頁 137～141。

是說在天道眼裡，一切都是合理的，才會在一氣之流行裡表現出來，這也是唐君毅先生的意思，對吾人很有啓發。在此吾人或許可以借用士林哲學的語言，所謂的倫理的善（即人所見的善），要以天道的善或是形上的善爲標準。但若是如此，整菴在此又如何承繼朱子性即理這觀念呢？這也是黃宗羲批評其天人不一的原因，因爲在天所見與在人所見當該都是一樣，都是道德的，而天道不該在人的道德惻隱之心呈顯下而創造了地震以害人，如此豈天地之德是以仁德爲主嗎？豈不証成了老子所謂的「天地不仁」了嗎？但整菴的意思，吾人認爲，天地也是仁義禮智、元亨利貞之流行，而天道之本體，是不分別的，與人的心與性會有分別是不同的。在整菴觀點而言，人的惻隱之流露，常常不是本體的流露，所謂的性發而爲情，本該爲合理的四情，因爲人的不修身、不格物，所以總是發而爲七情，爲不中節之情感。這是人法天的一種哲學思想。

在整菴而言，本來是以重天道論的性格來對抗心學（陸、王、湛甘泉等人）及佛學，〔註59〕但是常被認爲是自然主義，〔註60〕後來之繼承者順著這種思想發展，有下墮爲自然主義的可能，但整菴不是這個意思（其後繼者有可能是，目前吾人論文對於其他後繼者尚不討論）。在整菴而言，我們應當分清楚所謂天道論的層次，還是人的層次。在天而言，沒有分別，現實性就是理想性，這時只有二種意思（因爲理氣之一致），或是氣上揚而爲理想之氣，或是理下墮而沒有理想可言。吾人認爲整菴是前者。因爲天地一氣之流行，若引發地震，在人而言爲不好，但上天是至公無私的，〔註61〕也爲其他生物（或許蚯蚓需要地震），所以不見得不好。人可能因貪戀之心，而怕地震之災害，而好生惡死，〔註62〕這也不合於一氣之流行。一氣之流行，必定要流行到兩端，所謂的有生也有死，二者都要照顧到。或許有人反駁說整菴的意思

〔註59〕所以整菴順著小程子的意思言：「釋氏本心，聖人本天」，甚至把心學視爲佛學。

〔註60〕此自然主義的用法依牟宗三先生的用法而來，其實是指生之謂性的告子傳統。

〔註61〕「道乃天地萬物公共之理，非有我之所得私。聖賢經書明若日星，何嘗有一言以道爲吾，爲我？惟佛氏妄誕，乃曰『天上天下，惟我獨尊』。今其詩有云『無窮吾亦在』。」見羅整菴：《困知記》（北京：中華書局，1990年），頁42。在此批評白沙的思想與佛學一樣，只尊心，而不重視客體的天道，將使人淪爲自大。亦可看出整菴思想的重視天道論的性格。

〔註62〕「人之情莫不貪生而惡死。」見羅整菴：《困知記》（北京：中華書局，1990年），頁46。

是下墮的自然主義，而不是說天地是理想的標準。他們或許會說人也是天地之一物，那麼人的胡作非爲也是至善的嗎？人的食色之性，也是上天所生的，人只顧吃喝而不管道德這難道也是至善的嗎？吾人認爲，這是心性論的問題，而不是天道論的問題。故整菴不斷的提出格物之說、修身之說，否則他所言的道德的一些工夫都將是白廢，而且講道德之辭語都將垮台，因爲若人的胡作非爲都是善的，人豈還要努力嗎！故吾人認爲，那些是天道論，那些是心性論，這些辭語當該分清楚。當說「莫之爲而爲，莫之致而至，便是天理」，〔註63〕這是就天道論而言，天道不分理命與氣命，其賦予人而爲人所稟、所值的都是至善，在天地眼中，都是一氣之流行。至於說到人的稟氣高於禽獸，而聰明人所稟高於笨人，是說心性論，人可以做工夫而法天，而動物的氣昏無法如此。〔註64〕以上乃吾人對於整菴思想的定位之大略。

（二）整菴學的哲學意涵

　　吾人認爲整菴思想的哲學意涵還有很多面向可以開發討論。整菴的思想裡碰觸到很多深刻的哲學義理。理氣之間哲學意涵部分，也是吾人的論文題目所要討論的。關於整菴思想的意義，例如牟先生所用的「自然主義」之辭語，都是用現代西方的語言來表示。吾人認爲，若了解中國哲學，盡量以現代的文字來解述它。例如自然主義者其實有點代表著生之謂性的中國傳統。吾人舉這例子只是認爲盡量以現代的語言來解析中國哲學，但並不表示前人討論整菴都沒有哲學性，而是某一面向的哲學意涵沒有特別談到，例如理氣之鴻溝，所代表著自然與自由間的問題。其他學者，例如鍾彩鈞、鄧克銘學者對於概念的解析都很清楚，亦是說對整菴思想有深刻把握，且用白語文或西方語言談論之，不過吾人還是覺得整菴思想的某一重要的哲學面向，主要學者們大都沒有仔細談

〔註63〕 羅整菴：《困知記》（北京：中華書局，1990 年），頁 73。引文前二句爲孟子的意思，本來是談命。引文第三句是程子的意思。整菴引這些話以證明理命與氣命都是天理之流行，因爲所有的氣都有理，而沒有所遭遇、或所稟非從天道而來者。相對於一般人認爲德福不一致，在此整菴認爲天道至公，沒有所謂德福不一致產生。說德福不一致時，只有人的不了解天道。

〔註64〕 此意思與韓儒的湖洛論爭，韓南塘與李柬所爭論的人性、物性是否同一的意思有異曲同工之妙，當然整菴沒有明白談到，但已點到了，而且其時間早於湖洛論爭者。湖洛爭辯的重點在韓儒看來，亦是對於「性」的意思之看法不同，乃是否爲「受形之後」之定義的問題。若是受形之後，則要連著氣來看，而若受有氣就有對待，故說人性高於物性這是心性論的分別心下所見的人性、物性之同否的問題。

到，或是有談到，也沒有展開來。例如：理氣合一所代表的意涵爲何。理氣沒
罅縫所代表的意義爲何。理代表著理想，氣代表著現實；理代表著有秩序，氣
代表著存在等等。理氣之問題實是針對自然與自由之鴻溝如何可能的問題。「命
之理，一而已矣。」，〔註65〕可以視爲德福一致的思想而言（在此吾人寫於附錄
一章，談論中國哲學之重天道論者對於康德德福一致的見解，而以整菴爲中心，
此爲新的議題）。而天人一與不一的意思，是針對其所重者是人道論還是天道論
（此鍾彩鈞先生已談到），是尊天還是尊人等等的問題。而針對整菴的天道論不
同於朱子學，也是其哲學問題，還有惡如何可能的這些問題，吾人認爲是前人
所少談者，而吾人可以突破與發揮的地方。故吾人將於第二章，理氣鴻溝這一
章節部分，及，於第六章，天人之間的問題部分，還有附錄的德福一致問題之
中國思想的解決篇章裡談論這些問題。

五、章節內容（大綱）

章節安排：

第一章　導　論

　　　　說明：導論的內容部分已於本章討論過，不再說明。

　　一、目　　的

　　二、前人研究成果之回顧

　　三、研究方法

　　四、預期目標及創新之可能性

　　五、大　　綱

第二章　羅整菴之主要思想——從理氣論到心性論

　　　　說明：先說明整菴思想的大略，後才能與其他儒學內部或外部的不
　　　　同義理型態作比較。整菴學主要承繼朱子學而來，故本章在談論整
　　　　菴學之餘，亦與朱子學比較之，此亦可算是一種發生學上的說明。
　　　　故章節之安排上，在此章先講明整菴學與朱子學的特色，其他章節
　　　　再談整菴與其他思想家之不同之比較。

　　一、前　　言

　　　　說明：談論本章之節與節之安排的處理原則。

〔註65〕羅整菴：《困知記》（北京：中華書局，1990 年），頁 23。

二、理氣論

　　說明：朱子學在明代的發展，是否有更進一步的不同呢？例如曹月川的思想，以及整菴理論的出現，其要解決什麼問題呢？此二種思想對於朱子學較有突破性，其他如河東學案，黃宗羲認為：「河東之學，悃愊無華，恪守宋人矩矱，故數傳之後，其議論設施，不問而可知其出於河東也。」〔註66〕在此吾人論文裡除了將對朱子的理氣論之本義〔註67〕作一說明外，於整菴思及曹月川思想之轉化朱子學有所介紹，亦旁及於整菴思想之影響。至於河東學派，將不討論。且整菴學最不同於朱子學，便是在此天道論上，故先安排此節。

三、心性論

　　說明：心性論的重要性，僅次於整菴的天道論。故本節安排在理氣論之後。

四、工夫論

　　說明：談心性論必涉及工夫論，故本節談工夫論。

五、性與理之間的鴻溝及其哲學意涵

　　說明：談完了天道論與心性論，便可視整菴之學對於天人之間的問題如何處理之，即對於理想與現實間的距離如何解決之。故安排本節於此。在此節的寫作方式，乃先以朱子的看法做為一預設，則朱子學的理想現實性之對立如何解消？以性為理想性，氣為自然之理的現實性，亦是說明自由與自然間的鴻溝，如此說明之，可以看出中西文化對此自由與自然的解決方式，或是理想與現實之鴻溝的解決方式。因此章談天道與人道，在天道與人道的理想現實間做一說明，故此節如此安排。

六、歷史之興衰問題

　　說明：此歷史問題亦是天道、人道間的問題，故放於理氣論與心性論之後。

七、結　語

〔註66〕《黃宗羲全集》（七）（杭州：浙江古籍出版社，1992年），頁117。從另一個角度看來，雖然整菴與月川對於朱子學較有突破，但已與朱子學有距離了；而河東學派雖緊守朱子學而無新發明，但還不失為朱子學。

〔註67〕例如朱子的理氣決是二物，理能生氣，「且如萬一山河大地都陷了，畢竟理卻只在這裏。」等的思想當如何解讀，吾人於第二章討論之。

說明：對於整章下總結。

第三章　整菴對於明道思想的承繼與發展

說明：此章等於是整菴學與明道學的比較，屬於儒學內部義理的辨析，在思想的義理型態之比較上，更能看出整菴學的義理性格，也算是談整菴學於儒學內部的歸類。在第二章說明了整菴的思想性格後，便可追溯其思想的形成與承繼，故第三章如此安排之。

一、前　言

說明：整菴學喜歡明道之義理，故可作其二人間的比較。

二、整菴對於明道天道論的理解

說明：整菴學之企圖回到明道，便是喜歡明道天道論的圓融思想，故在此先安排之。

三、整菴對於明道工夫論的理解

說明：明道之學的一本論思想，天人爲一，且即工夫即本體，故在談完天道論的同時，談工夫論，便可看出整菴學是否眞的合於明道之學。

四、結　語

說明：對於整菴思想與明道思想之間的異同做一結論

第二章　羅整菴與王陽明的論辯——心學與理學之比較

一、前　言

說明：談完了朱子學的內部系統及整菴學的主要義理，這都是內部系統之反省，現在談不同的儒學系統之比較。從整菴與陽明的論辯，更能看出整菴學爲朱子學之特色，不同於心即理之心學。本章談心學與理學的不同，以陽明與整菴爲代表，其二人爲同時代之人，亦有書信往來，從書信的討論，看出雙方所堅持的立場，亦看出各自所擁護的不同派別，屬儒學內部之義理的比較。

二、第一次書信往復

說明：本文依書信的時間順序安排。

三、第二次書信往復

說明：此亦依書信的時間順序而編排。

四、結語：對於整菴陽明書信與心學理學之異同做一反省

說明：對於心學與理學之間作一評斷。看完了整菴與陽明之書信，

必須對於其間的異同作一判斷與反省，否則只是文字上的敘述，談不上內容義理的論析。

第三章　整菴的辨佛思想

一、前　言

說明：辨佛的思想當屬於儒學的外部系統的討論，故安排於儒學內部系統之辯析之後。並在談完了陽明心學之思想之後，談心學與佛學是否為同一。

二、以義利之辨區別儒釋

說明：義利之辨為宋明儒者所常用之判準，如明道與象山，但不為整菴所欣賞，整菴欣賞者另有所屬。將義利之辨的判準編排於前，以拋磚引玉，引出更好的判準。

三、至虛而實實的判教

說明：虛而實的判教是本著朱子學而來，是否有進於義利之辨的判準，此節談論之。

四、以理一分殊及格物說作為儒佛之分判

說明：理一分殊與格物說之判準為朱子學的特色，整菴繼承之，看程朱理學的判準是否能說得通。又如此而言與虛實之判準的關連性何在，此節談之。

五、以作用見性評佛教是否恰當

說明：了解了整菴朱子學的判教方式，追其源頭，乃是朱子認為這是告子的生之謂性的傳統，這種講法是否合理，此節討論之。

六、本心與本天之判

說明：另一程朱學者的判準，伊川認為釋氏本心，而聖人本天，這與朱子學的講法有否矛盾，因而心學應屬本天之學還是本心之學，此節討論之。

七、結　語

說明：此節談整菴對於佛學的誤解，及整菴的眾判準裡，何者有效，何者無效，此節對上述問題作一分述，屬綜論部分，故放於文末。

第四章　後人對於整菴學的理解

一、前　言

說明：談完整菴思想與其他學派的比較，談整菴學的後世影響。本

章談整菴是否有天人不一的理論困難，及整菴思想在後世所造成的影響。本章之安排乃是談整菴學對後世的影響，主要談後人而非整菴學，故於末章。

二、整菴學是否有天人不一的困難

說明：黃宗羲思想判定整菴思想，天人不一，為哲學上的大問題，中國哲學總是追求天人合一，若天人不一，表示理論系統不圓滿，此為大問題，故安排於先。

三、後人對於整菴學的肯定與反對

說明：本節談整菴學的影響，主要有辨佛思想的影響，及天道論的思想對於晚明思潮，特別是劉蕺山與黃宗羲有著重要程度的影響。因為天道論的重要性僅次於天人合一思想的重要性，故如此安排之。

四、結　語

說明：對上文作一判定。

第五章　末後語

說明：本章內容涉及到前文之回顧，及談整菴學的意義與限制。並討論吾人之論文對於整菴思想的闡發有何創新與貢獻。屬吾人對整菴思想的認定問題，故安排於論文後。

第二章　羅整菴之主要思想──從理氣論到心性論 [註1]

　　羅整菴乃明代朱子學之代表人物，其思想主要繼承朱子而來，雖沒有朱子學說的開創性之偉大，但其為獨立思想家，對於朱子學說不是全盤接受，形成其思想之主要特色，也是朱子學的進一步之發展。本章首先處理整菴的理氣論，並檢視其理氣為一物思想之理論效果。由於朱子學承繼於伊川再三強調的「性即理」之思想，故心性論對於整菴而言亦是重要。而談到心性論，便要對於人的修身養性之工夫論做一說明，整菴工夫論亦承繼於朱子之思想，其中以格物論特別值得注意。於文末，本章對於性與理之間的鴻溝與困難做一解析，亦即從道德到天地間一氣之流行之間的理想與現實落差之鴻溝，見整菴如何處理之，其中的哲學意涵很有啓發性，如此則可以看出整菴思想之大略，及其所要處理及面對的問題為何，及其對於朱子學之理論轉型是否成功。

一、理氣論

　　此節吾人以理氣論作為開始，於此吾人先申明一點，因為整菴接受伊川、朱子的「性即理」之思想，所以要嚴格的區分性與理之區別，即天道論與心性論之區別，亦不容易，亦是說整菴談心性論時常也關連著理氣論，反之亦然。

[註1]　「心性理氣諸說，乃《記》中大節目。」見羅整菴：《困知記》（北京：中華書局，1990 年），頁 113。

　　整菴的理氣論除了有所承繼朱子之外，還有所創新，其認為朱子學的講法還需要更進一步修正，亦是發現了一些可改造之空間，於是進而修改朱子的理氣論。此段落之分節方式，首先吾人談整菴的理與氣之間的關係，其言的一氣之流行是何意義，與朱子的道器不離有何異同之處，而談到道器之關係，整菴的解釋《易經》的見解便要探討。其次吾人談其進一步修正朱子的理氣論所要解決的問題為何？朱子的理論是否有其內在矛盾可言，而整菴又如何視之。其以理一分殊之體用論修正朱子的理氣論是否恰當。之後談惡的問題，視整菴的理氣一致之天道論，如何對天道的惡提出解釋。最後吾人於末小節裡談整菴與朱子學的理氣論，何者較為優勝，及對於整菴對朱子學理氣論所作的修正之努力作一反省。

（一）從易學的體會〔註2〕見其理氣論之體用關係

　　整菴接受朱子的理氣不離不雜之義理形態，但又有更進一步的義理發展，有時他直接用「一氣」之話語〔註3〕來代替理氣論，因為理氣論若是如同朱子的理解為二物，則不是整菴所想遇見的。其實「一氣之流行」之語，在朱子《易本義》裡也曾提過，〔註4〕而整菴所言之一氣之流行是那一種型態呢？

〔註2〕　「夫《易》之為書，所以教人窮理盡性以至於命也。苟能窮理盡性以至於命，則學《易》之能事畢矣，而又何學焉？性命之理，他經固無不具，然未有專言之如《易》之明且盡者。《易》苟未明，他經雖有所得，其於盡性至命，竊恐未易言也。」見羅整菴：《困知記》（北京：中華書局，1990 年），頁 75。從這段可見整菴對於易學之重視，認為是談性命之理最完整的書。在〈答林正郎〉書信裡，其反對《易經》只是用來算命這意思：「謂『《易》只為卜筮而作』，鄙見終不能無疑。後儒之論，恐難盡廢也。」見同書，頁 144。意思是說《易》不只是卜筮之書，其乃窮理盡性之學最完整的書。

〔註3〕　「蓋通天地，亙古今，無非一氣而已。氣本一也。」見羅整菴：《困知記》（北京：中華書局，1990 年），頁 4。

〔註4〕　「邵子〈觀物外篇〉有云：『氣一而已，主之者乾也。』朱子所謂『天地間，本一氣之流行，而有動靜爾。以其流行之統體而言，則但謂之乾，而無所不包』，與邵說合。」同註3，頁 72。朱子之言，見《易本義》（台北：世界書局，1972 年），頁 4。朱子於〈仁說〉裡亦是持這種看法。其言：「蓋天地之心，其德有四，曰元、亨、利、貞，而元無不統。其運行焉，則為春、夏、秋、冬之序，而春生之氣無所不通。」見《朱熹集》（成都：四川教育出版社，1996 年），頁 3542。吾人認為整菴之所以取一氣之流行之用語，有取其連續不間斷的意思，及其動態的意思，而且較理更為具體而不抽象。試看天地之氣化運行裡，有何停止可言，有何中斷可言。其實當朱子說性是仁義禮智，而又比配為春夏秋冬的時侯，朱子的理氣論有可以往整菴的一氣之流行方面發展，因為天地的一氣之流行也是春夏秋冬。但是朱子又有氣強理弱之說，

〔註 5〕 **整菴言：**

> 自夫子贊《易》，始以窮理爲言。理果何物也哉？蓋通天地，亙古今，
> 無非一氣而已。氣本一也，而一動一靜，一往一來，一闔一闢，一
> 升一降，循環無已。積微而著，由著復微，爲四時之溫涼寒暑，爲
> 萬物之生長收藏，爲斯民之日用彝倫，爲人事之成敗得失。千條萬
> 緒，紛紜膠轕而卒不可亂，有莫知其所以然而然，是即所謂理也。
> 初非別有一物，依於氣而立，附於氣以行也。〔註 6〕

　　爲整菴所不許。

〔註 5〕 「人物之生，本同一氣，惻隱之心，無所不通。」同註 3，頁 14。此意思與
朱子的〈仁說〉裡所謂的：「其運行焉，則爲春、夏、秋、冬之序，而春生之
氣無所不通。」是同樣的意思，見《朱熹集》（六）（成都：四川教育出版社，
1996 年）卷六十七，頁 3542。故可見整菴的氣論與朱子的氣論相似，亦是朱
子氣論的發展，不當因而說整菴之氣論爲唯氣論之思想，因爲朱子、整菴學
不是以氣爲唯一本體，理亦是本體。應當說其二人思想小有未合。

〔註 6〕 同註 3，頁 4～5。另有一段文字與此段意思相近：「理只是氣之理，當於氣之
轉折處觀之。往而來，來而往，便是轉折處也。夫往而不能不來，來而不能
不往，有莫知其所以然而然，若有一物主宰乎其間而使之然者，此理之所以
名也。『易有太極』，此之謂也。若於轉折處看得分明，自然頭頭皆合。程子
嘗言：『天地間只有一箇感應而已，更有甚事？』夫往者感，則來則應；來者
感，則往者應。一感一應，循環無已，理無往而不存焉，在天在人一也。天
道惟是至公，故感應有常而不忒。人情不能無私欲之累，故感應易忒而靡常。
夫感應者，氣也。如是而感則如是而應，有不容以毫髮差者，理也。適當其
可則吉，反而去之則凶，或過焉，或不及焉，則悔且吝，故理無往而不定也。
然此多是就感通處說，須知此心雖寂然不動，其沖和之氣自爲感應者，未始
有一息之停，故所謂『亭亭當當，直上直下之正理』，自不容有須臾之間。此
則天之所命，而人物之所以爲性者也。愚故嘗曰：『理須就氣上認取，然認氣
爲理便不是。』此言殆不可易哉！」同書，68 頁。此意思與朱子的意思相近，
故可見整菴不當是唯氣論，而是認爲理氣之別有形而上與形而下之別，這與
朱子是一樣的。唯一不同是整菴認爲理氣要一致。而其中所言感應之理，亦
與朱子的意思相同，人心之所以能感應乃是人心中有所謂的仁義禮智之理，
感應乃氣在感應，而能如此感應而不如彼感應則是有感應之理。例如當吾人
見有仁者做好事時，這時其流露之惻隱之情爲吾人所感應，感應之不忒乃是
理之所爲。這與朱子的〈答陳器之書〉之精神是一致的：「蓋四端之未發也，
雖寂然不動，而其中自有條理，自有間架，不是儱侗都無一物。所以外邊纔
感，中間便應。如赤子入井之事感，則仁之理便應，而惻隱之心於是乎形。
如過廟過朝之事感，則禮之理便應，而恭敬之心於是乎形。」見《朱熹集》（五）
（成都：四川教育出版社，1996 年），卷 58，頁 2976。故可見整菴之理氣論
的架構幾乎完全同於朱子，並非所謂的唯物論、唯氣論之思想。小有不同者，
整菴要把理氣之二本歸一，而往明道之義理方向走。

整菴認爲，理那麼重要，歷來思想家，如孔子、朱子以來，都說要窮理，〔註7〕那麼對於理不可不認識。理既然如此重要，整菴又說天地間只是一氣之流行，其中理與氣的關係更微妙了。關於氣，整菴認爲，要說一也可以，要說多也可以，因爲說一的時候，便是從一個源頭而流出，這時的話語就叫做一氣之流行。但某方面而言，歷來各家談氣，把事物之雜多都歸於氣，故氣亦是雜多的代名詞。從陰陽二氣，動靜、往來、聚散、升降等等，所有相對待的事物存在都可歸於陰陽兩氣，甚至五行而言，這都是氣的雜多，故可見氣說一說多皆可，在羅整菴思想裡，並無矛盾。且其認爲，凡存在都是是氣，天地之間只有一氣之流行，而且氣外無物，不能離氣而言有個先天地的造物主之存在。但如此說時，理又是什麼呢？理就是搭載在氣上的形而上的有秩序義之理則，天地間氣之運行之所以能如此而不亂，之所以有秩序，春天過了是夏天而不是秋天，能如此而不如彼的淵然有定向，便是有所謂的理則，這就是理。但整菴把日用倫常及人事之成敗得失都視爲一氣之流行，若如此便不能有理想與現實之間的距離，似乎人的道德努力、自由意志也是被決定的。但自由意志剛好是砍斷自然因果決定論之利器，若也被捲爲自然內而爲被決定的，則自由將成虛位，故可見對於整菴而言，自由與自然之鴻溝之問題很大，是否會成了下墮的自然主義之理論呢？尚待討論，其理氣論本來就是要解決上述之問題，此問題吾人於末節談之。

在整菴而言，理不能稱爲一物，理若爲一物，又是一種存在，若如此則理與氣各是一種存在，則爲獨立二物，先有獨立二物，而後可以相接連在一起。〔註8〕在此整菴不同意理氣各爲一物之說法。所以他說：「初非別有一物，依於氣而立，附於氣以行也。」也就是說並非原先有個先天地生的理獨立存在，或者生氣、或者不生氣，而有了氣之後，又與氣結合在一起。另一段文字更明顯：

> 理須就氣上認取，然認氣爲理便不是。此處間不容髮，最爲難言，
> 要在人善觀而默識之。「只就氣認理」與「認氣爲理」，兩言明有分
> 別，若於此看不透，多說亦無用也。〔註9〕

〔註7〕 《易傳・說卦》言：「窮理盡性以至於命。」
〔註8〕 其實整菴的意思是理不能離開氣而獨立成爲一物，如此違反理氣不離不雜的意思。
〔註9〕 羅整菴：《困知記》（北京：中華書局，1990年），頁32。

首先整菴言的一氣之流行，並非認爲理等同於氣的思想。整菴的理氣論是就氣認理，而不是認氣爲理，故可見其思想認爲：第一，理不是氣，理與氣明顯有區別；第二，不可離氣而認取理。從第一點與第二點可見，理氣不離，又理氣不雜，如此似乎與朱子的理氣不離不雜相同。既然與朱子的理氣不離不雜相同，何以又要批評朱子呢？吾人認爲，雖然此二人都認爲理氣不離不雜，理氣爲一，但其所謂的理氣爲一之思想與朱子的理氣不離不雜之思想比較而言，又有更多的規定。

以此看來，整菴反對理爲一獨立物而可以離乎氣而獨存。也就是說，若把理視爲一獨立存有，要與氣相合時也可，要相離時也可，若如此看時是把理視爲可獨立存在的一物。但理是形而上者，不可視爲一物，故整菴反對理爲獨立一物，更不可視爲先於氣而存在。從他對於《易》學的體會，可看出其用意：

> 或者因「易有太極」一言，乃疑陰陽之變易，類有一物主宰其間者，是不然。夫易乃兩儀、四象、八卦之總名，太極則眾理之總名也。云「易有太極」，明萬殊之原於一本也，因而推其生生之序，明一本之散爲萬殊也。斯固自然之機，不宰之宰，夫豈可以形迹求哉？〔註10〕

當說易有太極時，很容易讓人聯想爲有一個太極之理獨立存在，所以整菴再三強調絕不能如此視之，所以他說不可以形迹來視形上之理。他批評周子的〈太極圖說〉裡的話：「至於『無極之眞，二五之精，妙合而凝』三語，愚則不能無疑。」〔註11〕對於這三句話的質疑，因爲語句裡似乎把無極之眞視爲一物，若是一物便是存在，便可以形迹求之。他認爲周子把無極與二五之精氣各視爲一物，而後兩物相合，若如此理解太極，則爲有誤。所以他認爲太極性命之理，其實《易經》已經講盡了，反而周子的〈太極圖說〉有所不及。〔註12〕所以整菴說太極乃是眾理之總名，乃是說天地間都是散殊之物，散殊之相加才是易之全部。而物物各有物物之所以然之理，〔註13〕這是所謂的「物

〔註10〕羅整菴：《困知記》（北京：中華書局，1990 年），頁 5。

〔註11〕同上註，頁 29。

〔註12〕「天地造化之妙，聖學體用之全，《易》中言之甚悉，〈太極圖說〉殆不能有所加。」同上註，頁 164。

〔註13〕整菴其實不喜歡用朱子的「所以然」的意思來談理，因爲如此容易視理氣爲二物，其言：「所謂叔子小有未合者，劉元承記其語有云：『所以陰陽者道。』又云：『所以闔闢者道。』竊詳所以二字，固指言形而上者，然未免微有二物之嫌。」同上註，頁 5。又言：「如云『氣乃理之所爲』，又云『人之道乃仁義

物具一太極」，所有的物的存在都是合理的，故所有的物都分受有太極之理。
〔註14〕但所謂的分受太極之理，並不是只有分受理的一部分，而是理的全部。
太極之理表現在殊別之氣上，而爲殊別之理。而整菴不願肯定在現實上有「統
體一太極」之太極獨立存在之說法，或是說現實上沒有一個眞實獨立存在的
統體之太極，統體之太極是我們就現實上的殊別之氣上所見的殊別之理之總
合，我們如此定義之，而不是眞有一個太極之理可以離開氣而獨存。因爲眞
正的太極之理都散殊在氣中而爲氣質之理。而易的名稱也是兩儀、四象、八
卦之總名，也就是說只有一氣之流行，氣之流行爲散殊、爲萬、爲億，如此
而稱爲「體用一源，顯微無間」，若中間有斷層，則爲間隙大矣。

對於氣之連續而爲一氣流行，整菴在批評薛文清的思想裡有云：

> 《錄》〔註15〕中有云：「理氣無縫隙，故曰器亦道，道亦器。」其言
> 當矣。至於反覆證明「氣有聚散，理無聚散」之說，愚則不能無疑。
> 夫一有一無，其爲縫隙也大矣，安得謂之「器亦道、道亦器」耶？
> 蓋文清之於理氣，亦始終認爲二物，故其言未免時有窒礙也。……
> 嘗竊以爲，氣之聚便是聚之理，氣之散便是散之理，惟其有聚有散，
> 是乃所謂理也。推之造化之消長，事物之終始，莫不皆然。如此言
> 之，自是分明，並無窒礙，雖欲尋其縫隙，了不可得矣。不識知言
> 之君子以爲何如？〔註16〕

當薛瑄的《讀書錄》裡談「道亦器，器亦道」時，這意思與明道先生的思想
相類，所謂理氣圓融一致，故整菴亦極爲贊許。理氣之間沒有縫隙，這正是
整菴的重點思想所在，其認爲理與氣之間是一致的，雖然理不是氣，但是有
氣的存在，就有如是之理，理與氣之間是相互結合的，如同朱子所謂的理氣
不離的意思，但比朱子的意思更進一步，即理氣要同步而爲一。以此作判準，

之所爲』，又云『所以爲是太和者道也』，又云『有理而後有氣』，又云『易即
道之所爲』。……若余子積之《性書》，則其甚焉者也。《性書》有云：『氣嘗
能輔理之美矣，理豈不救氣之衰乎！』」同書，39 頁。以上的說法以整菴的判
準視之，都是用語有問題，而整菴所反對者乃，若如此視理氣，理氣似成二
物，表示作者並不了解理氣之一致性。以上這些講法與伊川的然、所以然的
用法有點類似，所以整菴說小程子小有未合。我們在此知道整菴的反對理氣
爲二物後，而用朱子、伊川的「所以然」之理之說法就較無問題了。

〔註14〕用《易傳》的話來講，乃是「乾道變化，各正性命。」

〔註15〕按此乃指薛瑄的《讀書錄》。

〔註16〕羅整菴：《困知記》（北京：中華書局，1990 年），頁 38。

再看薛瑄之文字便了解其爲知言與否。若是說氣有聚散，而理無聚散，如此則「有」與「無」之間的鴻溝相當的大。因爲無不能生有，而理不能生氣，若理不能生氣，而氣從那裡來呢？在整菴而言，氣原本就存在了，而不是被生的，因爲若氣有生，則有滅，一旦滅了以後，或是未生之前，則將有個只有理而沒有氣的時候，則理與氣不是互相緊密的結合在一塊，而是相互間可以分開來，如此則理與氣之間縫隙相當的大。但朱子也說「理先而氣後」，或是有「有是理後生是氣」之說法，在朱子學的理解裡，光是「理先氣後」這一點其實應當與整菴的理解是一致的，沒有所謂的現實的理先氣後，現實而言，有理便有氣了，朱子的理先氣後之說，其實是超越的分解之言，也是強調理的重要性，理的理想性。其分解的講，認爲理氣爲先天的二物獨立而存，理代表著理想性，氣代表著現實存在，但兩物可以相合，而且必定相合，所以朱子說理氣決爲兩物。其所意味的「理先氣後」的先，不是現實上的先，也不是時間上的先，而是形上的先，重點在強調理的優越性、理想性。

至於薛瑄的「氣有聚散，而理無聚散」之言，其實也是緊跟著朱子而言的。對於氣而言，一切對待的事物，都是形而下的事物，形而下的氣爲吾人所認識則是相對的，例如氣的往來、聚散、高低、升降等等，都是相對待的，所以薛瑄說氣有聚散。至於說到理無聚散方面，在薛瑄緊守著朱子學的意思下，只是說理是形而上者，不是形而下的氣之有對待、有方所的意思。其實也與整菴的意思相似，但整菴何以又批評之呢？因爲整菴認爲理氣緊密結合，而且要相爲一致，氣有聚散，而於聚之氣裡，理表現爲聚之理，理亦跟隨著氣一升一降，故理亦有聚散，否則氣聚了，理不隨著氣，氣升了，而理留在原地，一有一無之間，兩物似乎可各爲獨立存在，而不是一定要緊密結合，這則爲整菴所不許。〔註17〕

〔註17〕「氣有聚散，理無聚散，以日光飛鳥喻之，理如日光，氣如飛鳥，理乘氣機而動，如日光載鳥背而飛，鳥飛而日光雖不離其背，實未嘗與之俱往。而有間斷之處，亦猶氣動，而理雖未嘗與之暫離，實未嘗與之俱盡而有滅息之時。」此乃薛瑄之言，見《黃宗羲全集》（七）（杭州：浙江古籍出版社，1992年），頁121。其實黃宗羲接受整菴的理氣論之圓融一致思想，其認爲理與氣是相爲一致的，比理氣不離的意思更進一步，因爲朱子也是談理氣不離之思想，但其理氣不離的意思乃可以是理氣不一致的不離，所謂的理代表理想性，氣代表現實性，如此兩種不同的性質結合而不離，所以朱子有氣強理弱的說法，還是理氣不離的意思。但整菴便批評之，因爲其認爲理氣不離之外，理氣還要一致才可。黃宗羲於理氣論上是整菴的思路，而不是朱子的思路。而薛瑄

　　再回到上段之整菴言「易有太極」之語，其言一本萬殊，可看出整菴以
體用論來解釋理與氣的關係，所謂的一本之爲體，體散而爲用、爲萬殊，而
萬殊又歸於一本。這與其對於《易》學的理解是一致的。其認爲：

> 〈先天圖〉最宜潛玩，性命之理直是分明。分陰分陽，太極之體以
> 立；一陰一陽，太極之用以行。〔註18〕若玩得熟時，便見得一本之
> 散爲萬殊，萬殊之原於一本，無非自然之妙，有不知手之舞之，足
> 之蹈之者矣。〔註19〕

先天圖乃指〈伏羲八卦次序圖〉，從太極而往上〔註20〕不斷的二分，一分爲二，
二分爲四，一直到八卦爲止。其實所謂〈伏羲六十四卦次序圖〉也可以包含
在內，因爲其原理是一致的，甚至六十四卦還可以不斷的分下去，所謂的「體
用一源，顯微無間」。〔註21〕此語本是小程子《易程傳》的序言，而爲整菴信
奉不已，但其認爲小程子小有未合，亦是說其思想還未想通，故不是眞正的
「體用一源，顯微無間。」而整菴自己的義理才眞能貫徹此思想。用另外的
語言來講，就是理一分殊。其實理一分殊之語除了小程子外，龜山、延平就
是如此的看待《易》之三百八十四爻，而朱子繼之，小程子認爲甚至遠在張
載的〈西銘〉裡，就已經散發著這種意思了。〔註22〕

　　整菴又說「太極之體以立，太極之用以行」，而太極之理如何又是體又是
用呢？〔註23〕太極之理有序而不亂，落於陽氣而爲陽之理，落於陰氣而爲陰

　　　　　以日光與飛鳥的比喻來代替朱子的鏡物之比喻，所以認爲理無聚散，而氣有
　　　　　聚散。因爲氣如同飛鳥的來往，故有聚散；而日光始終都在，理始終都在，
　　　　　故曰理無聚散。此意思整菴批評之，黃宗羲亦批評之。主要是理氣不一致。
　　　　　黃宗羲認爲，要說聚散，理與氣都是聚散，要說無聚散，理氣都無聚散可言。
〔註18〕何以整菴說「分陰分陽，太極之體以立，一陰一陽，太極之用以行」？吾人
　　　　　認爲，所謂分陰分陽乃周子〈太極圖說〉之語，原語是「分陰分陽，兩儀立
　　　　　焉。」取此語用在〈先天圖〉上，乃表示，從陰陽之變易裡看出有個太極之
　　　　　總體不離二氣。又說一陰一陽，太極之用以行的意思，乃是太極就在分殊之
　　　　　中表現，表現在二氣的陰了又陽、陽了又陰，在四象裡，表現爲春夏秋冬之
　　　　　陰陽往來。所以總的來說，這話語亦可以用理一分殊四字之體用關係來代替。
〔註19〕同註16，頁71。
〔註20〕此上下之分，乃如圖之分上與下。
〔註21〕〈易程傳〉《二程集》(下)(台北：漢京文化事業有限公司，1983年)，頁689。
〔註22〕「理一分殊四字，本程子論《西銘》之言。」見羅整菴：《困知記》(北京：
　　　　　中華書局，1990年)，頁9。
〔註23〕理一分殊之體用義，整菴以《中庸》言的天命之謂性爲體，而率性之謂道爲
　　　　　用、爲分殊。在朱子的〈中庸章句序〉裡似乎沒有特別的強調體用義或是理

之理，這是天地之秩序，也是儒學之別於佛教之地方，乃在於物物有其定理。太極的另一個名稱，稱之為理一亦可，也是體的意思。既然太極是理，二儀便是氣了，理氣有不離不雜的關係，太極與兩儀便有如此的關係。而太極之用又是如何的用呢？落於氣化上的陰陽二氣能夠陰後又陽、陽後又陰的有次序，如同現實之氣化的一氣之流行，於四時而為春夏秋多，有秩序而不亂。故可見其體用的關係，乃是太極為體，陰陽為用，如同朱子理氣論落在人心而言，所謂性發為情的特殊體用論，而在天地亦是這種體用關係，乃理發而為氣，體下貫而為用的意思。但在此要說明的是，所謂的理為體，氣為用，不是從理生出氣來，否則理氣為二物，又為整菴所反駁了。而是理自是理、氣自是氣，但有其一致之關係，現實上的事物只有陰陽兩氣，而太極之理落於二氣上就顯為二氣之理，〔註24〕現實的事物可表象為四象到八卦，而理落於乾卦為乾之理，於兌卦而有兌之理。故說理為一、為太極、為體都可以；說理為用、為分殊亦是對的，因為理隨著氣而散殊為不同的氣之理。以同樣的體用關係說氣亦無不可，因為理氣相即而且一致，理可以為體用，氣亦可以為體用。說氣為一的時候，乃是說一氣之流行。但一般而言的氣，都已是賦形以後，且是形而下者，故都從對待說起，所以從陰陽說起。而衍生到六十四卦不同之氣，甚至不斷的分下去，分為一百二十八，甚至三百八十四爻，甚至往下分下去，其氣之往來聚散，莫不有其次序而不紊亂，其理亦隨之，而為三百八十四個不同之理，都是一理之隨氣而行。故顯微無間，這是一定

一分殊義，而是整菴本人如此視之。在朱子與學生的對話裡有如此言：「叔蒙問：「不出這體用。其體則謂之性，其用則謂之道？」曰：「道只是統言此理，不可便以道為用。仁義禮智信是理，道便是統言此理。」直卿云：「『道』字看來亦兼體、用，如說『其理則謂之道』，是指體言；又說『率性則謂之道』，是指用言。」曰：「此語上是就天上說，下是就人身上說。」」見《朱子語類》（六）（台北：文津出版社，1986年），頁2421。此是說朱子學生叔蒙解釋《中庸》的體用方式與整菴有點相似，亦是說若把率性之謂道完全解釋為理一分殊中的「分殊」，解為體用義的「用」，但與朱子的解釋不太合，因為朱子在解明道的：「其體則謂之易，其理則謂之神，其用則謂之神。」這地方就不把道視為用，視為分殊。

〔註24〕　「《易》逐卦逐爻各是一象，象各具一理。其為象也不一，而理亦然。然究而論之，象之不一，誠不一也，理之不一，蓋無往而非一也。故曰『同歸而殊塗，一致而百慮。』非知道者，孰能識之？」同註22，頁29。意思是，理可以說一，而分殊之理都是一理之落於氣上的表現，不同的氣都是從乾道得其性命之正，雖都來自於太極，但因氣的限制，顯現為不同的理。故說理一也可以，說理分殊也可以。

可以達到的，因爲二分爲四，往下而言，可以不斷的分下去。故「體用一源，顯微無間」的講法，以整菴的意思而言，相當明確。而且他認爲他本人之義理才能貫徹「體用一源，顯微無間」的講法，這是與其視《易》學的〈先天圖〉之看法是一致的。

　　而上文吾人說整菴對於〈先天圖〉之重視而言，又可見於〈伏羲八卦次序圖〉與〈伏羲六十四卦次序圖〉裡，其實兩圖之原理原則是一樣的，都是一分爲二，二分爲四，不斷的分下去，而且稱之爲伏羲先天圖，乃是別於文王後天圖。既然是先天之圖，故不是人爲所能造作，而爲自然的一氣之流行，有其定然不可移的法則在其中。在此整菴以邵康節的說法解釋何以〈先天橫圖〉最爲重要，其言：

> 〈先天橫圖〉最宜潛玩。奇偶二畫之中，當一線空白處，著太極兩字，其旨深矣。陽奇而陰偶，二氣流行不容有纖毫間斷，但畫而爲圖，若非留一線空白，則奇偶無自而分，此即邵康節所謂「一動一靜之間，天地人之至妙至妙者也。」偶畫亦有空者，蓋二氣之分，實一氣之運，直行去爲陽，轉過來便是陰，須空一線，方見其轉折處。陰之本體，只是後半截耳。只此一奇一偶，每加一倍，其數至不可勝窮。然倍至六畫，則三才之道包括已盡。圖雖無文，而其理甚顯，要在默而識之。〔註25〕

當其說先天橫圖時，主要強調不是伏羲方位圖，因爲方位圖是圓的。剩下的就是〈伏羲八卦次序圖〉與〈伏羲六十四卦次序圖〉，而以前者爲主，且前者可以類推而包涵後者。整菴認爲著太極兩字的旨意相當的深，其意涵爲何呢？朱子在解周子的〈太極圖說〉談到太極時，認爲若不談到太極而只說到無極時，則太極淪爲虛幻，而不知太極原來不離日用倫常。整菴也是這個意思。整菴認爲〈先天橫圖〉的太極兩字，正好寫在陰陽之間的橫線下面，所以其認爲太極不是在陰陽之外，而是在陰陽之中，正是指著陰陽中間的橫線爲太極，正是理不離氣的思惟方式。所以其稱贊邵子言的「一動一靜之間，天地人之至妙至妙者也。」這話語。其實這句話與「理只是氣之理，當於氣之轉折處觀之。」〔註26〕講著同樣的意思。一動一靜之間之一條線在先天橫圖而

〔註25〕 羅整菴：《困知記》（北京：中華書局，1990年），頁102。
〔註26〕 「理只是氣之理，當於氣之轉折處觀之。往而來，來而往，便是轉折處也。夫往而不能不來，來而不能不往，有莫知其所以然而然，若有一物主宰乎其

言，指的是太極，雖然這不見得是原來伏羲畫圖的本意，但在整菴而言卻是如此的看待，其意味著理不離氣，〔註27〕太極不離陰陽。所以要見氣之往來，當該在氣的轉折處，從靜到動，又從動歸靜，其中有其定然而不可易的道理，這就是理。有現實上的氣，就有合於現實上的理，並無所謂的不合理的氣，也就是說天地之間的氣都是合理的。理氣這時合一，這時氣要高看，因為整菴亦本著伊川的性即理之思考，故理是理想之理，而非現實的理。故不當把理以下墮視之，認為壞事也合理。高看氣才合於整菴原意。

其又言二氣流行不容有間斷處，如此才是一氣之流行，若有人質疑陰與陽之間有鴻溝、有斷裂，我們還可以分下去直到無斷裂為止。故還可以分為四象，從太陽一直到太陰，若四象之間有鴻溝，還可以分為八卦，甚至六十四卦，從乾卦到夬卦，再一直到坤卦，不斷的細分，當該沒有斷間處可言。所以整菴說每加一倍，其數至不可勝窮。

既然整菴的理氣論配合體用論講得通，其所言的統體一太極與物物一太極亦講得通，如此之言與理一分殊之義理是等同的。理一是體，而分殊為眾理、百理時是用，這時的氣也是隨著理一樣，一氣流行為本然之氣，這是體，而散殊為不同的氣質時為用。當說理一時，我們視為統體一太極，雖然現實上沒有一個真實的理一，而都是殊散之理，因為理隨氣而表現為殊散，但所有理之總合我們稱為理一，或稱為太極；而物物一太極的意思，乃所有的氣的源頭都從天道稟受而來，〔註28〕而且無少缺欠，太極之理完備。若是完備，

　　間而使之然者，此理之所以名也。『易有太極』，此之謂也。」同上註，頁 68。

〔註27〕　「明道先生嘗歷舉〈繫辭〉『形而上下』數語，乃從而申之曰：『陰陽亦形而下者，而曰道者，惟此語截得上下最分明。元來只此是道，要在人默而識之也。』截字當為斬截之意。蓋『立天之道曰陰與陽』及『一陰一陽之謂道』二語，各不過七八字耳，即此便見形而上下渾然無間，何等斬截得分明！若將作分截看，則下句『原來只此是道』更說不去，蓋道器自不容分也。」同上註，頁 106〜7。所謂的形上形下之截是為斬截，亦是說此語（一陰一陽之謂道）肯斷的最為正確（亦可參見另一段：「惟〈答柯國材〉一書有云：『一陰一陽，往來不息，即是道之全體。』此語最為直截。」同書，頁 5。故可見整菴的斬截的意思就是直截的意思，就是直接了當的意思）；斬截除了有肯斷的意思外，還有分別出理不是氣的意思。但是若是取分截的意思，則是說理可以離氣而存在，理氣可以分開，形而上與形而下可以分開的意思，故整菴不取。

〔註28〕　「伯子又云：『所以謂萬物一體者，皆有此理，只為從那裡來。生生之謂易，生則一時生，皆完此理。人則能推，物則氣昏，推不得。不可道他物不與有也。』觀乎此言，可見記者初未嘗誤。此義理本原，精深至論，未可草草看過也。且高論既疑『物之偏，恐不能有』，何又云『人物之生，理同而形異』

那麼萬物爲何不像天道一樣神奇？此問題如同我們問，人若從上帝那兒稟受其全部，何以人不能像上帝一樣全知全能呢？這是因爲所謂的氣的限制。因爲氣有方所，在氣的限制下，上升之氣表現而爲上升之理，理只是靜態的存有於氣上表現，不能有所增加或主宰，故理無活動性，這是本著朱子認爲的理無造作、無計度而言，這也是整菴理氣論的意思。而套在體用論之下，理一分殊，吾人亦可說是氣一分殊。〔註29〕

（二）理氣合一所要解決的問題爲何？理弱氣強──理氣之不一致

先對理氣作一番說明。首先氣是理實現之資具，爲必須有理，但氣會限

耶？煞要尋究。人物俱有知覺，而所知所覺者則不同，可見理一而分殊矣。」見羅整菴：《困知記》（北京：中華書局，1990 年），頁 145～146。此段認爲萬物之理都是從同一個根源而來，而且萬物都有理，無少缺欠，不是其他低等之物只稟受部分天理，而是天理之全部。既然是全部，何以人得之精，而物所得爲昏呢？此乃所得之氣之不同所致，在理上，其實是相同的，都是同一個天理，所以說「從那裡來」，在此明道、朱子、整菴沒有不同，這也朱子所謂的枯槁有性的意思。在此整菴質疑林正郎，認爲他的思想前後不一致，一下子又肯定明道之語，例如「人物之生，理同而形異。」一下子又否定明道義理，如「物之偏，恐不能有。」因爲這與明道的「所以謂萬物一體者，皆有此理」之語矛盾。人物之不同，在理上是相同的，在氣上而有不同，但這氣之不同，也決定了分殊之理，因爲所謂現實的性都是氣質之性，都是人物之生後的性，所以理又隨著氣而分殊。

〔註29〕「僕從來認理氣爲一物，故欲以『理一分殊』一言蔽之。執事謂：『於理氣二字，未見落著。』重煩開示，謂：『理一分殊，理與氣皆有之。以理言，則太極，理一也，健順五常，其分殊也。以氣言，則渾元一氣，理一也；五行萬物，其分殊也。』究觀高論，固是分明，但於本末精粗，殊未睹渾融之妙，其流之弊，將或失之支離。且天地間亦恐不容有兩箇理一。」同上註，頁 151～152。此一段批評林次崖把理一分殊用在理上也用在氣上，如此則分殊太甚。吾人認爲其實整菴也正是這思想，只要把理一分殊的理氣兩部分，再把它融合便可，也就是說整菴覺得林次崖的講法是對的，只是不夠圓融。另一段：「楊方震〈復余子積書〉有云：『若論一，則不徒理一，而氣亦一也。若論萬，則不徒氣萬，而理亦萬也。』此言甚當，但『亦』字稍覺未安。」同書，頁 43。說一時，太極爲理之一，而氣也可以說是一氣之流行，同樣的，說萬時，理雖爲一，但散在萬物之理，而隨著氣之不同，而理亦分殊。例如在春天，則理在氣中而爲春天之理，所以說氣萬，理亦萬也。何以「亦」字覺其未安呢？因爲現實而言，沒有一個真實的理一，所有的存在都是氣，氣都是從兩儀開始，而氣之陰陽，而理亦隨著分殊爲陰之理與陽之理。所以當言，不徒理一，氣亦一也之說法，好像先有個理一，然後氣跟著爲一。亦字有跟著的意思，其實不是跟著，而是原本就合一，一物自有一物之理，原本就是合一的。從這一段可見整菴不反對理一分殊，而也可講氣一分殊。

制理。第二，理先于氣，爲理想先于現實，使現實能合於理。

　　前文吾人認爲，整菴思想的理氣論所重視者乃一氣之流行，此又是體用的關係，與朱子的理氣不離不雜的意思相近，而是否有多於理氣不離不雜之說法呢？吾人認爲有，整菴又規定了一些多於朱子學的意思。歸結而言，整菴的理氣合一之論就是理氣不離不雜的意思，再加上理與氣之間的一致性，這後者是朱子所沒有提到的，因爲朱子的理氣論而言，理代表著理想性，高高在上，氣代表著現實性，[註30] 顯爲低下，理氣爲不同之存在，有形上、形下之別，兩者不一致，但可以相合，也必須相合。所以可以看出整菴何以還要批評朱子的理由。原來他理解錯了朱子的話語。朱子有些話語似乎不同於理氣不離的意思，而整菴不同意。但這是整菴的認定有誤，朱子有理氣決爲二物的話語，在此黃宗羲亦有同樣的認定，認定朱子一方面有理氣不離，但又有理先氣後的矛盾思想，但其實是他們認錯了朱子。黃宗羲按語說到：

> 惟是朱子謂「無極即是無形，太極即是有理，在無物之前而未嘗不立于有物之後，在陰陽之外而未嘗不行于陰陽之中」，此朱子自以「理先氣後」之說解周子，亦未得周子之意也。[註31]

朱子本著理氣不離的思想，其話語並不含有內在的矛盾，而是解釋起來不容易。蓋朱子學言理氣乃是理氣有間的不離。[註32] 所以以這句話來說，理與

[註30] 若有人質疑以理代表理想性，以氣代表著現實性，這種講法不妥當。吾人的回辯是，此是屬性之一的表示方式，非定義語。在此吾人把理氣用理想性與現實性之說法其實主要是以朱子與整菴兩人而言。在朱子而言，理是理想性，氣是現實性，這是明顯的，因爲對於惡的產生，理不負責，所以朱子有理弱氣強之說法。且朱子認定性即理，理是仁義之理，是道德理想；而到了整菴，理還是理想性，而氣是現實存在，存在於天地一氣之流行之現實性，天地之現實性在整菴而言亦是天道的理想性之展現，類似於我們說現實的國君有時也是好的、理想的，故此只是語言文字之說明，理還是理想性，氣還是現實性，這意思當該沒有太大問題。當然或有人認爲理爲理想性，氣爲現實性，簡化了朱子思想，而認爲朱子學言氣，有心之精爽者爲氣，氣當不只是現實的低下。吾人亦肯認這種講法，但縱使心是氣之靈，但心未格物之前，還不到性的理想性之層次，故只有個別性，而不到性理之普遍性的層次。

[註31] 《宋元學案》，第 012 卷，濂溪學案（下），黃宗羲按語。

[註32] 「正因其所體會之太極爲只存有而不活動者，是則終于爲二，而其『一』亦是關聯的一，非即體即用無間之一，卻正是不以體用言之有間之一，非即體即用之一原之一，卻正是理氣關聯上的兩原之一。」見牟宗三：《心體與性體》（一）（台北：正中書局，1996 年），頁 402。牟先生對於朱子學的體會，乃是認爲其無超出其理氣不離的判準，只是其理氣不離的意思，與整菴不一樣。朱子的理氣不離，乃是有間的不離，乃是理維持其理想，氣維持其現實，而

氣還是不離，但理的理想性並不因而捲入氣的現實性中，如壞事也有壞事之理，則理的超越性沒有了，朱子的話語還是理氣不離，但理要保持其理想性、超越性的意思。當然黃宗羲並沒有這樣看，其誤解了朱子的意思，認為朱子是先有理後有氣的思想。而且認定其解釋太極圖說時亦是如此，但朱子之解釋太極圖說時並非此意，而是黃宗羲理解錯了。但黃宗羲不同於整菴的認為，整菴認為周子與朱子都錯，但黃宗羲認為錯在朱子而不在周濂溪。

但縱使整菴理解了朱子的話語，整菴所要求的與朱子所要求的還是有所不同，即理氣不離的意思，其兩人認定上有所不同。朱子的合一是理氣有間的合一，而整菴的合一，是一致的意思。故在朱子學而言，其可以言理氣不離，又可以言氣強理弱；在整菴而言，是不可能談一個氣強理弱之不一致的情況產生。

朱子除了說理氣不離不雜之語外，卻還有理可獨立存在為一物之說，是故整菴覺得朱子沒有想清楚，當然這是整菴的錯誤理解，或說是整菴與朱子所要求的理氣不離的意思不相同所致。朱子本人的意思，當該如其在《易本義》〈乾卦・彖傳〉之解語裡的意思，其認為：「此四德之所以循環而無端也。然而四者之間，生氣流行，初無間斷，此元之所以包四德而統天也。」〔註33〕四德指的主要是元亨利貞，也可說是仁義禮智，或春夏秋冬，〔註34〕可見乾道歸一而言是為太極，乾道是隨著天地之氣而流行，如春夏秋冬之氣，這些氣有著乾道所付予的性命之理。從這裡可看出朱子的理氣不離之說法，〔註35〕也似乎是整菴一氣之流行的說法。但整菴與朱子之不同在於，一旦遇到氣的

兩者不同，卻可以相合的一，所以朱子可以說氣強理弱之語。而整菴要的一，是一致的一，也不是心即理的一，也不是朱子的理氣有間的合一，而是理與氣要一致的意思。

〔註33〕　朱子：《易本義》（台北：世界書局，1972 年），頁 2。

〔註34〕　朱子：《易本義・乾文言》（台北：世界書局，1972 年），頁 2。當說四德是春夏秋冬時乃即氣言理。氣之運行之表現，其有秩序就像人的德行之仁義禮智之表現一般。

〔註35〕　「問：「程子曰：『灑掃應對，便是形而上者。理無大小，故君子只在慎獨。』此只是獨處少有不慎，則形而上下便相間斷否？」曰：「亦是。蓋不能慎獨，只管理會大處，小小底事便照管不到。理無小大，大處小處都是理。小處不到，理便不周匝。」」《朱子語類》（四）（台北：文津出版社，1986 年），頁1209。從上文的講法裡，看出朱子的理氣不離的思想，大小事都有理，理與氣沒有間斷，有氣就有理。還有朱子說天地間的一氣流行，似乎也表示，理氣不離的意思。

過與不及，或是惡的情況產生時，朱子要保持理的崇高性，而整菴要保持理氣的一致性，在整菴而言，理氣的一致便是崇高的學習對象所在。〔註36〕

　　朱子於其他處說了一些話，似乎認為理氣可以分開來而各自獨立，例如「萬一山河大地都陷了，畢竟理卻只在這裏」，〔註37〕或是有「理先而氣後」的說法，吾人認為，當該如此理解才是朱子的意思，即視理氣為有間的合一，如此才可。前者，若山河大地都陷了，或許還是有其他宇宙的存在，並非指理可以獨立而存的意思。至於理先氣後的說法，是強調理的重要性，這不是時間的先後，乃是形上的先後，此乃理氣之區分，也就是說理與氣是二個不同的實體而相結合，理氣之區分不僅存於吾人的理性裡，也是客觀現實上的二物，所以朱子說，理氣決為二物，雖為兩物，但必定要相合。

　　除此之外，朱子還有一個理弱氣強之說法，這也是整菴所反對的。吾人先看朱子原文所要表達的意思：

　　　謙之問：「天地之氣，當其昏明駁雜之時，則其理亦隨而昏明駁雜否？」曰：「理卻只恁地，只是氣自如此。」

　　　又問：「若氣如此，理不如此，則是理與氣相離矣！」曰：「氣雖是理之所生，然既生出，則理管他不得。如這理寓於氣了，日用間運用都由這箇氣，只是氣強理弱。譬如大禮赦文，一時將稅都放了相似，有那村知縣硬自捉縛須要他納，緣被他近了，更自叫上面不應，便見得那氣粗而理微。又如父子，若子不肖，父亦管他不得。聖人所以立教，正是要救這些子。」〔註38〕

　　　（柄錄云：「問：『天地之性既善，則氣稟之性如何不善？』曰：『理固無不善，纔賦於氣質，便有清濁、偏正、剛柔、緩急之不同。蓋氣強而理弱，理管攝他不得。如父子本是一氣，子乃父所生；父賢

〔註36〕在此為天道論之講法，若有君子知過而不改，則有人質疑整菴這種講法為惡事亦合理的意思，此乃心性論之問題，非整菴的意思。

〔註37〕「問：『有是理便有是氣，似不可分先後？』曰：『要之，也先有理。只不可說是今日有是理，明日卻有是氣；也須有先後。且如萬一山河大地都陷了，畢竟理卻只在這裏。』《朱子語類》（一）（台北：文津出版社，1986 年），頁4。可見此先後不是時間上的先後，乃形上的先後。

〔註38〕朱子說聖人立教便是要救這些子，這些子是比喻天地的氣強理弱，在天道論而言表示人可以贊天地之化育，在人道論而言，乃要人學做聖人。在朱子的講法裡，本來可能只是要談人道論，聖學不可隨於流俗的意思。但在整菴而言，把它擴大到天道論的講法裡，詳於後文。

而子不肖，父也管他不得。又如君臣同心一體，臣乃君所命；上欲
行而下沮格，上之人亦不能一一去督責得他。』」）〔註39〕

謙之（潘柄字謙之，見《朱子語類》，頁16）所問的問題，其實也有自己的
一套見解，他的提問相當的好，已經看到理氣論所難以解決的問題點。他認
爲，天地之氣若是昏濁的時候，難道理也跟著昏濁嗎？其實這正是整菴要問
的意思。而朱子剛開始回答，理只是個理想性的「好」，不好是氣自身所造
成的。

朱子談理弱氣強時，原本可能只是要談理的優越性，而談人物之性時，
認爲聖學不可追隨流俗。而謙之在問此問題時，似乎有往天道論的意思上理
解，甚至朱子的意思，除了人道論的意思外，也有往天道論意思談的可能性。

先不管朱子的原意爲何，但在整菴與謙之的意思相同，但整菴不滿意於
這個回答。整菴完全以天道論的意思來理解之。〔註40〕整菴應當會認爲，現
實之氣，如天地一氣之流行，在人看來，總是有好有壞，例如有天災地變，
在朱子而言，可以視之爲天地之化育有其不理想的地方，或說在天道而言，
天道總是理想的，但有時理管不住氣，於是有天災地變產生，而這爲人所不
喜歡，聖人於此可以贊天地之化育。亦是說若天地爲昏時，如「覆載生成之
偏，及寒暑災祥之不得其正者」〔註41〕如此的理又何以能保持理想性，或保
持其性即理之仁義禮智的理想性呢？也就是說惡又從何而來？這時我們可以
認爲朱子把不好的部分歸於氣，理想性歸於理，雖然朱子的本義不見得談的
是天道論，但其對於天災地變的解釋亦當如此，以保持天理的優越性。當朱
子把理保持其理想性，惡歸於氣，這時整菴與謙之發出相同的疑問，即是如

〔註39〕同註37，頁71。
〔註40〕「此章之說未然，謂造化樞紐，品物根柢，指本原處而言，亦過於遷就矣，
　　　豈有太極在本原處便能管攝，到得末流，遂不能管攝邪？是何道理，其以形
　　　體性情，君子小人，治亂禍福，證氣強理弱之說，皆未爲當，孟子曰：莫之
　　　爲而爲者天也，莫之致而至者命也，程子謂此二言便是天理，此乃超然之見，
　　　理氣更安得有罅縫耶？試精思之，一旦豁然，將有不知手之舞之，足之蹈之
　　　者矣。」見羅整菴：《困知記》（北京：中華書局，1990年），頁145。從這一
　　　段的話語裡，看出整菴認定朱子談的理弱氣強之意思是就天道論而言。何以
　　　看出呢？從程子的莫之致而至者的話語看出。因爲此本是孟子談命的意思，
　　　而朱子分之爲理命與氣命兩者，而整菴又要合理命與氣命於一起。且命的觀
　　　念是天道的觀念，非心性的觀念，故可見整菴之反對朱子的理弱氣強之意思，
　　　可能不是朱子的原意，而往天道論的意思理解去了。
〔註41〕見《四書章句集註》（台北：鵝湖出版社，1984年），頁22。

此的話，理氣可以相離了。朱子的回答沒有正面回答可相離與否的問題。但其實謙之所取的相離的意思，乃理與氣可以不一致的意思。而朱子的意思是，理保持其崇高性，氣維持其現實性，所以理氣有間，但是有間的理氣卻必須結合在一起。故謙之所質疑的相離，並不違反朱子的理氣不離的意思，只是語法所要表達的意思不大一樣。

而整菴所要取的「不離」的意思類於謙之，是理與氣要一致，而且視之為論天道論本身。整菴認為天道論的講法不能如朱子之認定，一個是理想性，一個是現實性，然後硬把二者結合在一起。整菴認為，理只是太極，只是氣的秩序義，只是氣之轉折裡使之不亂的理序，面對天地昏氣時，也有太極之理，但此時太極之理落於此氣上表現而為昏理，甚至昏的意思都不能言了，因為天道論為天、地、人之標準所在，在天地何嘗有昏，所謂的昏只是人的不喜歡，但合於一氣之流行，就不能用昏的字眼形容天地。但在朱子學而言，天地之昏是講的通的，這是氣自己為之，把昏之所以昏歸到氣，而不歸於理。因為就朱子之看法而言，面對昏氣時也是那太極之理，如同前文所言的「從那裡來」，都從天道而來，而且無少欠缺，昏氣所稟之理也是太極之理的全部，與清氣所稟之理是一樣的，不好是氣自己所造成的。而整菴認為天地沒有什麼不好，因為不能只從人的有限觀點去看天地；而朱子認為這不好的確是天地的不好，是昏氣，是不合於人的理想。可見整菴更有尊天思想，更是尊重客觀性，而朱子注意到天人一致的問題，因為既然是不合於人的，應該也是天理所不喜歡的。惡的問題在朱子而言得到初步的解決。

但謙之緊追不捨的發問，因為若把惡歸到氣，把好的留在理，或說把現實歸到氣，把理想留在理上，則理氣如同水火之不同，一個是理想高高在上，一個是昏濁而為不好的根源。此理想、現實之鴻溝如何撫平呢？所以謙之說，如此似乎理氣相離，而違反理氣不離的原則。若在朱子而言，理想與現實之落差正是不能相混，當然有鴻溝。縱使以整菴的意思來修正朱子學，理氣一致而且為天地人所遵循的標準，但還是為黃宗羲所批評其天人不一，即如果天是至善，天道所產生之地震也是至善，何以人卻哀傷不已，不合於人的惻隱之心。類似這樣的問題，吾人於導論已詳之。而朱子卻不因為其理氣之理想現實之差距而影響所謂的理氣不離，所謂的不離，正是理氣有間而必須相合的意思，在此謙之的不離的意思，與朱子的不離的意思不同。此問題整菴接手而繼續探討。朱子的氣強理弱之說法，其實是要解決惡的存在的問

題，〔註42〕但反而開啓了理氣之間可有距離的問題，朱子正是要理想、現實有差距而言不離。朱子用了一個譬喻，所謂的理與氣的關係，如同父與子的關係，其爲了解決何以源頭是清潔的，到了末流卻變成濁的之問題，於是朱子把理氣分開來談，似乎解決了惡的可能的問題，但是理氣因而分了開來而有距離。因爲父生子如同理生氣，理能生氣，那麼氣未被生時，理獨立爲一物，乃整菴的理氣不離之思想所不容。而且子被生了之後，又能不爲父所管，氣被生了之後，理又管不住，理想、現實之間的缺口更大，這都是整菴所要解決的問題。但眞實而言，乃整菴所要的理氣不離的意思，與朱子的不離的意思不同。但縱是如此，朱子的用父子作比譬的講法只是比喻，不能實看。

於是整菴以理氣不離、而且要相互一致作爲判準，來衡定各家的天道論思想，若能通過這整菴之理氣相合思想便是好思想，不合者便認定對方沒有想通。〔註43〕對此理氣不可以獨立存在爲一物之見解下，只要是談理氣相合、或是理墮在氣中、講理氣決爲二物、講理可以活動〔註44〕、講理氣不一致（例如理弱氣強）、或是理可以救氣之衰等等之想法都是不合格的。亦是說雖然整菴的理氣論以朱子的理氣不離不雜爲準，再加上其個人體悟，於是理氣除了不離之外，還要一致才可。

知道了整菴的判準後，先看整菴所批評朱子的「氣強理弱」之理論：

周子〈太極圖說〉篇首無極二字，如朱子之所解釋，可無疑矣。〔註

〔註42〕 朱子的本意只是要理爲理想性，而且可能只是談人道論的意思。但可以視朱子學的天道論亦如此視之，因爲前面所引之文是談天地之氣昏的話語，這是天道論的層次。而且朱子認爲天道有惡，故人可以贊天地之化育，天地之惡，如同寒暑之不得其正者便是。

〔註43〕 爲何非要一致才是好思想呢？只能説這是整菴所認定的天道論當該如此，而且整菴認爲儒學的眞精神便是重視這客觀的天道、性理。天道論是至善的，若有不一致，如朱子之解釋惡的產生之理弱氣強講法，天道之表現便不是絕對的、至善的，而不當爲人們所奉守。

〔註44〕 在朱子而言，理無造作、無計度，是存有而不活動者，整菴亦如此認爲。但在朱子而言，有理管不住氣的情況產生，所謂的理弱氣強，所以朱子說聖人就是要救這些子，這些子的意思，乃是所謂的管不住的氣。在天地而言，有時理管攝不住氣，而有災情產生，而聖人可以贊天地之化育，在人世間而言，壞人不依於理而行，聖人亦是教導這些人。這意思，整菴不願肯認。

〔註45〕 朱子在〈答陸九韶〉的辯無極太極之說裡談到：「殊不知不言無極，則太極同于一物，而不足爲萬化之根。」見《周敦頤全書》（江西：江西教育出版社，1993 年），頁 74～75。朱子的意思乃，不用無極來形容，則太極很可能被理解爲形而下的一物。但整菴的理解，依吾人上文所述，與朱子的理解小有差

45〕至於「無極之眞，二五之精，妙合而凝」三語，愚則不能無疑。
凡物必兩而後可以言合，太極與陰陽果二物乎？其爲物也果二，
則方其未合之先各安在耶？朱子終身認理氣爲二物，其源蓋出於
此。愚也積數十年潛玩之功，至今未敢以爲然也。嘗考朱子之言
有云「氣強理弱」，「理管攝他不得」。若然，則所謂太極者，又安
能爲造化之樞紐，品物之根柢耶？惜乎！當時未有以此說叩之
者。姑記於此，以俟後世之朱子云。〔註46〕

先不管朱子談理弱氣強要表達的意思爲何，在整菴而言，清楚地是就天道論而
言，此從周子的天道創生之話語可見。此段文字，以整菴的見解而言，出現了
相當多的講法不合於理氣不離且一致之思想。例如周子所謂的「妙合而凝」的
語句，整菴認爲，要講相合，表示原本不合，之後才混在一塊。那麼首先代表
著理氣爲二物，這如同朱子言的理氣決爲二物，表示這種思想還沒想得通透。
其實朱子正是整菴所指涉者，朱子也正是這思想，而整菴覺得不對，所以他認
爲當時問「氣強理弱」的謙之沒有繼續問下去是很可惜的一件事。第二，整菴
認爲若還未合之前二物各是一個什麼狀態。這有二種可能，一，理與氣各爲獨
立，理是理，氣是氣，各不相干，這時的氣沒有理於其中，可能呈現無秩序的
狀態。二，理生氣，有人誤解朱子所言的理能生氣，或誤解周子所言的太極生
陰陽二氣，若如此而言，理還是可以獨立存在爲一物。此二種言論都不合於理
氣不離不雜之判準，整菴必定攻擊不遺餘力。但朱子與周子〔註47〕都不應是這

別。整菴理氣思想爲黃宗羲所繼承，當如黃宗羲所言於解周濂溪時，附上〈太
極圖講義〉，內言：「其曰無極者，初非別有一物依于氣而立，附于氣而行。
或曰：因『易有太極』一言，遂疑陰陽之變易，類有一物主宰乎其間者，是
不然矣，故不得不加無極二字。」〈宋明學案〉，《黃宗羲全集》（三）（杭州：
浙江古籍出版社，1992 年），頁 606。此言可與羅整菴：《困知記》（北京：中
華書局，1990 年），頁 4，第十一條相比較，可見黃宗羲所抄整段幾乎八成以
上都是整菴的文字用語，亦可看出其二人的理氣論之相承。朱子說無極，乃
是怕太極淪爲一物，而整菴也是；但朱子又說理（太極）、氣決爲二物，整菴
反對。乃是因爲朱子可以說形上者也是一種存在，其不同於形下之存在，形
上的理想與形下的氣不同；而對整菴而言，理氣是一致的，太極與兩儀是一
致的，理與氣之一致，而爲至善之標準。故二人有所不同。而黃宗羲的理解，
是以整菴的意思來理解周子的無極的意思，乃是形而上者不是形下之一物，
所以要加個無極的意思，朱子雖也是這意思，但朱子可以說形上是另一種存
在「物」，而整菴卻把「物」規定在形而下。

〔註46〕羅整菴：《困知記》（北京：中華書局，1990 年），頁 29。
〔註47〕周子的太極生兩儀的生字，是指妙運的意思，所以黃宗羲亦幫周子辯護：「惟

個意思，朱子言的理氣雖爲二物，但兩者必定有間的相合，若整菴不滿只能在這一點上不滿，即是理氣有間，但在相合部分，朱子也必說相合，亦是說朱子與整菴不同只在理氣不一致這一點上，至於理氣不離不雜部分，朱子也是這種思路。

　　回到整菴談周子那段，整菴繼續批評朱子的氣強理弱之說法，認爲此乃理氣不一致，若理不能管攝得住氣，這理還是造化的樞紐嗎？在整菴而言，理氣一一對應，有如是理則有如是氣，反之亦然。所有的氣都是太極之理所賦予的，而爲散殊不同之理，落於不同的氣上便表現爲不同之理。若理不能管得住氣，我們還要推尊這個理嗎？雖然整菴推尊此理，認爲理可以管的住氣，但另一個問題發生了，整菴雖談理氣一致，認爲有如是氣便有如是理，任何氣化都是合理的，但天道走到衰時，這時理還是造化之樞紐嗎？其實就整菴而言，沒有所謂的衰時（因爲整菴以理觀理，而不是以有限的人心觀理），雖然天災地變，也是一氣之流行，此雖爲人們所不喜歡，但不影響造化的一氣之流行。天地不因人的不喜歡而停止其運行，停止其一氣之流行。這是其

是朱子謂『無極即是無形，太極即是有理，在無物之前而未嘗不立于有物之後，在陰陽之外而未嘗不行于陰陽之中』，此朱子自以『理先氣後』之說解周子，亦未得周子之意也。羅整菴《困知記》謂：『無極之眞，二五之精，妙合而凝』三語不能無疑，凡物必兩而後可以言合，太極與陰陽果二物乎？其爲物也果二，則方其未合之先各安在邪？朱子終身認理氣爲二物，其原蓋出于此。不知此三語正明理氣不可相離，故加『妙合』以形容之，猶《中庸》言『體物而不可遺』也，非『二五之精』則亦無所謂『無極之眞』矣。朱子言無形有理即是，是尋『無極之眞』于『二五之精』之外，雖曰無形而實爲有物，亦豈無極之意乎？故以爲歧理氣出自周子者非也。」此段見沈善洪主編：《黃宗羲全集》（三）（杭州：浙江古籍出版社，1992 年），頁 616～617。此段相當複雜，需要解疏一下。首先黃宗羲批評朱子，乃是站在整菴的立場，批評朱子的理氣爲二，其實朱子的確是理氣爲二（理想與現實不同但可相合），但是還是理氣必需相合，朱子、整菴不同，只在理氣是否要一致的問題上。但是整菴與黃宗羲對於周子的看法還是有所不同。整菴認爲周子已經是理先氣後的意思了，其實周子、朱子的理生氣的意思，都是妙運的意思，而不是眞的有一個氣被生的意思，周子與朱子的不同，在於心即理與心不即理之不同，或是理是活動與否上。而黃宗羲本人，本其師說（劉蕺山），以心即理爲正宗，故爲周子說好話，其認爲有問題是朱子的問題，非周子的問題。而且黃宗羲認爲，整菴之所以批評周子，乃是受了朱子的影響。故可見黃宗羲與周子爲心即理系統（眞實而言，周子思想以牟宗三先生的分判而言，爲直貫創生之系統，但尚未分家，故只能說有心學的影子），而朱子整菴是心不即理系統。而整菴批評朱子是因爲理氣之不一致而批評之。而黃宗羲之欣賞整菴乃在天道論之理氣圓融無間而欣賞之，至於天人一不一的問題，黃宗羲並不欣賞整菴。

學說講得通的地方，但也有其自己學說所帶來的衍生問題，也有自己解決問題的一套說法，自成一套系統。

而整菴對於氣強理弱之語的補救方法，有自己的一家之言：

> 但「氣強理弱」之說，終未爲的，因復強綴數語，語在下卷第十九章。所疑「理散果何之？」似看鄙意未盡。《記》中但云，「氣之聚便是聚之理，氣之散便是散之理。惟其有聚有散，是乃所謂理也。」並無「理散」之言。此處只爭毫釐，便成二義，全要體認精密也。[註48]

整菴言的下卷第十九章，正是上一段引文批評周子的「妙合而凝」的句子。而整菴以氣之聚便有聚之理、氣散便有散之理的理氣一致之語，以補救氣強理弱、理管不住氣說法。而「有聚有散，乃所謂理也」乃是理一分殊的意思，也就是天地之運行能合於一陰一陽之有序，乃是有理於其中，而不是理可以活動的意思。所以沒有理散則散到那裡去了的問題，[註49]因爲理永遠在，隨著氣的開闔、往來、聚散，而表現爲殊多之理。整菴緊守著朱子學的理只是但理的意思，理不活動，而是隨著氣而表現爲不同的理則。

除了整菴之不滿朱子的「理弱氣強」之說，明初的曹月川也對於朱子的理氣論之說作出修正。其認爲：

> 先賢之解〈太極圖說〉，固將以發明周子之微奧，用釋後生之疑惑矣。然而有人各一說者焉，有一人之說而自相齟齬者焉，且周子謂「太極動而生陽，靜而生陰」，則陰陽之生，由乎太極之動靜。而朱子之解明備矣，其曰「有太極，則一動一靜而兩儀分。有陰陽，則一變

[註48] 羅整菴：《困知記》（北京：中華書局，1990 年），頁 140～141。

[註49] 在整菴而言，氣不見了，理亦無了，但不是理散的意思，其所本乃朱子的「心有死生」的意思，朱子言：「熹按：『性無善惡』、『心無死生』兩章似皆有病。『性無善惡』，前此論之已詳；『心無死生』，則幾於釋氏輪迴之說矣。天地生物，人得其秀而最靈。所謂心者，乃夫虛靈知覺之性，猶耳目之有見聞耳。在天地，則通古今而無成壞；在人物，則隨形氣而有始終。知其理一而分殊，則亦何必爲是心無死生之說，以駭學者之聽乎？」〈知言疑義〉《胡宏集》（北京：中華書局，1987 年），頁 333。此段意思與整菴的意思是一樣的。所謂人心會死，氣也會散，但理無所謂聚散，氣聚有氣聚之理，散有散之理。在人心之氣散了，還有理一分殊可以代表，亦是說山河大地、人心都沒有了，還有一個天地之心，天地之心有天地之理，或是天地之理雖不伴隨著人心之氣，但可伴者其他宇宙之氣的存在。在此朱子與整菴的意思相近，只是整菴談的是理氣論，朱子談的是心性論，但因天人之一致，故也是理氣論，可以視爲相同。

一合而五行具」，尤不異焉。及觀《語錄》，卻謂「太極不自會動靜，乘陰陽之動靜而動靜」耳，遂謂「理之乘氣，猶人之乘馬，馬之一出一入，而人亦與之一出一入」，以喻氣之一動一靜，而理亦與之一動一靜。若然，則人爲死人，而不足以爲萬物之靈，理爲死理，而不足以爲萬化之原。理何足尚而人何足貴哉？今使活人乘馬，則其出入、行止、疾徐，一由乎人馭之何如耳。活理亦然。不之察者，信此則疑彼矣，信彼則疑此矣，經年累歲，無所折衷，故爲〈辨戾〉，以告夫同志君子云。〔註50〕

曹月川談到「有一人之說而自相齟齬者」指的便是朱子，他認爲朱子的兩種話語，自相矛盾，在解〈太極圖說〉時朱子講得很好，也爲曹月川所欣賞，可是到了《語錄》，爲何又說理不活動？所以其認爲這是朱子弟子之記錄有誤。所以月川肯定朱子的解〈太極圖說〉之言，而認爲《語錄》之語是錯的。其實朱子的意思剛好相反，所謂的理不活動才是朱子的眞實意思，〈太極圖說〉朱子之注語，亦須依此義理解，〈太極圖說〉之註解裡似乎有理活動的意思，其實不然。周子言的「太極動而生陽，靜而生陰」，朱子解爲「有太極，則一動一靜而兩儀分，有陰陽，則一變一合而五行具。」〔註51〕月川的理解，乃是太極有其主宰性，能管攝得了陰陽，當然這個「生」在朱子、整菴的理解都只是妙運的意思，只是月川認爲朱子的理當該有主宰義，周子言理亦當如是。月川與整菴都想保住理的優越性，但在曹月川之看法裡，若理是靜態的而不能主宰，還能管得住氣嗎？這時還是萬化之根源嗎？這時的月川想法有兩種可能性，第一，回到先秦儒學、或是周子的理有活動性、主宰性的意思，理會活動這意思爲黃宗羲所批評。〔註52〕第二，因爲認錯朱子，以爲太極在

〔註50〕 曹端：《曹端集‧辨戾序》（北京：中華書局，2003 年），頁 15。

〔註51〕 《周敦頤全書》（江西：江西教育出版社，1993 年），頁 44，。

〔註52〕 黃宗羲言：「先生之辨，雖爲明晰，然詳以理馭氣，仍爲二之。氣必待馭於理，則氣爲死物。」沈善洪主編：《黃宗羲全集》（八）（杭州：浙江古籍出版社，1992 年），頁 355～356。黃宗羲本著整菴的理氣論之思考，批評月川的理會活動義，及氣待理駕馭義，可見整菴的思想裡，理只是理則，不活動的。而黃宗羲與月川之不同，在於到底是理在活動、主宰還是氣在活動、主宰。其實在朱子而言，天地萬物之飛揚止息，都是氣的運行，氣本身會活動，而不是理活動，縱使氣沒有理，還是氣機鼓盪，而爲混亂之氣，所以氣當該活動。例如天地之運行，雲行雨施，都是理在運妙。但是若無理時，氣還是能到處下雨而無規律，而至水災等，表示氣自己有活動性、主宰性。那麼是否有可能理氣都活動呢？月川的意思可能就是如此，所以說人、說馬表示理氣都活

陰陽之外。但第二點似乎不可能。因爲他認爲朱子解太極圖的意思已經明備了，而朱子的話語是這樣的：「此所謂無極而太極也，所以動而陽、靜而陰之本體也，然非有以離乎陰陽也。」〔註53〕從這一段可見月川的意思只是理要活動且能主宰，而非理可以存於氣之外。所以月川的意思應該是回到周子的理有活動性的意思，〔註54〕而不是錯認朱子的理可在氣外之意思。又何以見得周子的理是有活動性的呢？周子認爲「動而無動，靜而無靜，神也」、「動而無動，靜而無靜，非不動不靜也。」〔註55〕這是講太極神體，也是講理的意思，所以當該有神運、妙運的靈動性之意思。

何以整菴、月川二人都想修正朱子學呢？此二人都認爲太極是萬化的根源。整菴認爲，理管不住氣，那麼理還有其優越性嗎？月川認爲理若是死的，那麼還有優越性嗎？而朱子正是要說理的優越性，而談氣強理弱，但是他還要說明現實之不合理的來源，所以不得不以理管不住氣來說明，此而爲整菴批評，而月川的批評不在這裡，他要求的是理有活動性，至於理管得住氣與否，不是他所要問的問題所在（如人是活人便可，馬聽話與否不重要）。但要是吾人問到此修正者之二人他們對於惡的來源如何解決時（因爲朱子是爲了解決現實上惡的問題而提出理弱氣強），在整菴而言，天地沒有惡，人說的惡，在天地而言是至善的，不合人不見得惡。而月川之思想，只要理有活動性、主宰性便可，人可以駕馬，有時卻駕不動馬，故有惡的可能，其對惡的解釋還是在朱子學的路數中。

動。但黃宗羲認爲理會活動，還要氣幹什麼呢？其以整菴的理氣一致論及朱子的理不活動論來看月川（黃宗羲的思想有時本朱子學的看法批評朱子的傳人，例如以天人不一致批評整菴不同於朱子），現在若說理會活動，氣就不必活動了，否則兩者之活動而產生不一致怎可以呢？例如人要往東走，馬要往西走。這也是整菴、黃宗羲所不滿朱子的氣強理弱之說明，會有理氣不一致產生。而黃宗羲之批評，牟宗三先生於《心體與性體》（一）（台北：正中書局，1996 年），頁 389。予以批評，認爲這不成說話，吾人認爲這不是不成說話，而是黃宗羲理氣論系統本著整菴的理氣論，理氣不可不一致，理若活動，而氣也活動，各自活動而不一致時，反而害事。

〔註53〕曹端：《曹端集》（北京：中華書局，2003 年），頁 5。
〔註54〕黃宗羲也是心學之系統，也是理有活動性而下貫爲意志的意思，那麼何以他又要批評曹月川呢？吾人認爲，其以一氣之流行而言，談氣活動便可，便不需再談理活動，因談氣會活動時，理便於其中，若如此便可一致。若不然，談氣活動，理又活動而爲不一致，反而有問題。
〔註55〕《周張全書・周子通書動靜第十六》（上）（台北：廣文書局，1979 年），頁 123。

談完了整菴的理氣合一之思想，吾人看其如何的以一個原則貫穿所有原則，所謂的理一分殊。

（三）理一分殊所要解決問題為？一性兩名，未為歸一

理一分殊之思想對於整菴而言，不只是天道論如此，在心性論也是如此。故吾人在此段把與理一分殊有關的天道論與心性論一起整理。整菴言理一分殊在天道論而言，乃是要解決理氣之未為歸一，或是在心性論而言，乃是氣質之性與義理之性之未為歸一，總歸一句話，不管天道論或是心性論而言，天下道理只有一個原則，不當該有二個原則，例如理氣論，到底理為首出還是氣為首出呢？其不把理氣視為同一物，故理與氣雖二本，但理氣一致，故殊塗而同歸於一。所以他的工作便是把未為歸一之話語，一一下評論，而在他認為，只有明道先生最能通得過這個判準，這也是他所欣賞明道的原因。除了明道如此，他認為先秦的孔孟思想之認定而言亦只有一個原則，沒有兩個原則，其言：

> 孔子言之加詳，曰：「一陰一陽之謂道，繼之者善也，成之者性也。仁者見之謂之仁，知者見之謂之知，百姓日用而不知，故君子之道鮮矣。」又曰「性相近。」子思述之，則曰：「天命之謂性，率性之謂道。」孟子祖之，則曰「性善。」凡古聖賢之言性，不過如此。自告子而下，初無灼然之見，類皆想像以為言，其言益多，其合於聖賢者殊寡，卒未有能定於一者。及宋，程、張、朱子出，始別白而言之，孰為天命之性，孰為氣質之性，參之孔孟，驗之人情，其說於是乎大備矣。然一性兩名，雖曰「二之則不是」，而一之又未能也，學者之惑，終莫之解，則紛紛之論，至今不絕於天下，亦奚怪哉！〔註56〕

整菴認為孔子的見解乃一個原則，雖然有形而上、形而下之區分，而且也是必要的區別，因為理與氣畢竟是不同的。但是若有所不同又如何一之呢？吾人前文所說理氣要一致，若如此兩個原則之一致，雖然是二本，但終究是一個原則。而其認為孔子的「一陰一陽之謂道」這句話最能代表一個原則，但是光是這句話的解釋又有很多種，解釋上又不同，整菴認為孔子的意思當為如何呢？其認為如此：

> 斯義也，惟程伯子言之最精，叔子與朱子似乎小有未合。今其說具在，

〔註56〕羅整菴：《困知記》（北京：中華書局，1990年），頁6～7。

必求所以歸于至一，斯可矣。程伯子嘗歷舉〈繫辭〉「形而上者謂之道，形而下者謂之器」，「立天之道曰陰與陽，立地之道曰柔與剛，立人之道曰仁與義」，〔註57〕「一陰一陽之謂道」數語，乃從而申之曰：「陰陽亦形而下者也，而曰道者，惟此語截得上下最分明。元來只此是道，要在人默識之也。」學者試以此言潛玩精思，久久自當有見。

所謂叔子小有未合者，劉元成記其語有云：「所以陰陽者道。」又云：「所以闔闢者道。」竊詳所以兩字，固指言形而上者，然未免微有二物之嫌。以伯子「元來只此是道」之語觀之，自見渾然之妙，似不須更著「所以」字也。所謂朱子小有未合者，蓋其言有云：「理氣決是二物。」又云：「氣強理弱。」又云：「若無此氣，則此理如何頓放？」似此類頗多。惟〈答柯國材〉一書有云：「一陰一陽，往來不息，即是道之全體。」此語最為直截，深有合於程伯子之言，然不多見，不知竟以何者為定論也。〔註58〕

「斯義也」，本是指太極生二儀、四象之語，整菴認為這便是指一本萬殊之義，也是理一分殊的意思，乃是在談理氣之關係，或說是在談太極兩儀到化生萬物之關係。在此整菴只欣賞明道的意思，而且認定明道的意思就是整菴本人理氣論的意思。而朱子、小程子之所以未合，乃其分述太甚而讓人容易誤解成理氣有兩物之嫌。伊川對於《易傳》「一陰一陽之謂道」的解釋，乃謂「所以陰陽者，是道也；陰陽，氣也。」〔註59〕光是如此之分析，整菴不滿，乃認為這種分析進路之講法一點都不圓融，而且讓人覺得有二物之嫌，一物是所謂的「然」，一物是所謂的「所以然」，以「然」與「所以然」之因果關係而互存。而明道之論述較為圓融，但也不是因此形而上、形而下不分，其言：

〔註57〕 此意可與整菴另一段話比較之，其言：「命之理，一而已矣，舉陰陽二字，便是分殊，推之至為萬象。性之理，一而已矣，舉仁義兩字，便是分殊，推之至為萬事。萬象雖眾，即一象而命之全體存焉。萬事雖多，即一事而性之全體存焉。」羅整菴：《困知記》（北京：中華書局，1990 年），頁 23。從這句話來看整菴引〈繫辭〉及明道之說法，亦是說明分殊之不同，但分殊之中，性理存焉，所謂的理一分殊，即陰陽而道存焉，所謂的理在氣中，分殊之表現亦是自然之理的一氣之流行。而且在此理氣是一致而渾融的表現。

〔註58〕 同上註，頁 5。

〔註59〕 《宋元學案‧卷15》伊川學案（上）。加個「所以」兩字的意思，容易被理解因果關係，也就是說有個所以然之體為開始，而創生了「然」的現象，於是理氣似乎為二物之嫌，故整菴認為不妥。

「形而上爲道，形而下爲器，須著如此說。」〔註60〕明道先把道與器乃是不同的存有之區別說清楚，但是區別了之後，其又馬上說「器亦道，道亦器，但得道在，不繫今與後，己與人。」〔註61〕這種講法就與伊川的說法不甚相同，雖然道器乃不同的存有，但即器言道，是圓頓的說法。要說道，就當下之一氣流行處，就當前的生活處，就是道體的展現。若道、器兩者區別開而不能圓融合一，令人以爲有兩物可以各自獨立存在，這也違反了理氣不離原則，也違反了明道所謂的一本論原則，所謂的道不在海角天邊，即在當下的氣化人倫事物之「居處恭，執事敬」上表現。所以說「但得道在」，就不是分別心下所見之世界，既然不是分別心就沒有今後、人己之區別，亦不用談然、所以然之區別。所以明道說，要在人默而識之也，這也是整菴的所謂善觀者的意思，善觀者就如此觀之，即器言道，雖然道不是器，但道不離器，而且道器一致而渾融無間。若以明道之圓頓講法爲判準，則朱子不只是分述過甚，而且所謂的氣強理弱之說，乃是對於理氣論之理解不夠所致。當然在朱子而言，理弱氣強是爲了說明惡的可能所逼出的理論，亦是說天地亦有惡，但整菴不從天地有惡這地方看，天地雖有分殊之氣之表現，但這也合於自然之理，自然之理合兩端於一致。

　　而上上一段引文裡認爲，先秦儒者如孔子、孟子、子思，這些人的言論都足以做爲判準，當然孔子言的「一陰一陽之謂道」之解釋當該以明道的解釋爲準。除此之外，孔子又說了所謂的「性相近」的話語，而性只有一個，何以言相近呢？整菴以其理一分殊之看法解釋之，要說一，這一都是來自於天命之性，這是所謂的理一；要說多，天命之性落於不同的氣質，而有不同的分殊表現，所以可以說殊別之性都不同，但雖然性之表示有所不同，卻是來自於同一個根源，所以用性相近的講法最爲恰當。當然這是整菴的理解，孔子的原意是如何似乎不易考證。除此之外，整菴認定子思的《中庸》之「天命之謂性，率性之謂道。」亦是理一分殊的意思，天命之性乃理一的意思，乃是就未受形之前而言，而率性之謂道便如同《易傳》言的：「乾道變化，各正性命」一般，萬物都受有乾道，但萬物之氣之不同，表現乾道之內容也不同，但都從天道而來。同樣地，率性之謂道之解釋，亦是分殊的意思。〔註62〕

〔註60〕《二程集》（上）（台北：漢京文化事業有限公司，1983年），頁4。
〔註61〕同上註，頁4。
〔註62〕「『天命之謂性』，理之一也，『率性之謂道』，分之殊也。」羅整菴：《困知記》

亦是說不同的氣質之物，則天命之性落於其中而有不同的表現，這亦是分殊之自然之理，這是道的表現。而整菴又認為，孟子說的性善亦是理一之表現。這性善不只是人之性而已，而且是天地萬物之所共同之性，所以說是理一。但既然天地萬物都以此性善為性，何以孟子又批評禽獸，要保有人禽之辨呢？整菴之解釋如此，在理一而言，人性、物性都從天道而來，但在分殊之表上，人可以把仁義禮智表現出來，其氣質較好，而動物不能。故可見整菴亦是以理一分殊之思想解釋人禽之辨。〔註63〕在理一上，人與禽獸都得有天命之性，這也是仁義禮智之性善；但在分殊上，人為萬物之靈，人有心，動物沒有心，人的氣質較好，特別是聖人，出類拔萃，能把天命本有之性善發揮出完善來，凡夫不能，動物更不能。整菴對於人禽之辨如此認定，故就孟子的性善而言，整菴便認為是理一，而分殊乃是所謂的「有性善，有性不善。」〔註64〕如此亦可把告子之學收攝於儒學底下。而性善、不善之言是說在分殊上，乃是在心性論裡是否能表現出原本的天命之性，有些人用工夫而成聖成賢，可以表現天命之性，有些人放任自己，流為禽獸，而不能表現天命之性，所以說有性善、有性不善。而告子在整菴眼中而言，乃是不能談個理一，而只在分殊上打轉，在整菴認定而言，告子乃不見道，甚至告子之後的性三品、性善惡混的說法等，這些不能談到理一者，都是理論有誤，因只談分殊，而談不到根源全體。一直到周子、二程、張載、朱子的出現，才把先秦儒之義蘊發揮出來。亦是說宋明儒者，整菴只欣賞這些人，周子，二程，張子，朱子，而其中每個儒者的理論，除了明道之外，每個人的講法都小有錯誤，但是在整菴眼中，亦是相當的崇高了。

　　整菴對於周子的〈太極圖說〉的「妙合而凝」有些意見外，其認為《通

　　　　（北京：中華書局，1990 年），頁 7。

〔註63〕「未發之中，非惟人人有之，乃至物物有之。蓋中為天下之大本，人與物不容有二。顧大本之立，非聖人不能。在學者，則不可不勉。若夫百姓，則日用而不知，孟子所謂『異於禽獸者幾希』，正指此爾。」同上註，頁 13。人禽之不同，在整菴而言，人之氣質可以把仁義禮智表現出來，動物不能。

〔註64〕「『性善』，理之一也，而其言未及乎分殊，『有性善，有性不善』，分之殊也，而其言未及乎理一。」同上註，頁 7。孟子除了此理一分殊之言論外，整菴認為〈口之於味章〉亦是談理一分殊：「《孟子》『性也，有命焉。命也，有性焉』一章，語意極為完備，正所謂理一而分殊也。當時孟子與告子論性，皆隨其說而折難之，故未暇及此。如使告子得聞斯義，安知其不悚然而悟，俛焉而伏也？」同書，頁 29。道德之性乃理一，生之謂性乃分殊，而告子只能談分殊不能談理一。

書》的內容完整，完全是理一分殊思想的展現：

> 周子之言性，有自其本而言者，「誠源」、「誠立」、「純粹至善」是也，
> 有據其末而言者，「剛善」、「剛惡」、「柔亦如之」、「中焉止矣」是也。
> 然《通書》首章之言，渾淪精密，讀者或有所未察，遂疑周子專以
> 剛柔善惡言性，其亦疏矣。〔註65〕

周子談性時，以氣質談之，其於〈理性命〉章裡言：「剛善剛惡，柔亦如之，中
焉止矣。」〔註66〕亦是用剛善、剛惡、柔善、柔惡、中五者來談性，似乎如同
告子於生處談性，而談不上一個道德之性。但整菴認為不然，其認為所謂的道
德之性的理一，在開頭就談過了，如《通書》一開頭兩章便談誠上、誠下，亦
是說言誠之通、誠之復、誠之源、誠斯立等話語，便是談天之道之理一，因為
《中庸》亦說：「誠者，天之道也。」而且周子亦是把《中庸》與《易傳》用一
個誠道巧妙的結合，且誠道有復與不復的問題，這是理一分殊的表現，所以《易
傳》之「乾道變化，各正性命」之思想，亦是理一分殊之表現。

除了周子的理一分殊之看法外，整菴認為程明道的〈生之謂性〉章之巧
解，也是理一分殊的意思；張子《正蒙》的陰陽之氣的看法亦有如此意味。
明道的思想，吾人放在下一章，專論整菴所受明道思想的影響。至於伊川而
言，「理一分殊」乃伊川本人創造的辭語，其言張子的〈西銘〉有理一分殊的
意思，故可見整菴亦是信奉張子與伊川不已，最多只是說其學說不夠圓融，
小有未合。至於朱子，整菴學徹頭徹尾都是朱子學，在心性論、工夫論上幾
乎照單全收，只有在天道論之理氣論上，覺其分解太甚，而不夠圓融；心性
論對道心之看法認為重在性而不在心。除了以上兩點之外，整菴學幾乎完全
同於朱子。朱子學之理氣論分殊太甚，但整菴認為朱子有時亦有理氣之圓融
一致之語，例如：「朱子〈辯蘇黃門老子解〉有云：『道器之名雖異，然其實

〔註65〕 羅整菴：《困知記》（北京：中華書局，1990 年），頁 19。另一段言：「《通書》
　　　　四十章義精詞確，其為周子手筆無疑。至如『五殊二實，一實萬分』數語，
　　　　反覆推明造化之妙，本末兼盡，然語意渾然，即氣即理，絕無罅縫，深有合
　　　　乎《易傳》『乾道變化，各正性命』之旨，與所謂『妙合而凝』者有間矣。知
　　　　言之君子，不識以為何如？」同書，頁 29～30。造化之妙便是由天道之一理
　　　　而化生萬物，從本至末一氣之流行沒有間斷，試看天地之寒來暑往，何時有
　　　　間斷過？這乃以一氣流行之說法之好處。又以理一分殊之說法亦是體用一
　　　　源，顯微無間，若如此表示天道之流行乃是連續不已。
〔註66〕 《周張全書·通書·理性命第二十二》（台北：廣文書局，1979 年），頁 132。

一物也，故日吾道一以貫之。』」〔註67〕又有：「惟〈答柯國材〉一書有云：『一陰一陽，往來不息，即是道之全體。』此語最爲直截，深有合於程伯子之言，然不多見。」〔註68〕因爲此二語都是渾淪的講，而不像朱子的作風，朱子的作風是喜歡分解的講，所以整菴覺其這二段話與明道的意思相近，與朱子義理較遠，但這些話語在朱子作品裡，畢竟屬於少數，所以整菴認爲朱子雖有理一分殊之思想，〔註69〕但還是小有未合，未合於整菴的理一分殊之判準。理一分殊在理氣論而言，理與氣的二個原則歸納到一個原則，原則便是理一分殊，而一個原則時理氣便不得不一致，有如是氣則有如是理，並在天道論而言，從一個理而分殊到不同的存在之氣，這時也可以說由一個理分殊爲不同的理，或說由一氣之流行分殊爲千萬之氣，此是就天道論而言。而就心性論上而言，乃天命之性分殊爲氣質之性，一以貫之，不需二之也，一下子言氣質之性，一下子又言義理之性，反而煩瑣。以整菴觀之，如此還不圓融，而是直接以理一分殊之思想，從義理之性到氣質之性一以貫之。

　　整菴之所以談周、張、程、朱這些學者，乃是認爲這些人把儒學的理論架構，越講越完備，雖然孔孟之言，就已是理一分殊的思想，但是這是後人有了理氣論的講法之後，再回頭看先秦儒者之典籍而作如此之詮釋，要如此詮釋之前，理論的架構要先完備，而這些理論的奠基者，正是周、張、程、朱等人。例如明道先生所謂的「論性不論氣，不備；論氣不論性，不明。二之則不是。」〔註70〕便是把義理講得很完備。在此，吾人先問，所謂的理氣論何以發展出來？理一分殊之論何以發展出來？其實明道的這句話已經回答了一些了。亦是說先秦儒者談天命之性，談性善，而氣質之性的部分談得不明顯，例如孟子的〈口之於味章〉，談口之於味等這些氣質之性，雖不反對，但不重要。既然人生而性善，人受天命之性（道德之性）之全部，何以總是不能完全表現，甚至大部分人一生中，總處於人欲旺盛的時候呢？對於此之解釋總是要訴諸於氣的駁雜，亦是說所有的性善、天命之性都是處於氣質之

〔註67〕羅整菴：《困知記》（北京：中華書局，1990 年），頁 24。
〔註68〕同上註，頁 5。
〔註69〕理一分殊乃朱子所喜歡談者，其用月印萬川爲譬喻，大談理一分殊。
〔註70〕見《二程集》（上）（台北：漢京文化事業有限公司，1983 年），頁 81。吾人在此標點方式修正了原點注者的方式。此文放在卷六，乃二先生語六，亦是說不知是明道先生的話，還是伊川先生的話，吾人在此依牟宗三之分判，以圓融之說歸到明道，分解之說歸之伊川，而且此語裡說到二之則不是，合於明道的一本論，故吾人判其思想爲明道思想。

中，所謂的理在氣中，那麼要把本有的理完全展現出來，就得視氣是否能清明，在此要在氣上做工夫了。說明了理氣論之後，爲何又進一步要談理一分殊之思想呢？首先此意思在先秦典籍就有了，例如所謂的「乾道變化，各正性命」，乾道就是理一，這理一不只是人有，萬物都有，此乃重視天道論。這首要的原則，乃是用一個原則貫穿所有原則，這是理論的精簡性，好比用一條線貫穿所有珠子。但是線與珠子畢竟是兩種不同的存在，亦是說理與氣畢竟是兩個原則，如此又如何歸到一本呢？這也是整菴所要努力完成的理論系統，例如其見伊川、朱子有氣質之性與義理之性的兩種名稱，整菴認爲不夠圓融而一致，所以以理一分殊來代替所謂的二性之名，這就是理論之歸一了。而理與氣之不同存有之兩個原則又如何歸一呢？整菴把理與氣視爲一致，就沒有兩個原則的可能了，而是一個原則的兩個側面，說這側面時另一面就帶進來了，反之亦然。而且整菴認爲其努力的方向，亦不是他本人所發明的，而是明道先生就已經是這意思了，而伊川、朱子所不覺，因其二人重視分解進路，而且愈分愈開，於是在明道而言已縫合爲一的思想，似乎又分裂了。整菴正思回到明道思想以救之。所以整菴認爲，雖然明道先生說二之則不是，但是明道以降，其他人又無法一以貫之，無法圓融成一個原則，以至於學說之紛亂，而想要以理一分殊之一個原則統一學術思想，這也是整菴所憂心而努力的工作。

整菴除了批評朱子與伊川外，亦批評張子，批評這些人雖有「二之則不是」的話語，而要求統一之，但他們的學問系統又無法眞正歸一到一個原則。例如張載言：「形而後有氣質之性，善反之則天地之性存焉，故氣質之性，君子有弗性者焉。」〔註71〕整菴明顯的反對天地之性與氣質之性的二分，〔註72〕所有的性都是氣質之性，沒有一個獨立而存的天地之性，若有，則朱子的理氣不離之判準將形同虛設。而且說天地之性時，氣質之性就包涵在裡面了，反之亦然。但如果像張子所言，君子不以氣質之性爲性，而只是以天地之性

〔註71〕見《周張全書》（台北：廣文書局，1979年），頁426。
〔註72〕整菴解決一性二名的方式，有言：「天地之化，人物之生，典禮之彰，鬼神之秘，古今之運，死生之變，吉凶悔吝之應，其說殆不可勝窮，一言以蔽之，曰『一陰一陽之謂道』。」羅整菴：《困知記》（北京：中華書局，1990年），頁11。雖然一性二名，但這二名，所謂的道亦器，器亦道，若如此說時較能避免讓人產生有二個原則的誤會。其實也是整菴的理一分殊的意思。理一分殊亦是一個天道原則而化生陰陽，陰了又陽，陽了又陰，又可以細分爲五行八卦等，以至於萬物。

爲性，那麼是本有二個性了。其實在張子而言，所謂的氣質之性的定義與朱子的氣質之性的定義不同，朱子言的氣質之性是指性墮在氣中，重點還是在於性，而張子的氣質之性指的是氣，所謂的氣的清濁厚薄之不同。故張子與朱子言氣質之性是不一樣的。但在整菴的看法裡，縱使張子的氣質之性之定義不同，但是張子的一性之兩名還是無法歸一，如此便爲整菴所不許。但至於「形而後有氣質之性」之語，這句話並不遭受整菴的批評，因爲整菴也是認爲受形後才言分殊。

　　從以上看來，整菴有歸於一個原則的想法，本來一本論乃孟子所言，批評墨者夷之的二本，所謂的厚葬其親，而又要守著薄喪之墨家的原則，但其天性還是不忍薄喪其親，這乃人之天性，後天的原則是不足以易之的。此本是批評夷之之二本的不是。而到明道，其亦提倡所謂的一本論，對於孟子的一本意思有些創造的詮釋了，其言：「『居處恭，執事敬，與人忠』，此是徹上徹下語，聖人元無二語。（明）」﹝註73﹞明道的意思，乃天理不外於道德實踐，所以不管主觀面與客觀面都是這個原則，這個道德實踐便足以盡心知性知天，窮理盡性以至於命，當然窮理的意思不見得是朱子的格物式的窮理。而且再看整菴批評佛氏的二本便可了解其用意，其用意便是要回到明道，而歸之於一個原則。﹝註74﹞如此視之，整菴似乎有承擔先秦儒學正統之職志，但還是在朱子學的氣氛下完成的。

　　而且整菴認爲所謂的一個原則不是後天的人爲造作而去把不合的結合在一起，而是這原本就是一個原則，其言：

　　　　若夫「理氣合一」之論，未審疑之者爲誰？自僕觀之，似猶多一合字，其大意正與鄙見相同，無可疑者。﹝註75﹞

整菴如何講其理氣爲一的一個原則呢？在朱子而言，理氣一樣重要，理不能生氣，氣被生的話，氣有生即有滅，﹝註76﹞將有個只有理而無氣的時候，這

﹝註73﹞《二程集》（上）（台北：漢京文化事業有限公司，1983 年），頁 13。

﹝註74﹞此可參看羅整菴：《困知記》（北京：中華書局，1990 年），頁 109。其答王陽明第一書，批評佛氏的二本，亦可參見吾人本論文第四章，頁 125～127，談佛氏之學是否爲二本之學。

﹝註75﹞同上註，頁 151。

﹝註76﹞整菴亦有相同的看法：「近世言太極者，皆不出漢儒『函三爲一』之見。函字與生字意義大相遠，若非眞見太極之本體，難乎與之論是非矣。」同上註，頁 93。整菴認爲不能用生的意思來談理氣關係，乃因氣不能被生，氣本來就存在了，否則理氣爲二物。而氣不能被生的意思，在韓國朱子學家李栗谷表

在張子批評二氏思想裡談的很清楚，所謂的「彼語寂滅者往而不返。」〔註77〕亦是說只重一個空理或涅槃境界，而不知返回到所謂的人倫世界，若如此人倫將淪為虛幻，張子亦看到此蔽。而整菴要把理與氣之原則講成一個原則時，以理為首出，還是以氣首出呢？剛才談到以理為首出之蔽，而以氣為首出之蔽張子認為會造成：「徇生執有者，物而不化。」〔註78〕此批評道教，知其有，而不知化，乃不知天道之變化是二端而一致者。故整菴亦不只以理或是氣為首出。但是整菴的理氣論又本著朱子的意思，朱子的意思並非把理與氣等同為一，整菴也是，乃認為理與氣是不同的存有，見其言「于氣認理」與「認氣為理」之不同便可知。於是其視理與氣雖為不同的存有，但視兩者為一致，〔註79〕如此便能歸到一個原則，而這方式與明道的意思相近。其實在明道的圓融思想裡，與朱子的分解的講法不同，而整菴剛好是從朱子學回到明道義理的一種理論嘗試方式。明道認為理會活動，從圓頓的徹上徹下語及道德實踐契入天道、心即是天的思想可見。但在整菴與朱子而言，理是存有而不活動，這從朱子認為的理無造作、無計度的意思可知。整菴雖然在理不活動上與明道有別，但在理氣圓融的講法上與明道是一致的，即是說他與明道一樣，即氣言理。雖然明道認為理會活動，而整菴言的理不活動，但光就理氣而言都是圓融的意思而言，此意二人相近。但既然可以圓融的談，即氣言理，即人倫氣化言天道，這也與心學的心即理有其相似處，何以整菴還是理學而不是心學呢？也就是說他的理氣合一之說在天道論而言，氣就是理的展現，而在人倫世界裡，離人倫不足以見理，理氣無縫隙，理沒有所謂的空缺處，但何以其人倫世界裡的心氣不能即於理，也是黃宗羲所批評的天人不一之問題

達得甚為清楚。而依此意思檢視張載的思想似乎有此意思，如其言：「若謂虛能生氣，則虛無窮，氣有限」（《正蒙・太和》）則會產生種種理論上的毛病。而朱子學也可以如此詮釋之，如其言「有此理便有此氣」，或說理氣不離，氣便不是後起的，而是與理同時存在。朱子的「有是理後生是氣」的先在意思，只能理解為形上學的先在，而不是時間上的先的意思。

〔註77〕《周張全書》（台北：廣文書局，1979），頁306。

〔註78〕同上註，頁306。

〔註79〕「『理同而氣異』，『氣同而理異』，此兩說質之〈大傳〉『形而上下』之言，終覺有礙。必須講究歸一，方得觸處洞然。」羅整菴：《困知記》（北京：中華書局，1990年），頁107。此乃批評朱子〈答黃商伯書〉：「論萬物之一原，則理同而氣異；觀萬物之異體，則氣猶相近而理絕不同也。」見《朱熹集》（成都：四川教育出版社，1996年），頁2222。整菴以其理氣一致之論，反對朱子的看法，其認為，理同則氣同，氣同則理同，不能有不一之情況產生。

所在。在天道而言，理氣相即而一致，而在人倫世界裡，氣常不能是理，心氣與性理常不一致。在明道與黃宗羲的系統裡，可以談一個人倫世界與天道世界一樣的圓頓境界，明道可以說人倫的實踐就是道德的意思，所謂的道德徹於下（人倫）的意思，而且是圓頓的意思；在黃宗羲而言，可以說人的四情之一氣流行就是道德的展現，所謂的即惻隱、羞惡等情緒，即是仁義禮智的呈現。而在整菴卻不能如此，乃因其守著朱子學的工夫，人可以做工夫以復本體，卻不能說即本體即工夫，即本體即工夫只有在聖人的化境裡才能講，故吾人認為其天人合一的意思只在聖人這一點上說，非天人一一對應的意思。而黃宗羲本著劉蕺山的思想，認為要達到頓悟境界不容易，但頓悟、漸修兩者工夫都談，且以意志為首出，人要有意志可以隨時有自由意志呈現，所謂我欲仁斯仁至矣，心即理這一點是整菴所談不上的關鍵點，故整菴思想與黃宗羲思想不大相同。黃宗羲的意思，人有其一氣之流行，由中導和，由喜到怒到哀到樂，乃四氣之相為順序而轉，這不是只有聖人有之，常人亦可有之，但常人這境界不能常保，只是偶爾有之，只要本心意志呈現就能有之，一有之便合於天道的一氣之流行。

　　但在整菴而言，整菴又說理氣合一之論當該是理氣本一的意思，若言合一便多了一個合字，其實其在天人一本的地方，整菴也是這種看法，即不需言合，本來就是一了。這本是明道先生批評張載的意思，張載要以人合天，張子自認自己不是天生聰明之人，如入暗室，要以其目光一一移於物上才可見物，不像聰明人，如入亮室，一眼盡覽室內之物，故其學說有以人去合天的勉力之氣象，與明道的「『窮理盡性以至於命』，三事一時並了。」〔註80〕之高境界不同，所以明道批評張子的天人合一不對，而當該改為天人本一。在此整菴也認為理氣論也是理氣本一，在天道論而言，有如是理便有如是氣，理只是氣之理，天道之一氣流行，便是性理的仁義禮智之展現。但在人道而言，理氣本亦是一，在赤子之時，氣亦是清明之氣，能把理照映出來，但人在不知不覺中，早受了人欲之牽引，早已不是聖人之資材了，故要做工夫以復本體，讓心與性合為一致，這是本著朱子學之義理，而朱子學的講法牟宗三先生評為後天的漸教，即天命雖是本有，但天命之表現要視氣而定，氣在不知不覺中即已是有善有惡，而理又不能自己呈現，只能在氣上做後天工夫，而且不是頓悟的工夫。由上可見整菴理氣為一之思想乃是在天道論、或是說在人所受命於天的起始點上來談，而

〔註80〕　《二程集》（上）（台北：漢京文化事業有限公司，1983年），頁15。

不是從末點上人受了習染之影響上來談。至於天人合一之論也是一樣，都是在起始點上來談天人本是一的意思。故可見整菴要往明道地方轉型，還是受了朱子學的影響，而不見得完全合於明道。

（四）惡如何可能？

本節主要談理氣論，所以當問惡如何可能亦是在理氣論（天道論）這一點上問的，至於心性論上的惡之可能問題，亦稍談及到。在整菴而言，理一分殊包括天道論與心性論，理本是至善，分殊了之後，是否因而惡產生呢？又整菴的理一分殊理論貫穿心性論與天道論，故二者（天道與心性論）的惡將都談及之。

首先從整菴對於程伯子的「生之謂性」〔註81〕之理解，可看出整菴如何

〔註81〕「『生之謂性』，性即氣，氣即性，生之謂也。人生氣稟，理有善惡，然不是性中元有此兩物相對而生也。有自幼而善，有自幼而惡，是氣稟有然也。善固性也，然惡亦不可不謂之性也。蓋『生之謂性』、『人生而靜』，以上不容說，才說性時，便已不是性也。凡人說性，只是說『繼之者善』也，孟子言人性善是也。夫所謂『繼之者善』也者，猶水流而就下也。皆水也，有流而至海，終無所污，此何煩人力之爲也？有流而未遠，固已漸濁；有出而甚遠，方有所濁。有濁之多者，有濁之少者。清濁雖不同，然不可以濁者不爲水也。如此，則人不可以不加澄治之功。故用力敏勇則疾清，用力緩怠則遲清，及其清也，則卻只是元初水也。亦不是將清來換卻濁，亦不是取出濁來置在一隅也。水之清，則性善之謂也。故不是善與惡在性中爲兩物相對，各自出來。此理，天命也。順而循之，則道也。循此而修之，各得其分，則教也。自天命以至於教，我無加損焉，此舜有天下而不與焉者也。」此乃明道的生之謂性之原文，見《二程集》（上）（台北：漢京文化事業有限公司，1983 年），頁 10～11。明道的意思當該與下文作一比較，更可看出意思：「天下善惡皆天理，謂之惡者非本惡，但或過或不及便如此，如楊、墨之類。（明）」同書，頁 14。後注了個「明」字，表示乃明道的話。雖然可以說後者引文是談天道論，而前者引文談的是性，有所不同，但性稟於天道，故可相比配。這裡所言的是關於人的惡，人的過與不及便是惡，所以舉楊墨之語。而天道是否有過與不及呢？或許有，但不是原本有惡的意思，在明道而言，天理至高無上，萬物都從那裡來，莫不從天理上來，何以又流爲惡呢？類似西方哲學以一切爲上帝所造，但何以有惡的存在？上帝對於惡不負責的，因爲上帝只有善意。亦是說天道創生萬物，其現實性便是理想性，原本都是善的。但何以流爲惡呢？在天道而言，當該無惡，例如毒蛇之惡，是人見而爲惡，依天道，毒蛇亦有其存在之意義，亦是天道依其理想而生出，不算是惡。而人道的惡，是人能有選取上的自由意志，離開本然之善，但其善性還是在，所以爲惡，這已不是天道原初賦予性善的意思了，但性善未嘗不在。此又可與明道語比較：「萬物莫不有對，一陰一陽，一善一惡，陽長則陰消，善增則惡減。斯理也，推之其遠乎？人只要知此耳。」見同書，頁123。下列《二程集》卷十一，此確定爲明道語。亦是說天理之自然，必定有所分殊

以理一分殊之理論談惡的可能性。其認為：

> 程伯子論「生之謂性」一章，反覆推明，無非理一分殊之義。朱子
> 為學者條析，雖詞有詳略，而大旨不殊。然似乎小有未合，請試陳
> 之。夫謂「人生氣稟，理有善惡」，以其分之殊者言也。「然不是性
> 中元有此兩物相對而生」，以其理之一者言也。謂「人生而靜以上不
> 容說」，蓋人生而靜，即未發之中，一性之真，湛然而已，更著言語
> 形容不得，故曰「不容說」。「繼之者善」，即所謂「感於物而動」也，
> 動則萬殊，剛柔善惡於是乎始分矣。然其分雖殊，莫非自然之理，
> 故曰「惡亦不可不謂之性。」既以剛柔善惡名性，則非復其本體之
> 精純矣，故曰「纔說性時，便已不是性也」。下文又以水之清濁為喻，
> 蓋清其至靜之本體，而濁其感動之物欲也。本體誠至清，然未出山
> 以前無由見也，亦須流行處方見，若夫不能無濁，安可無修治之功
> 哉！修治之功既至，則濁者以之澄定，而本體常湛然矣。然非能有
> 所增損於其間也，故以「舜有天下而不與」終之。〔註82〕

朱子對於明道的「生之謂性」章的解釋其實是以本然之性與氣質之性之不同
而言之。〔註83〕所以整菴說朱子的解釋大抵正確，而且也合於他所謂的理一

而為相對，亦是人必定如是看天理。此與整菴意思相同，整菴言：「窮理譬則
觀山，山體自定，觀者移步，其形便不同。故自四方觀之，便是四般面目，自
四隅觀之，又各是一般面目。面目雖種種各別，其實只是此一山。山之本體，
則理一之譬也，種種面目，則分殊之譬也。在人所觀之處，便是日用間應接之
實地也。」見《困知記》，頁 68。天理只是如如之本體，但在分殊上，在人之
看法上，一定是相對而分判，但對於天理之自身而言，無所減損。

〔註82〕 羅整菴：《困知記》（北京：中華書局，1990 年），頁 20。

〔註83〕 「問：『「生之謂性」一段難看。自起頭至「惡亦不可不謂之性也」，成兩三截。」
曰：「此一段極難看。但細尋語脈，卻亦可曉。上云『不是兩物相對而生』，
蓋言性善也。」曰：「既言性善，下卻言『善固性也，然惡亦不可不謂之性』，
卻是言氣稟之性，似與上文不相接。」曰：「不是言氣稟之性。蓋言性本善，
而今乃惡，亦是此性為惡所汩，正如水為泥沙所混，不成不喚做水！」見《朱
子語類》（六）（台北：文津出版社，1986 年），頁 2426。又有一段說：「問：
『惡亦不可不謂之性』，先生舊做〈明道論性說〉云：『氣之惡者，其性亦無
不善，故惡亦不可不謂之性。』明道又云：『善惡皆天理。謂之惡者，本非惡，
但或過或不及，便如此。蓋天下無性外之物，本皆善而流於惡耳。』如此，
則惡專是氣稟，不干性事，如何說惡亦不可不謂之性？」曰：「既是氣稟惡，
便也牽引得那性不好。蓋性只是搭附在氣稟上，既是氣稟不好，便和那性壞
了。所以說濁亦不可不謂之水。水本是清，卻因人撓之，故濁也。」同書，
2429 頁。從這兩段之比較來看，朱子以氣質之性與本然之性來談善與惡的問

分殊的意思，至於朱子小有未合的地方，於下一段整菴將指出。在整菴而言天道之創生萬物乃理一分殊之表現，於是有萬物的不同表現；在人道上亦同，人亦有理一分殊，同一性理，表現在聰明與不聰明的人身上、氣質好與氣質差的人身上，便有不同。在理一而言，便是朱子所謂的本然之性，也是水清之時，水未流出之時；而在分殊而言，便是朱子言的「才說性也便已不是性」，這時已是雜有氣質了。而明道的講法裡認爲，水清而流爲惡，是就人道而爲惡來談，且人道才有修治之功，故並非就天道本身的善惡而言。人道有善惡，且人道的理一分殊亦比配於天道的理一分殊，故天道亦當該有善惡。但天道的善惡該如何視之呢？整菴舉象山的說法：

> 《樂記》「人生而靜，天之性也。感於物而動，性之欲也」一段，義理精粹，要非聖人不能言。象山乃從而疑之，過矣。彼蓋專以欲爲惡也。夫人之有欲，固出於天，〔註84〕蓋有必然而不容已，且有當然而不可易者。於其所不容已者而皆合乎當然之則，夫安往而非善乎？惟其恣情縱欲而不知反，斯爲惡爾。先儒多以「去人欲」，「過人欲」爲言，蓋所以防其流者，不得不嚴，但語意似乎偏重。夫欲與喜怒哀樂，皆性之所有者，喜怒哀樂又可去乎？象山又言：「天亦有善有惡，如日月蝕、惡星之類。」是固然矣，然日月之蝕，彗孛之變，未有不復其常者，茲不謂之天理而何？故人道所貴，在乎「不遠而復」，奈何「滔滔者天下皆是也」！是則循其本而言之，天人曷常不一？究其末也，亦安得而不二哉？〔註85〕

整菴首先表面上肯定象山認爲天道亦有善有惡的講法，但其實整菴的意思，天道有惡或人道有惡都是就著人的觀點來看，所以必有所對待，有善就有惡，二者相對而生。從另一個角度看，整菴又認爲人道之當然必須以天道之自然爲標準，若天道眞的有惡，人道亦學習其惡嗎？吾人認爲不是如此，天道的善惡是就對著人而言而有善惡，但在天道本身而言，是爲至善，〔註86〕善惡

題，水之清只是本然之性，而水濁乃是談雜有氣質的意思，朱子前一段雖說不是氣稟之性，其意思乃是惡不是氣質之性的性負責，而是由氣稟負責。所以朱子說濁不可不謂之水，如同氣質之惡，但不是沒有性善的意思。

〔註84〕整菴的人之有欲之意思其實還是朱子的意思，因爲人欲乃是出於天，而人欲如飲食人人必需，而飲食必求美味，這才是惡。如同朱子所言的聖人不能無人心，聖人也是有欲求可言。

〔註85〕見羅整菴：《困知記》，頁28。

〔註86〕或許有人質疑於吾人認爲天道爲至善的講法牽強。其認爲象山的講法不是說

皆天理，皆有道，從整菴引延平的性之善惡非世俗之善惡之言可見。〔註87〕
可見依整菴看來，天道之運行，合於一氣之流行，都是道體的展現。〔註88〕
從這些話語可見天道之惡本非惡，乃對著人而言才有惡，以天理觀之，都是
至善之一氣流行。而且當整菴說，人道之當然要以天道之自然爲效法之對象
時，其認爲人道有當然（理想）與現實之別，現實而言，人道常爲惡，而要
以理想的道德性爲效法的對象，故惡的產生對於整菴而言，主要在於人道之
所作、所爲不中節而言，在天道而言，雖人見其有善、有惡，但在天道而言，
天道便是至善本身，而爲人道所效法的對象。

　　所以整菴舉象山之語後，馬上接著言，天道雖有惡，但不當從天道之惡
這點上來看，而當該從天道之無往不復的「復」字上來學習，人學習之，表
示知錯能改。在《易傳》對於《易經》的復卦之「不遠復」解釋便是如此：

　　子曰：「顏氏之子，其殆庶幾乎！有不善未嘗不知，知之未嘗復行也。

　　《易》曰：『不遠復，無祇悔，元吉。』」〔註89〕

孔子讚賞顏回的不二過，縱使有錯，一下子就能回復到性善之初，而不會流

天道有善有惡嗎？何以吾人反而說是至善呢？吾人的講法是就其義理而言
的。首先整菴反對朱子學的理弱氣強之意思，認爲聚有聚之理，散有散之理，
強有強之理，弱有弱之理。天下所有物，一物逃不出太極之分殊爲萬物。試
問天地之天災地變是否有理呢？以朱子學觀之，此乃天地之理管攝不住天地
之氣，惡乃氣之所爲。而整菴認爲沒有管攝不住的可能，吾人可依整菴之意
而說，地震有地震之理，地震是能量之釋放，故地震亦是有理。整菴言天道
總是會復，雖有天災地變，但總是會復於常，常也有常之理，變也有變之理。
此意思亦可參見整菴另一段話，其言：「此章之說未然。謂『造化樞紐』、『品
物根柢』指本原處而言，亦過於遷就矣。豈有太極在本原處便能管攝，到得
末流，遂不能管攝邪？是何道理？其以形體性情，君子小人，治亂禍福，證
『氣強理弱』之說，皆未爲當。孟子曰：『莫之爲而爲者天也，莫之致而至
者命也。』程子謂『此二言便是天理』。此乃超然之見，理氣更安得有罅縫
耶？試精思之，一旦豁然，將有不知手之舞之，足之蹈之者矣。」同上註，
頁145。從這一段的話語可見，太極之理沒有管攝不住氣的，縱使是末流，
縱使是天災地變，亦是管攝得住氣的。至於林正郎之回答治亂禍福以證理弱
氣強之講法，整菴認爲這是心性論的看法，非天道論的看法。所以整菴舉莫
之爲而爲之，莫之致而致之，便是天理的講法以證理弱氣強之誤。因爲這本
是談天命的問題，天命是天道論的問題，沒有所謂的理命與氣命之不一致產
生（這是批評朱子）。

〔註87〕同上註，頁22，69條。此意思，吾人於導論稍有提過，故不再引整菴所舉延
　　　　平之語。
〔註88〕同上註，頁41。
〔註89〕《繫辭下傳·第五章》。

於惡而忘返。明儒王龍溪在此以另一種語辭讚美顏回,所謂的「才動即覺,才覺即化。」形容顏子。亦是說吾人要效法天道的復,而在人道上的實踐也是以改錯遷善爲主。

同樣地,整菴亦認爲人當該法天,要看天道的復,而不是看天道的下墮之部分(天道是否有惡另講),例如復卦的相對一卦爲剝卦,此乃小人道長,君子道消之時,吾人不當效法剝卦,縱使效法剝卦也是面對剝卦之困局裡,吾人當該有何德性以反應之的意思,例如〈大象傳〉裡談剝卦時說到「上以厚下安宅」,就不是要人學習小人道長之術,而是要學習君子之道德性。吾人在此討論,何以天道而言,來往虛盈消息那麼多的變化,而整菴要人只看天道的復的部分呢?此段說明整菴的天道論是否有惡的可能性。在朱子而言,理弱氣強正是要說明惡的可能性,而這意思爲整菴所否定,整菴明顯反對朱子言的理弱氣強之說法,那麼整菴又如何談天道有惡的可能呢?在整菴而言,天道是無惡的。〔註90〕其所謂的惡都是人道上不修身,不中節才有惡,天道本身是沒有惡的。其認爲天道當從「復」這地方來看,若如此看則當然是善的,如在人而言,人的知錯能改,此乃善行。但在天地而言,何以只看天地之復,其他何以不看,難道其他都不是道嗎?〔註91〕在整菴而言當該不是如此,因爲天道都是至善的。天道的運行,到了冬至一陽生,朱子認爲,此復卦乃十一月之卦,乃是農曆十一月,〔註92〕我們所謂的冬至,而二陽生時乃十二月之卦,而到了三陽開泰時,此乃一月之卦。〔註93〕到了四月乃爲乾卦,而五月乃一陰生於下而爲姤卦,以此類推。在此我們可以問,天地之復要一個循環才復回其初,亦是說若用十二個月比配十二個卦,天地要復其初要一大循環才回復,何以吾人視天地之運只視其十二分之一,其他的十二分之十一難道都不是道嗎?〔註94〕整菴當然不是如此

〔註90〕 可參見羅整菴:《困知記》,頁22,第69條之說法,吾人亦於第一章導論部分談過。不再引原文。

〔註91〕 同上註,頁41,第56條、57條。另外整菴言:「且如乾之『亢龍』,坤之『龍戰』,其爲凶惡,不待言矣,而至精之理,未嘗不在。」同書,頁157~158。亦是問天地之間,道無所不在,何以只法天道之復,其他難道沒有道而不當學習之嗎?

〔註92〕 「剝盡則爲純坤十月之卦,而陽氣已生於下矣。積之踰月,然後一陽之體始成而來復,故十有一月,其卦爲復。」朱子:《易本義·復卦》之註解。

〔註93〕 「泰,通也,爲卦天地交而二氣通,故爲泰,正月之卦也。」見朱子:《易本義·泰卦》之註解。

〔註94〕 「天地之化,人物之生,典禮之彰,鬼神之秘,古今之運,死生之變,吉凶悔吝之應,其說殆不可勝窮,一言以蔽之,曰『一陰一陽之謂道』。」同註91,

認爲。那麼又何以只重視復卦呢？而且復卦復其善，復其性善之初，復其見天地之心是爲善；若復其惡、復其陰，又如何呢？這時不稱復，這時稱姤卦，亦是說復卦只就復其陽氣而言。又縱使言復卦，何以只談不遠而復的初爻，而不談上爻的迷復，所謂「迷而不知復」的意思呢？吾人認爲復卦的初爻意思雖爲善，但其他爻亦爲善，但在人道來看天道而言，重在人道的道德學習，所謂的〈大象傳〉裡，上卦講天，而下卦講人，人要合於天，所謂的人法天的意思，但其實天道也是透過吾人的道德實踐證實天道本身，否則天的自身是什麼是不可知的，類似當吾人說「天行健，君子以自強不息」時，要人法天道的自強不已，但天道何以是剛健不已呢？天道也常表現地震、颱風令人不悅，天道有這麼多面向，何以只體會到天道的剛健呢？因天道乃是吾人的道德心之呈現時所體証的。離開人的實踐所證，便無從說天道之內容。而人踐德時之剛健奮發，最顯人之眞性，故由此而肯定天德爲剛健不已。

故總結吾人上一段所言，即是整菴認爲天道至善，而人當以天道爲效法的對象。但在尊天的同時，其實朱子學有其獨斷的宇宙論之肯認在其中，而不能如同心學一般由人的道德實踐體會出天道本體。

故可見整菴的尊天思想並不能、也不該完全否定掉人心的作用的。在相對上而言，其已經相當重視天道了，比起心學，甚至比起朱子學而言，整菴更爲尊天道。其思想與張子的「天道四時行，百物生，無非至教，聖人之動，無非至德，天何言哉。」〔註95〕以天道爲至善之意思是一樣的，風雨霜露都可以是吾人效法的對象，但前文吾人談過，這要有道德心的升起才可，在整菴而言，這是人的格物窮理後的作用，格物後沒有私我的干擾，這時的心之所做所爲都是以性理爲標準。

回到復卦的意思來看，在人道而言，如同顏子的不遠復一樣，亦是能改過而不再犯錯，同樣的何以只從人的改過上來看，何以不從人的犯過來看？而且若人道法天道，天道到姤卦時，人道豈是亦法其爲惡之始嗎？當然不是如此，而是例如在否卦不好之時，君子要儉德以避難，而不是法天之不好，而是在如此卦象時，在吾人心中升起了當該有什麼樣的德行。故人一方面對天道而效法之，天道亦不離吾人的道德之體證。眞實而言，沒有所謂完全的

頁 11。亦是說天地之運，不管其虛盈消息，往來止息到何處，都是陰陽變易之道體的展現。故十二個節氣都是道體的展現。

〔註95〕《周張全書》（台北：廣文書局，1979 年），頁 357。

獨立存在的天道本體可言，因爲所有天道都是對著人而言的天道。

　　若如此便可知整菴之如何視天地之至善，然後整菴以天地之至善作爲判準，以此評論各家之言語之對錯。例如朱子之言，整菴認爲朱子有未合的地方，其言：

> 「範圍天地之化而不過。」程子云：「模範出一天地爾，非在外也。」如此即是與天道脗合之意，所謂「不過」者，在聖人。朱子云：「天地之化無窮，而聖人爲之範圍，不使過於中道，所謂裁成也。」如此則所謂「不過」者，疑若指化育。然竊惟天地之化，消息盈虛而已，其妙雖不可測，而理則有常。聖人裁成之云，亦惟因其時順其理，爲之節度，以遂生人之利，非能有所損益也。「不使過於中道」一語，似乎欠瑩。若程說則簡而明矣。〔註96〕

此段一開始談《易傳》所言的「範圍天地之化而不過」的意思，有二種解法，一種是程子的解法，整菴認爲這與他自己的看法一致，所謂的範圍天地之化而不過是指聖人的化境，其表現就像天地的模型一樣，聖人順著天道而自己之表現亦爲中道，不會過與不及。而朱子的意思，對於「不過」的意思，認爲是天地有所過，而聖人爲之範圍，使不泛濫，在此遭受到整菴的批評，整菴認爲天地之運行，自然而不會有過與不及產生，故不該如同朱子之解釋爲天地有所過，而聖人爲之節度的意思。在朱子的系統裡的確是天地有所過，所以朱子說理弱氣強，一旦理管不住氣的時候，則天地之化有所過或不及，而天地令人有所憾，這時聖人可以參贊天地之化育，例如天地之運行刮起了颱風而造成了災害，而聖人在此發揮人飢已飢之精神，而補足天地之憾。但整菴認爲化育乃天地之事，聖人最高的境界就是與天地之造化一樣，但不從事天地之生化。也可以看出朱子與整菴的不同在於整菴比朱子更爲尊崇天道。在整菴而言，只看到天地位、萬物育，而沒有人之贊天地之化育之可能，而朱子則可以說明參贊天地之化育之可能性，從其言理弱氣強之可能性可知之。

　　從這意思看回到整菴另一段解明道的「生之謂性」章的看法，這時就容易明白整菴的意思了，其言：

> 泉之源，不知亦有濁否？即有之，將來比性不得。程子曰：「人生氣稟，理有善惡，然不是性中有此兩物相對而生。」其言至矣，第三

〔註96〕羅整菴：《困知記》（北京：中華書局，1990 年），頁 26。

句須著意理會。〔註97〕

此段所言，天人之際的不同，及惡之從何而生。若依程子之原文如「修治之功」等語，其談人道的工夫論，主要是談人的後天的爲惡之可能性，但在性之初的層次無所謂的善惡之分，〔註98〕若有所分是在人的層次來看，所以說「人生氣稟，理有善惡」，人都是以對待心去待事物，這已在「才說性也，便已不是性」的層次了，性之名，在個體之成處方可說，此時性即于氣，已非原初之性矣，而是氣稟之性。但在泉之源不當有濁，若在天道的層次有濁，則天道有意爲惡，但天道至善，以生物爲心，沒有揀別，也沒有要爲惡的可能。因爲性只是理，只是理一，理一在太極層次無所謂善惡可言，落在現象之對待的氣上而爲有分殊才有善惡，落在善之氣，而爲善之理，惡之氣而爲惡之理。而善惡之相對是人的分別心所看待，若依天理自身看來，沒有兩物相對而生，天道都是善的，而這善也是超越現實善惡的善的意思。

以上乃整菴之論惡如何可能之大略及想法。

（五）小　結

從上文的討論，可以引發一個問題，何以理氣不離的一致性要取整菴的意思，所謂的理氣一致，而這有優於朱子學理氣論的地方嗎？首先理氣一致的原則可以說到一個原則，以理論之簡便原則而言，似乎比二元論來得好。第二，其與朱子之不同，在於所謂的尊天系統性較朱子而來得強，這沒有優劣可言，只能說是理論系統不同，但吾人已說過，只要一落入言說思想，都是人在言說，人在思考，都是人的理論、人的哲學，已經是人對於天道的看法了，而不是天道自身。第三，理氣之一致性，可以解決理氣之間的鴻溝問題，例如理氣不一致，則天道有其自己矛盾處，因爲天道爲性理，性理又是道德，故天道是道德的，而人法天命之性而實踐道德時，竟有不合理的情況產生，如此產生德福不一致，因爲福與命是天上所給予的。如此使人產生天道是否是道德的疑問（如天地不仁），這是在程朱理學下的問題，其他學派有其解決的方式，吾人不討論。但以上所說的三點似乎是整菴學的好處，而且整菴也認爲儒學當該講成他這種尊天道論才是見道。吾人認爲此誠是見仁見

〔註97〕同上註，頁143。
〔註98〕從整菴之重視《易》學的〈先天圖〉可見，天道之運化都是先天而自然的，而不是落在人爲的層次。既然都是先天而言的，就不是人道的對待方式來看。故天道的自然之運行，也是至善之流行。

智了。或說整菴解決程朱理學問題的一個方式，與朱子的解決方式不同，自成一套系統，似乎也很難比較其優劣。但除此之外，整菴學撫平了理氣之鴻溝，解決了理氣之不一致，似乎也衍生一些其學問的內部問題，例如所謂的天人不一致，因為其學問本著朱子學，朱子學的心性與理氣一一相對，故沒有天人不一致的問題。但在整菴而言，心性論取朱子的心性論用以對抗佛老及心學，而在天道論又改變了朱子的初衷，故天人之間的鴻溝又成了問題，此吾人於導論處已討論過了，將於第六章再深入討論。又朱子學可以對於存在的惡的產生做一說明，而整菴認為天道不會產生惡，關於天道而言，整菴以理觀理，而朱子以人觀理，故有所不同，也不能說有個優劣。

二、心性論

在整菴而言，性與天道小有區別，〔註 99〕天道論是就理氣論來談的，而談性是就萬物創生以後而為性，所謂的各正性命的意思，此乃心性論之範圍。故整菴解《中庸》之開頭語，其以理一分殊之語談之：「天命之謂性，理之一也；率性之謂道，分之殊也。」〔註 100〕理一、分殊可以用在天理本身，也可以用在人物身上，或是說前者是在宇宙論上談，後者是在心性論上談。整菴認為天命之謂性，乃是所有的性命之正都從天道而來，都只有一個本源；至於率性之謂道，乃是萬物有其自己的道路來走，循著所受之命，得之於身上而為之性，循著性而行便是正確的方法與道路，而且各個存在物有其不同的氣質之性。整菴在〈答陸黃門〉之書信時談到天道論與心性論之分別，其言：

纔說性時，便已不是本然之性，則所謂不容說者，非本然之性而何？

若以為指天道而言，則此章大旨本因論性而發，既詳於氣稟，卻無

一言說著本然之性，而遽推及天道，恐非程子之意也。〔註 101〕

整菴認為明道所謂的「惡亦不可不謂之性」此段所言，乃是談性之言，善謂之性，惡亦不可不謂之性，重點都在性上。此與明道所言的「天下善惡皆天

〔註 99〕《論語》裡記著子貢言：「夫子之文章可得而聞也，夫子之言性與天道不可得而聞也。」而《中庸》便是解決此天道與性的問題。在孔子而言，談性不多，只言「性相近」；談天也不多，言「天何言哉，四時行焉，百物生焉」等。但以朱子學、整菴學之細密的定義，必定對於性與天之不同有不同的定義，前者乃受形之後，後者乃天道之宇宙論本身。

〔註 100〕羅整菴：《困知記》（北京：中華書局，1990 年），頁 7。

〔註 101〕同上註，頁 136。

理」之語稍有別，因爲前者乃是就性而言，後者是就天道論而言，雖然性也是從上天所稟受而言，但還是微有不同。在宇宙論而言所談重點放在天道之理氣論；在人物受形之後謂之性，故有所不同。就小程子的看法而言，「在物爲理，處物爲義」，即在物身上爲天理，在人倫規範上爲性理，也是天理與性之定義小有不同。而整菴又認爲明道所談的〈樂記〉思想，乃是談性之言，也是談所謂的本然之性與氣稟之性之不同，整菴以理一分殊之思想一以貫之。即是說這一段整菴的意思，乃天道與性有差別，而明道的意思是談性之言，而性又有本然之性與氣稟之性之不同，但整菴以理一分殊之思想貫穿之。雖然〈樂記〉沒有明講是所謂的本然之性與氣稟之性之分別，但整菴明白認爲就是他自己的看法無誤，而且合於明道的看法，從其批評朱子的看法裡，看出其對自己的看法深具信心，其言：

> 切詳章內「以上」二字，止是分截動靜之界，由動而言，則靜爲以上，猶所謂「未發之前」，未發更指何處爲前？蓋據已發而言之爾。朱子於此，似求之太過，卻以爲「人物未生時」，恐非程子本意。蓋程子所引「人生而靜」一語，正指言本然之性，繼以「纔說性時，便已不是性」二語，蓋言世所常說乃性之動，而非性之本也。此意甚明，詳味之自可見。若以「人生而靜以上」，爲指人物未生時說，則是說「維天之命」，「不是性」三字無著落矣。〔註102〕

整菴對於「人生而靜以上」，如此斷爲一句，然後解釋其所謂的人生而靜以上的意思，比配到所謂的未發之前的意思，未發之前的意思指未發，故人生而靜以上指的只是人生而靜，此處只以動靜做爲分別，人生而靜與感物而動之不同。而朱子的解釋，把人生而靜以上一句，視爲是指在人生下來之前，所以其釋語爲，人物未生時。而整菴反對之，因爲若指的是人物未生之時，還未受形而未得性命之正，這時還停留在天理的階段，當該是天道論，而不是心性論。若還是天道論而言，當爲「維天之命」的話語，而不是論性之語。其認爲纔說性時便已不是性的意思，乃一說性便不是本然之性，而當該爲氣稟之性，而且整菴本著朱子的性發爲情之思想，且以體用論貫串之，其認爲從本然之性而發爲性之欲，性之欲乃情的意思，這時候的情不是沒有性，因爲若如此言則意味著理氣可分開。故這時的情稱之爲氣質之性亦可，因爲性與情不離不雜。這是本著朱子對於《中庸》的喜怒哀樂之情的解釋，亦是朱

〔註102〕羅整菴：《困知記》（北京：中華書局，1990 年），頁 21。

子的中和新說的看法。朱子以此看法解釋其他經典，如《孟子》，其認爲《孟子》所言的「乃若其情則可以爲善矣，乃所謂善也。若夫爲不善，非才之罪也。」（告子篇）所謂的情是就情感、情緒而言，但孟子的原意所謂的心、性、情、才所指都是就著人性本善的本質而言，故孟子言的情當該爲實情的意思，而不是朱子所解釋的情緒的意思。而朱子以其自己的一套系統來解釋孟子，整菴亦跟隨之。而且整菴除了跟隨朱子的解釋之外，還有進一步的解法，其把性發爲情，視爲理一分殊，視爲體用論，視爲動靜之關係，視爲道心、人心之關係，視爲本然之性與氣稟之性的關係，又視爲「性」與「性之欲」的關係、未發之中與已發之和的關係，其間都是息息相關，而且都是一致的，吾人從整菴另段話可知：

> 拙《記》又以「感物而動」一言中「繼善」，只是要將動靜兩字，說教理一分殊分曉。理一便是天地之性，分殊便是氣質之性，與高見亦何異乎？然天地之性須就人身上體認，體認得到，則所謂人生而靜，所謂未發之中，自然頭頭合著矣。〔註103〕

從這一段便可見性發爲情之心性論的各種面向，如動靜、天地之性與氣質之性，未發之中與已發之和等。吾人便以上面整菴之視性發爲情的種種面向，做爲分節的依據，在此節與節之間並沒有互斥，而是不同的面向講著同樣的義理精神。

（一）動靜之關係談性情之際

在整菴而言，性是靜，而情是動，這是本著整菴從〈樂記〉之思想而來的體認，其這樣認爲：

> 切詳章內「以上」二字，止是分截動靜之界，由動而言，則靜爲以上，猶所謂「未發之前」，未發更指何處爲前？蓋據已發而言之爾。〔註104〕

人生而靜，與感物而動相對，前者是理一之層次，後者爲分殊之層次，前者是性的層次，後者爲情的層次。所以整菴批評朱子的人生而靜以上之詮釋有誤，朱子認爲是人物未生時，這屬天道論之層次，但整菴認爲是在談性，是落在具體事物之生上來說，如同大程子所言的「生之謂性」是在受形之後的層次談性，性雖有道德性與食色之性之不同，但都就生談性，都是形體具備

〔註103〕同上註，頁136。
〔註104〕羅整菴：《困知記》（北京：中華書局，1990年），頁21。

以後而談性。

整菴又這樣說：

> 「靜中有物」者，程伯子所謂「亭亭當當，直上直下之正理」是也。
> 朱子以爲「思慮未萌，而知覺不昧」，似乎欠一理字。學者或認從知
> 覺上去，未免失之。〔註105〕

此乃整菴對於靜中有物所採用的看法，其認爲性是爲靜，也是所謂的中，所
謂的天下之大本，也是喜怒哀樂之未發之層次。因爲情緒未發，所以還不是
感物而動之層次。程伯子認爲中是天下之大本，也是亭亭當當之正理，〔註106〕
但並未認爲這便是靜。而認定爲靜，這是整菴的意思，其以〈樂記〉爲主而
關連著談。所謂性是靜，發而爲情才是動。依整菴的意思，所謂的性也只是
理，既然是理，理則存有而不活動，所以是靜，因爲理本來也是所謂的理則，
無造作、無計度可言。於是整菴以此批評朱子的意思似乎談不到理之靜的意
思，因爲朱子只談知覺不昧，只到心的知覺與否的層次，還不到性的層次。《朱
子語類》如此記載著：

> 問：「蘇季明問喜怒哀樂未發之前，下『動』字？下『靜』字？伊川
> 曰：『謂之靜則可，靜中須有物始得。』所謂『靜中有物』者，莫是
> 喜怒哀樂雖未形，而含喜怒哀樂之理否？」曰：「喜怒哀樂乃是感物
> 而有，猶鏡中之影。鏡未照物，安得有影？」曰：「然則『靜中有物』，
> 乃鏡中之光明？」曰：「此卻說得近似。但只是此類。所謂『靜中有
> 物』者，只是知覺便是。」曰：「伊川卻云：『纔說知覺，便是動。』」
> 曰：「此恐伊川說得太過。若云知箇甚底，覺箇甚底，如知得寒，覺
> 得煖，便是知覺一箇物事。今未曾知覺甚事，但有知覺在，何妨其
> 爲靜？不成靜坐便只是瞌睡！」〔註107〕

朱子的學生文蔚（陳文蔚，見《朱子語類》，頁13）的問法與整菴的看法相類
似，其認爲靜中有物，是指當該有理才是，但爲朱子所反對。何以朱子反對

〔註105〕同上註，頁23～24。此段意思也是所謂的心性之辨，其另一段話這樣說：「人
　　　　心有覺，道體無爲。」此亦是動靜之不同。非爲理氣論層次，因爲若是理氣
　　　　論層次，整菴一定說此一有一無之間，蟬縫大矣。
〔註106〕「『中者，天下之大本。』天地之間，亭亭當當，直上直下之正理，出則不是，
　　　　唯敬而無失最盡。」《二程集》（上）（台北：漢京文化事業有限公司，1983
　　　　年），頁132。
〔註107〕《朱子語類·卷第九十六》（六）（台北：文津出版社，1986年），頁2470。

之呢？吾人認爲，朱子只是反對所謂的在靜中、喜怒哀樂之未發時，既然沒有情、沒有氣，沒有喜怒哀樂，這時便沒有所謂的喜怒哀樂之理，因爲理氣不離，有是氣才有是理，所以朱子說這靜中有物只是知覺。但整菴本著心性之辨，心是氣，感物而動，而性是靜，這時談了所謂的靜，便不當只認爲是所謂的心氣之知覺，而不談到所謂的性理，性理才是大本，是心之體、心之德、心之所以爲心之本質，若只談心而不及性，這與心學、禪學又有何分別，而且眞實的分別點就是在性理，這地方若不點出來，將流而爲禪，故其認爲靜中有物，便是所謂的性理。但朱子的意思有時候反覆來反覆去，可能是弟子的記錄不一，有時正面說也對，反面說也對。在另一段的看法裡，朱子便與整菴的意思一樣，其認爲靜中有物是指性理。朱子弟子如此記載：

　　「『靜中有物』如何？」曰：「有聞見之理在，即是『靜中有物』。」
　　問：「敬莫是靜否？」曰：「敬則自然靜，不可將靜來喚做敬。」

〔註108〕

也就是說朱子的意思在此與整菴意思相近，所不同者，朱子把動靜用來形容人心，而說靜時這是指人心的靜，而整菴指的是性理，但兩人對於「靜中有物」而言都指的是性理，亦是所謂的太極之理。當心爲靜時，所以知覺不昧，可以知覺性理渾然而具於心。朱子以動靜來形容工夫，其所謂的動時省察，靜時涵養，「敬貫動靜」等工夫，這時的動靜都是指心的動與靜言，性無所謂動靜，只是理。而既然靜中有物的物都就性理而言，何以朱子上一段引言裡又反對人靜中有物是喜怒哀樂之理已具呢？其實在此靜中，心之爲靜，如同荀子認爲的心虛一而靜的意思，此心雖靜，但知覺不昧，知覺還在便有知覺之理，而喜怒哀樂未形，故喜怒哀樂之理未搭在氣上而一起表現。這時只是太極之理，太極之理落在知覺上，而爲知覺之理，喜怒之情未形，便沒有喜怒之理。這也是整菴的理一分殊的意思。所謂的天命之性分殊而爲氣質之性的意思。

　　所以在前文吾人引朱子談蘇季明之引文裡，朱子認爲難道打瞌睡才是靜，而靜坐就是動的意思了嗎？朱子反對伊川先生的知覺便是動的意思，在此朱子不再遵守小程子此意思，雖然在此談的是心、是知覺，但知覺不一定是動，因爲靜坐時的知覺也算是靜，而不是一有思慮都是已發，都是感物而動的意思。

〔註108〕同上註，頁2470～2471。又朱子於另一段言：「問：「伊川言：『靜中須有物，始得。』此物云何？」曰：「只太極也。」」同書，頁2471。

在此吾人談一個問題，整菴所談的動與靜是就現實的相對待的靜，還是性中的動靜而不同於現實之動靜呢？其有如下的看法：

> 延平李先生曰：「動靜真偽善惡皆對而言之，是世之所謂動靜真偽善惡也，非性之所謂動靜真偽善惡也。惟求靜於未始有動之先，而性之靜可見矣。求真於未始有偽之先，而性之真可見矣。求善於未始有惡之先，而性之善可見矣。」此等言語，是實下細密工夫體貼出來，不可草草看過。〔註109〕

當延平說動靜之理皆相對而言之，這與明道以下之意思相近，明道認為：「天地萬物之理，無獨必有對，皆自然而然，非有安排也。」〔註110〕明道也認為天理至高無上，不與物對，那麼在此二種解釋（天道的善惡與人道的善惡）如何整合之呢？以朱子的義理而言，很可能是明道的意思，朱子認為現實事物都是兩兩相對，而能如此相對乃是有如此之理才能相對，如高者與低者對，而高有高之理，低有低之理，故亦兩兩相對而出，而太極本身不以人的相對待看法而言，太極本身無對。而延平先生提出了兩對動靜真偽等的概念，所謂世俗的動靜，與性體之動靜，其實吾人認為這意思與明道的意思相同。現實的對待乃落在氣上，落在氣上便隨著氣而有相對待之不同表現，而性體本身卻不可以善惡、真偽、動靜言之。但延平又說性也有動靜，而性是動還是靜呢？其認為性是靜而不是動，而且此靜不是世俗中動靜的靜。即然性體只是靜，何以延平又說性體有所謂的動呢？這與周濂溪的意思一樣，所謂的世俗的動靜，乃動而無靜，靜而無動，而太極之靜未嘗不神感神應，故又可以說動。從整菴之欣賞延平的這些話語看來，亦可見整菴認為的性體之為靜的意思，與性體是為至善的意思是相同的，這靜與善都是超越層的意思。〔註111〕在性體而言是至靜，而落在現實物上，乃感物而動後產生，感物而動，有時亦靜，這時已落於形而下層了，非原本的性之靜了。這與整菴解明道的生之謂性的意思是一樣的，在性體而言，不是先有二物，所謂善惡、所謂動靜跑出來，而是在水流了之後，人生受形以後，性理得到分殊以後，現實相對待

〔註109〕羅整菴：《困知記》（北京：中華書局，1990年），頁22。

〔註110〕《二程集》（上）（台北：漢京文化事業有限公司，1983年），頁121。

〔註111〕整菴有這講法：「性之理，一而已矣，舉仁義二字，便是分殊，推之至為萬事。……萬事雖多，即一事而性之全體存焉。」同註109，頁23。性之一，乃所謂的至善或說至靜，說靜時動也涵於其中。至於說到仁義，說到分殊，都是相對待的層次了。

的善惡、真偽才產生。

以上看出了整菴對於動靜的相對待之語辭的運用後，吾人從另一個面向談整菴之分別性與情之不同，所謂的人心與道心之區別。

（二）人心道心之體用關係談性情之際

性情之際既然是動與靜之關係，這乃本著〈樂記〉之記載而言。但性與情之相對，不是世俗之兩兩相對，此兩者之相對是超越與現實之相對。如同朱子所謂的形而上與形而下相對，道與器對、太極與陰陽對的意思。〔註112〕性情之靜與動，整菴以道心與人心的方式理解之，與朱子的理解道心、人心的意思比較而言，稍有改變。整菴如此言之：

> 謂「體用動靜，道心人心皆有之」，恐誤也。道心，性也，性為體。人心，情也，情為用。體常靜，用常動，此自然之理，非有意於分別也。但觀〈樂記〉「人生而靜」，「感物而動」二語，及伊川〈顏子所好何學論〉便是明證，無可疑者。看來此段卻是未悉區區人心道心之說。拙《記》綱領只在此四字，請更詳之。
>
> 「應妍應媸」之說，固未當，「鏡明鏡昏」之喻，亦未盡。蓋道心常明，其本體然也。人心則有昏有明，凡發而當理，即是人心明處，發不當理，卻是昏處，不可道人心一味是昏也。〔註113〕（答林正郎書）

在此整菴對於道心、人心的定義非常明確，道心為性，人心為情，性發而為情，此乃順朱子的說法而發展，亦為一種特殊的體用論。並非道心也有體用，而是道心便是體而非用。照理講性體不動，而發者為情、為喜怒哀樂，視情之發能否依於理而發，若依於理而發，則情為善情、為合理之情。此乃在朱子的心統性情之架構下而言，心氣若能涵養、格物，則心氣容易平靜，虛一而靜便容易見理，故情緒之乍發下，容易依理而行，性情之際，乃是以心為樞紐下而統御由性到情的合理之發用與否。整菴認為他之所以如此定義，不是故意與別人（特別言朱子）不同，乃是在〈樂記〉便如此認為，之前吾人已經談到其解「人生而靜以上」段與朱子不同，其認為人生而靜以上就是性的意思，乃受形之初，才稱為性。除此之外，整菴認為還有小程子的〈顏子所好何學論〉裡亦是如此認定，〔註114〕伊川這樣寫道：

〔註112〕見《朱子語類》（六）（台北：文津出版社，1986年），頁2434～2435。
〔註113〕羅整菴：《困知記》（北京：中華書局，1990年），頁139～140。
〔註114〕除了〈顏子所好何學論〉外，整菴認道心為性，此出於伊川他處之說法，例

天地儲精，得五行之秀者爲人。其本也眞而靜，其未發也五性具焉，
曰仁義禮智信。形既生矣，外物觸其形而動于中矣。其中動而七情
出焉，曰喜怒哀懼愛惡欲。情既熾而益蕩，其性鑿矣。是故覺者約
其情使合於中，正其心，養其性，故曰「性其情」。愚者則不知制之，
縱其情而至於邪僻，牿其性而亡之，故曰情其性。〔註115〕

人本父母所生，但追究到終極根源，可以說人乃天地所生，而且人是天地萬物
之靈，乃秀氣所爲。既然已生，這時乃定義爲所謂的性，既然稱之爲性便不是
朱子說的人物未生時，這也是《中庸》所謂的率性的意思，這時不是只在天道、
天理的層次，而是已經從天命裡取得性命之正了。「其本也眞而靜」，可見整菴
順著伊川思路亦是把性視爲天下之大本，而性之眞不是世俗之對待之眞，而是
絕對的眞，這也叫作未發之中，這時五性具焉。這時性雖未發，但爲心所具，
而知覺不昧，大本已具，而爲心之德，心之德爲仁義禮智性，這時五者渾淪而
滾在一起。這也是朱子所說的未發時，萬理已具，其實只有性理渾然具著，萬
事未形，故萬理亦未隨之分殊，這時也是仁義禮智信五者渾在一起。已發之後，
性理界爲四破而爲仁義禮智，而中間之德爲信、或聖，故曰仁義禮智信。若依
於四德而發，則情感爲正，不依四德而發，而執著於情感，這乃惡情。故伊川
於此用「性其情」的講法，表示情緒依於理性而行；若是情其性呢？則是感性
作主，而不能聽命於理性。在此看到整菴以伊川的意思爲主，加上朱子的〈中
和新說〉的思想，再以自己的意思詮釋，故小有別於朱子。但無論如此，整菴
認爲這種講法不是自己發明的，而是前人已談過，前人如此談之，乃前人的體
驗所致，而整菴亦是如此驗到，於是自覺與朱子有別。

　　除了伊川所寫的〈顏子所好何學論〉外，整菴亦認爲其本著伊川以人心
爲人欲、道心爲天理的看法：

「人心，人欲。道心，天理。」程子此言，本之〈樂記〉，自是分明。
後來諸公，往往將人欲兩字看得過了，故議論間有未歸一處。夫性
必有欲，非人也，天也。既曰天矣，其可去乎！欲之有節無節，非
天也，人也。既曰人矣，其可縱乎！君子必愼其獨，爲是故也。獨

如：「《書》曰：『道心惟微。』程子曰：『心，道之所在。微，道之體也。』」
同上註，頁83。可見整菴與朱子一樣，皆視道心爲心，但朱子視其爲心之知
覺；而整菴重其爲體的意思，故道心雖爲心，但重其中之性義。這也是道
心是已發與未發之講法，朱子與整菴有所不同。
〔註115〕《二程集》（上）（台北：漢京文化事業有限公司，1983年），頁577。

乃天人之際，離合之機，毫釐之差，千里之遠。苟能無所不致其慎，

　則天人一矣。到此地位甚難，但講學則不可不盡。〔註116〕

伊川有關於人心與道心之說法，各家解讀不同，但整菴深信其爲得其正宗。上
文之〈答林正郎〉的書信裡，林正郎便認爲道心也有體用，人心也有體用。其
可能把伊川的道心視爲天道，而天道之體，有天道之氣相配合，人心也是一樣。
但整菴還是反對，其以〈樂記〉爲本，加上自己的生活體驗，定義道心爲性，
人心爲情。但在其解伊川的「人心，人欲。道心，天理。」之言裡，首先把天
理視爲性，其實雖然伊川說性即理，但「在物爲理」，故談的是理氣論；「處物
爲義」談的是心性論，天道論與心性論還是要有區別的，但整菴在這裡直接解
「道心，天理」，解爲道心就是性的意思，當然整菴還是守著朱子的心統性情之
說，故說道心、人心時，的確是指心，〔註117〕但是在道心裡，重點是在心之德，
所謂的性。人心是指的是情緒，情緒有好有壞，不可因把情緒視爲人欲，若如
此錯認以爲情緒都是壞的，但其實不然，人欲不都是惡的，要看其中節與否，
故人之有欲望這是天生的，人有食色之性，這也是正常的，但食色之性能守著
道德之性則爲善，守不住的話則流爲惡。整菴雖有人欲出自天的看法，但不因
此而流爲自然主義，流爲放縱的學問。所以整菴在上文〈答林正郎〉書裡談到，
「不可謂人心一味是昏也」。就好像性發爲情，中節則爲四端之善情，不中節則
爲七情之惡情。其於另一段文亦有這樣的認爲，其言：「道之在人，則道心是也，
神之在人，則人心是也。若此處錯認，焉往而不錯乎？」〔註118〕人心之虛靈明
覺，雖然人心是氣、是情，但是虛中有靈，不見得情都是惡的，若情爲形下之
神用，則爲善，亦可見整菴對人欲之看法，其認爲不可把朱子言的「去人欲」
〔註119〕之言解得太過，而流爲禁欲主義。

　　整菴除了認爲道心與人心之不同外，其認爲前者爲未發，後者爲已發，
其反對二者都爲已發。其有如是之言：

　　「凡言心者皆是已發」，程子嘗有是言，既自以爲未當而改之矣。朱

〔註116〕羅整菴：《困知記》（北京：中華書局，1990 年），頁 90。

〔註117〕「人心道心之辨，只在毫釐之間。道心，此心也，人心，亦此心也。一心而
　　　　二名，非聖人強分別也，體之靜正有常，而用之變化不測也，須兩下見得分
　　　　明方是。盡心之學，佛氏之於吾儒，所以似是而實非者，有見於人心，無見
　　　　於道心耳。」羅整菴：《困知記》（北京：中華書局，1990 年），頁 78～79。
　　　　從這一段可見整菴是依朱子的心統性情之意思來談人心、道心。

〔註118〕同上註，頁 82。

〔註119〕朱子定義的人欲爲惡，而整菴定義人欲爲中性，故有此差別。

子文字，猶有用程子舊説未及改正處，如《書傳》釋人心道心，皆
指爲已發，〈中庸序〉中「所以爲知覺者不同」一語，亦皆已發之意。
愚所謂「未定于一」者，此其一也。〔註120〕

整菴對於朱子的《中庸》之説法已經明白的理解了，朱子的意思所解釋的人心、
道心乃是心之所以知覺於形氣之私或是天理的不同，心之功用乃在虛靈明覺，
心之明覺在道義之正則爲道心，用在形氣之私則爲人心，此乃朱子的意思，而
整菴對於朱子的意思已經明白了，但還是反對之，何以如此呢？首先，在整菴
而言，道心是性〔註121〕（當然也是心統性情裡的性），在朱子而言，道心是心
之知覺於性。故對於整菴而言，道心是未發，對於朱子而言，道心可能是未發，
也可能是已發。當談道心時，朱子的重點在心，而整菴的重點在於心之所以爲
心的性。即然整菴已知道朱子的所以爲知覺者不同之定義，何以一定要堅持所
謂的道心是未發呢？其實從道心到人心乃是性發爲情的意思，這還是整菴的理
一分殊之義理系統，即然道心是理一，理一乃就「人生而靜」而言，這是無分
別狀態。若如此的理一分殊之比配，便可關聯到〈樂記〉的思想，則整菴所言
的理一分殊，性發爲情的意思可到處運用，而沒有解釋不通的地方。而整菴認
爲朱子以「所以爲知覺者不同」來談人心與道心，乃因爲用了以前〈中和舊説〉
的思想而來不及改正。朱子在〈中和舊説〉裡，以伊川的「凡言心者皆指已發

〔註120〕同註118，頁23。又整菴云：「《虞書》之所謂『道心』，即《樂記》所謂『人
　　　　生而靜，天之性也』，即《中庸》所謂『未發之中天下之大本也』。決不可作
　　　　已發看，若認道心爲已發，則將何者以爲大本乎？愚於此，所以不能無少異
　　　　於朱子者，前已有説。平生所見，此爲至先。比年反覆窮究，益信此論之不
　　　　容易也。」同書，頁85。整菴認爲朱子談人心、道心，指的是所以知覺者不
　　　　同，且認爲在解釋《書經》的人心、道心時，指二者皆爲已發。在此整菴反
　　　　對，若道心也是已發，何者爲未發呢？未發爲性，爲大本，故整菴定義道心
　　　　爲心中之性，而朱子定義道心爲知覺於性理之心，兩者有所差別，且已發與
　　　　未發之説亦有差別。且整菴本著小程子的道心即天理，天理當然是未發，與
　　　　朱子的道心乃心知覺於天理，明顯不同。
〔註121〕「夫所謂道心者，果何自而有耶？蓋人之生也，自其稟氣之初，陽施陰受，
　　　　而此理即具。主宰一定，生意日滋，纏綿周匝，遂成形質。此上智、下愚之
　　　　所同也。其名爲道心、其實即天理。彼未嘗學問者，雖不知天理爲何物，天
　　　　理曷嘗有須臾之頃，不在其方寸中耶？蓋無爲之宰，譬如形影之相隨，是以
　　　　雖其昏擾之極，而至微之體自有不容離者。不然，則所謂『我欲仁，斯仁至
　　　　矣』，是從何處來耶？善學者，固當默而識之矣。」見羅整菴：《困知記》（北
　　　　京：中華書局，1990年），頁155。從這裡可見整菴言的道心指的也是心，但
　　　　是重點卻不只是心，而是心之所以爲心的本質，所謂性也，這是本著朱子學
　　　　的心統性情的説法，道心指心所具之性，而且這性即是天理。

而言」為定準，而朱子錯認了，伊川後來改正了，但朱子不知而誤用以致有中和舊說之修改為新說之思想產生。但在〈中和新說〉裡，朱子已體認到此種說法之誤而改正。整菴在此認為朱子的〈中庸序〉的意思，可能是朱子的舊思想，而新思想成熟了後，卻忘了改正舊思想，即在中和新說已改正，而〈中庸序〉未及改正。朱子真是如此嗎？吾人於此反對整菴的看法，因為於本節的第一小節談情發為情之動靜之際時，吾人引了《朱子語類》裡朱子反對伊川的有思慮都是動的意思，故可見朱子認為雖有思慮知覺在，而不礙其為未發、為靜，這也是朱子認為的「靜中有物」的意思，前文談到朱子認為所謂的靜中有物指的又是心又是性。但現在在此〈中庸序〉裡，朱子只認為所謂道心乃是指心，似乎沒有如整菴所批評的道心指的是已發的意思，這乃是因為整菴自己以為性才是未發，而情與心氣都是已發。但在朱子而言，性是未發外，心雖虛靈明覺，但喜怒哀樂未形之前，這時心有知覺，但還是未發。故可見整菴認為朱子〈中庸序〉乃來不及改正之文，而且朱子本著舊說之凡言心者皆為已發，整菴這種認定是錯的。但不管朱子的說法為何，朱子把道心、人心視為心這是確定的，〔註122〕而整菴把道心視為心之所以為心的理想、本質，所謂性也，這也是確定的，在此整菴反對朱子。〔註123〕

　　除了以上的一些原因，整菴明知朱子以「所以為知覺者不同」定義道心、

〔註122〕「心一也，操而存則義理明而謂之道心，舍而亡則物欲肆而謂之人心。自人心而收回，便是道心；自道心而放出，便是人心。」《朱熹集》（四）（成都：四川教育出版社，1996年），頁1786。

〔註123〕「『心有所忿懥，則不得其正，有所恐懼，則不得其正，有所好樂，則不得其正，有所憂患，則不得其正。』每嘗玩味此章，所謂『不得其正』者，似只指心體而言。《章句》以為『用之所行，不能不失其正』，乃第二節事，似於心體上欠卻數語。蓋『心不在焉』以下，方是說應用之失，視聽飲食一切當面蹉過，則喜怒憂懼之發，鮮能中節也可知。故『欲修其身者，必先正其心』，其義明矣。又詳『有所』二字，只是說人情偏處。蓋人之常情有多喜者，有多怒者，有多懼者，有多憂者，但一處偏重，便常有此一物橫在胸中，未免礙卻正當道理，此存養省察之功，所以不可須臾忽也。大抵《大學》正心工夫與《中庸》致中無異，《中庸章句》所謂『至靜之中，無少偏倚』，便是心得其正之狀也。」見羅整菴：《困知記》（北京：中華書局，1990年），頁69。從此處亦可看出朱子與整菴之不同，朱子以《大學》正心義言的不得其正為發用處，所謂心的知覺不管用在那都是已發。而整菴認為這是談心體，當為未發，而且進一步比配到《中庸》的致中之工夫，乃所謂的至靜之中，無少偏倚。所以正心的工夫，除了談的是心體外，而且進一步談到性體，因為所謂的至靜便是指性之未發，而且之所以能依乎中，乃是依於性理而行。

人心之別，整菴還故意要與朱子定義不同而區別出道心指的是性而不是心，其還有一個可能性，乃是若在此把道心指爲只是心而不指爲性，則講不出本質的重要性。在朱子學而言，性才是眞正的大本，心只是知覺作用，其功用是用來了解性體的。現在若只談心而不談及性則容易流於佛老，〔註124〕因爲朱子認爲佛氏只以知覺爲性。甚至流爲如同整菴所認定的心學之陽儒陰釋。整菴認爲佛老及心學學者，都是只談到心而不能談到性，而性才是天下之大本，心不過是氣之靈，所具有者不過是虛靈明覺之功能，還不是眞正的重點所在。整菴有如是之話語：

> 《傳習錄》有云：「吾心之良知，即所謂天理也。」又云：「道心者，良知之謂也。」又云：「良知即是未發之中。」《雍語》有云：「學、問、思、辨、篤行，所以存養其知覺。」又有「問『仁者以天地萬物爲一體』。答曰：『人能存得這一點生意，便是與天地萬物爲一體。』又問：『所謂生者即活動之意否，即所謂虛靈知覺否？』曰：『然。』」

〔註124〕 「達磨告梁武帝有云，『淨智妙圓，體自空寂』。只此八字，已盡佛性之形容矣。……余嘗合而觀之，與《繫辭傳》所謂『寂然不動，感而遂通天下之故』，殆無異也。然孰知其所甚異者，正惟在於此乎！夫《易》之神，即人之心。程子嘗言：『心一也，有指體而言者，寂然不動是也；有指用而言者，感而遂通是也。』蓋吾儒以寂感言心，而佛氏以寂感爲性，此其所爲甚異也。良由彼不知性爲至精之理，而以所謂神者當之，故其應用無方，雖不失圓通之妙，而高下無所準，輕重無所權，卒歸於冥行妄作而已矣。」同上註，頁55。由此段可見，整菴認爲儒家佛家都談心，但是儒家談心時，不只是談心，而是重心之德、愛之理，亦即性也，這也是寂然不動之所以能寂然不動之理。故同樣的，言道心時，亦是不能只重視心，而忘了心之本質，所謂性也。若忘了談性，與佛學有何異呢？且整菴云：「其後有達磨者至，直指人心，見性成佛，以爲一聞千悟，神通自在，不可思議。則其說之玄妙，迥非前日比矣，於是高明者亦往往惑焉。惑及於高明，則其害有不可勝救者矣。何哉？蓋高明之士，其精神意氣足以建立門户，其聰明才辨足以張大說辭，既以其道爲至，則取自古帝王精一執中之傳，孔門一貫忠恕之旨，克己爲仁之訓，《大學》致知格物之教，《中庸》性道中和之義，《孟子》知言養氣，盡心知性之說，一切皆以其說亂之。眞妄混淆，學者茫然，莫知所適。一入其陷穽，鮮復能有以自拔者。故內之無以立大中至正之本，外之無以達經世宰物之用，教衰而俗敗，不但可爲長太息而已。向非兩程子、張子、朱子身任斯道，協心并力以排斥之，吾人之不變於夷者能幾何哉！」同書，頁46。其認爲佛家只言心而不及性，雖然說見性成佛，但這性也是以知覺爲性，不是朱子所說的至虛而實實的天理，故佛氏這種體用論而言，不只體上有問題，不能眞正敬以直內，那麼義以方外也是錯的，所以這不是整菴所肯定的眞正理一分殊之學，若如此，其認爲佛學當然開不出人情經世之用。

又曰：「性即人之生意。」此皆以知覺爲性之明驗也。〔註125〕

在此整菴主要批評了與其同時代的二大家，一爲陽明，一爲甘泉，整菴認爲此二人皆爲心學。陽明爲心學乃無誤，其系統與整菴不同，故常爲整菴以其自己之思考方式所錯解；而甘泉思想，吾人認爲乃是白沙心學與朱子學之混合，故亦半雜有心學之傾向，皆爲整菴所不許。整菴對於心學的批評，乃認爲其學派思想只見心而不見性。當然在陽明學派必不會承認，因爲其路數乃是心即理，乃即心言性而言天，故不會承認其有不見性之譏。心學的思想，乃是以良知的意志之發動爲主，意志之方向爲善，即是天理，〔註126〕整菴評之爲試圖以心代替性，而這個心又只是思慮之知覺。即然陽明可以談心即理之義理，所以就陽明所定義之道心而言便是良知，便是天理；人心而言便是人欲。在此見整菴、陽明之學術不同，整菴以未發之中爲性而不爲心，而陽明以未發之中爲心且爲性。同樣地，甘泉之思想亦有心學的影子，而爲整菴所批評。整菴引甘泉此段話的意思，乃是本著明道的思想而來，但在整菴而言，明道思想早已朱子學化了。明道的〈識仁篇〉裡談到：「仁者，渾然與物同體。」〔註127〕又說：「醫家以不認痛癢謂之不仁，人以不知覺不認義理爲不仁，譬最近。」〔註128〕又說：「『天地之大德曰生』，『天地絪縕，萬物化醇』，『生之謂性』，萬物之生意最可觀，此元者善之長也，斯所謂仁也。人與天地一物也，而人特自小之，何耶？」〔註129〕光是明道對於仁的的看法，便有心

〔註125〕同上註，頁54。

〔註126〕「孟子曰：『孩提之童，無不知愛其親也，及其長也，無不知敬其兄也。』以此實良知良能之說，其義甚明。蓋知能乃人心之妙用，愛敬乃人心之天理也。以其不待思慮而自知此，故謂之良。近時有以良知爲天理者，然則愛敬何物乎？程子嘗釋知覺二字之義云：『知是知此事，覺是覺此理。』又言：『佛氏之云覺，甚底是覺斯道，甚底是覺斯民？』正斥其認知覺爲性之謬爾。夫以二子之言，明白精切如此，而近時異說之興，聽者曾莫之能辨，則亦何以講學爲哉！」羅整菴：《困知記》（北京：中華書局，1990年），頁70。在此可見陽明所認爲的良知即是天理，整菴反對，其認爲孟子與程子都不是如此解釋，良知乃是指心，而不是指性。若如此，陽明講良知即天理，乃在於不知心與性之別。至於陽明與整菴之對錯，吾人於第四章談之。

〔註127〕《二程集》（上）（台北：漢京文化事業有限公司，1983年），頁16。

〔註128〕同上註，頁33。

〔註129〕同上註，頁120。此段語於「生之謂性」段後，加一註語：「告子此言是，而謂犬之性猶牛之性，牛之性猶人之性，則非也。」此段話比較明道的「生之謂性」、「惡亦不可不謂之性」之語來看。明道把生視爲性，而人之生而有理與氣，故有道德之性，所謂的繼之者善的意思；亦有氣質之性（張載義），所

學與理學之不同詮釋，如同心學與理學對於先秦的孔孟思想之解法有著不同
的詮釋進路。朱子學的進路認為，渾然與物同體不是仁，而是體認得仁體後
便有渾然與物同體之境界，此就好像朱子認為博施濟眾不是仁，但仁者必以
博施濟眾為目標。〔註130〕而且仁是性理而不是心。整菴繼承朱子學的進路，
把明道思想視為朱子學的內容，進一步在天道論系統裡，以明道之學修正朱
子學，認為朱子學之天道論尚不及明道的天道論來的圓融。而至於甘泉此段
之意思，其實用語亦來自明道。而明道之思想，到了明代竟有兩家之解法，
所謂心學與理學的解法，前者以明道論仁為生意，生生之謂仁；後者以生之
理為仁，這是兩家之主要不同點，此論述，吾人於第三章談整菴對於明道學
的承繼裡談之。但是從這段整菴批評陽明與甘泉之引文看來，整菴當然是站
在朱子學的立場來看待明道思想，而且以「只見於心而不見性」的看法批評
心學，認定此與佛學無異，這也是整菴視道心雖然是心，但對於此心之意思
是在朱子學的心統性情之意義下所言的心，故當談道心時，雖談心，但重點
卻是在心之所以為心之本性，故道心重點在於談性，整菴認為若看出這點，
便可有別於佛老、有別於心學。

　　若知得整菴的人心、道心之區別，對於以下整菴的意思便容易解釋了：

> 延平李先生、南軒張先生所見皆真，有言皆當，宜其為朱子之所敬
> 畏也。延平因朱子喜看《正蒙》，嘗語之曰：「橫渠說不須看。非是
> 不是，恐先入了費力。」南軒因朱子有「人心之安者是道」一言，
> 明謂「此語有病。所安是如何所安？若學者錯會此句，執認己意以
> 為心之所安，以此為道，不亦害乎！」此等言語，惟是經歷過來，
> 方知其為至論。不然，未有不視為淺近者也。〔註131〕

在此吾人先討論後半段，即整菴之尊崇南軒，乃其反對朱子所語的「心之所
安者是道」，這話有語病，因心之所安若不安於理，則其安並不是道。故須從
安處翻上去看是否合理。當然若依陸王之學，心所安處即是道，是可說的。

謂的食色之性也。

〔註130〕「或曰：『程氏之徒言仁多矣。蓋有謂愛非仁，而以萬物與我為一為仁之體者
矣。……』曰：『彼謂物我為一者，可以見仁之無不愛矣，而非仁之所以為體
之真也。……觀孔子答子貢博施濟眾之問，……則可見矣。』」此乃朱子之〈仁
說〉，全文很長，只引部分。見《朱熹集》（六）（成都：四川教育出版社，1996
年），頁3544。

〔註131〕羅整菴：《困知記》（北京：中華書局，1990年），頁94。

若心、理爲二，便不可如此說。故要把心之所安者爲何意思講明白，也是說心安於道、安於理，如此義理才洽切。此論強調心與性之不同，若認心爲性，淪爲心學或佛老的缺失是很大的。

另外再從其對張載原文的見解，來看何以不要先從張載之學入呢？

> 張子曰：「合性與知覺，有心之名。」蓋兼人心道心而言也。程子曰：
> 「自存諸人而言謂之心。」則專指道心而言。道心即性，性命於天。
> 程子方欲申明其所謂一理者，故於人心有未暇及爾。夫理之所在，
> 神明生焉，理一定而不移，神萬變而不測。凡有心者，體用皆然。
> 須如此推尋，心之爲義方盡。張說可疑，乃在上三句，末句則明有
> 所本，初非臆見，自不容不尊信也。〔註132〕

整菴對於張載言的「合性與知覺有心之名」這句話，覺得講得很好，因爲體用兼備，如同朱子談心時，心統性情，性爲體，發用而爲情，而以心來統御性與情。因爲情之發是突如其來的，這時來不及思索與考慮，所以端賴平時的涵養氣心，讓心氣能平靜、清明，則在性發而爲情時，性搭在情緒上而合理，且因爲心清明，則情緒亦能清明，而不會過與不及。本來「心統性情」一語亦是張載所言，朱子非常欣賞。不過張載的心統性情是否是朱子的原意，這還可以討論，但不在吾人論述範圍內。故可見整菴欣賞張載的「合性與知覺有心之名」這句話，心不只是心，心中還有性，這是心之所以爲體之根本，也是所謂的道心是也，所以他認爲程子所言的，自存諸人而言謂之心，乃是談心之根本——性體，雖遺漏了所謂的情，但無傷大雅。人而有心乃是與動物有別，動物不能有心，因爲心是氣之靈，而動物之氣太差，不能稱爲有心，其氣不能表現出本有之性理，是以程子如此稱之，而整菴說程子在此專言道心，亦是性，而不重心的意思。而心之用乃是情，乃是人心。整菴欣賞這二人的話語，特別是張載，其認爲這是張載的苦心力久後的體驗，非一般人可以接續的開始點，所以延平要朱子不要從這地方入手，會費力。雖然張載與整菴都談心之體用，但整菴認爲從人心、道心或是理一分殊入路，則容易體會，從張載作品入路，反而較難。除此之外，整菴對於張載這句話的前三句話有所疑問。而張載的原文如下：

> 由太虛有天之名，由氣化有道之名，合虛與氣有性之名，合性與知

〔註132〕同上註，頁 101。

　　覺有心之名。〔註133〕

整菴認為前三句有問題，主要還是在於第三句，所謂的「合虛與氣有性之名」。第一句的所謂天者，天命之謂也，故太虛在整菴眼裡也是理的代名詞，〔註134〕而第二句是談論氣，第三句有問題，乃是天道論的問題，天道論而言理氣一致，不用談「合」，本來就合了。但在心性論裡，張載說「合性與知覺有心之名」，整菴何以不質疑其所謂的「合」這個字呢？故可見黃宗羲及其師劉蕺山所看出的整菴天人不一的意思是有意義的。在整菴而言天人可以說一，也可說不一。談一時是就天道論而言，皆是從天道而來，同一個根源；談不一時，天道至尊，而人至卑，人要努力做工夫才能法天，直到聖人才合於天，甚至現實上也沒有所謂真正的聖人可言。從這裡我們可以了解何以整菴取延平之言，要朱子不要從張載書入，因為張載作品裡有對有錯，例如剛才所舉之言，前三句是錯的，後一句是對的。有對有錯，也不是在對錯的問題上而不從張載書入，而是這乃張載苦心經營的成果，縱使是對的也是費力之學，若能從理一分殊之意思契入，或許更能了解天人之際，這當該是整菴所要取的意思，因為天道論也是理一分殊，心性也是如此。若如此便能解決張載的一性而二名的問題，而且費力較少。天地之性在整菴而言便是道心，便是性，而氣質之性便是情，便是性之欲，若如此則體用詳備，理一分殊，而且道理可以一以貫之。這也是整菴所認為延平覺張載之說費力的原因，若先能了解理一分殊、道心到人心之體用關係，便可以不須如此費力的走曲折的路線。

　　而在此，整菴與朱子之對於道心、人心之不同定義，我們可以對其作個判斷，二者之間誰較為優呢？或是朱子若能出面說明，是否會往整菴方向發展，還是整菴若多學幾年是否會悟其言之非呢？在此整菴認為他的講法是朱子學的發展的必然方向，其言：

　　　　且朱子序《中庸章句》有云：「天命，率性，則道心之謂也。」註解

〔註133〕《周張全書》（台北：廣文書局，1979年），頁319。
〔註134〕「大抵性以命同，道以形異。必明乎異同之際，斯可以盡天地人物之理。」羅整菴：《困知記》（北京：中華書局，1990年），頁73。在此整菴所言的性以命同，乃是天地之性都來自於天命，天命指天道論，而性是指受形以後。而所謂的道以形異，乃是言人之性與物之性之不同，乃在於理一而分殊，因所受之氣不同，所以理也被限制而為不同。整菴所言的道乃是就《中庸》的「率性之謂道」的意思而言，此乃分殊的意思。故當整菴看到張子言的「由太虛有天之名」時，這時的天便是指天道論，也是理氣論，是指天命之謂性裡的天命，意思為人受命於天。

> 有云：「大本者，天命之性，天下之理皆由此出，道之體也。」夫既
> 以大本爲天命之性，以天命之性爲道心，則道心明是未發。而又以
> 爲「指其發於義理者而言，則謂之道心」，是原未有一定之論也。將
> 求所以歸于至一，非高明其誰望耶！〔註135〕

整菴在〈答陳靜齋〉書信裡認爲，其道心之解法與朱子之學說不同，乃非故意
譁眾取寵，而是義理便是如此。而且整菴的意思，朱子似乎亦有如此的看法。
朱子視道心，其不只認道心爲已發，而且是發於性命之正者。整菴認爲朱子的
道心之定義有鬆動的可能性，他認爲朱子對於道心之定義有二種，似有不一致，
他舉朱子的原文談之，朱子認爲：「其曰『天命率性』，則道心之謂也。」〔註136〕
這句話的確是朱子所言，但吾人認爲朱子在談這話時，並不是在下定義，而是
大略而類比的談，其對於道心的較爲具體的定義乃在於：「或原於性命之正，而
所以爲知覺者不同。」故可見朱子的道心的重點還是在於心上，故爲已發，乃
指心之發依於義理而行。而朱子談「天命、率性，則道心之謂也。」乃是指心
之所發用以天命爲主，這是道心。眞正重點在於整菴視道心重在性，而朱子重
在心。整菴的擔心在於，若只是談心而不及性，聖人之語似有偏差，而且聖人
之語只談用而不談體，容易讓人產生誤解，且這聖人是那一類的聖人，是佛教
的聖人嗎？否則怎會只談心而不談性呢？當然朱子對於義理的解釋是相當精當
的，當該也不會對於體上有所遺漏，而整菴所舉朱子之言：「大本者，天命之性，
天下之理皆由此出，道之體也。」〔註137〕這的確是朱子的意思，即大本便是性，
也是未發之中，而道心是心用在性上而爲已發，這是朱子與整菴心性論上的小
區別。至於優劣而言，整菴照顧到體用論，照顧到動靜之別；而朱子照顧到心
的虛靈明覺的意思及原文所指的心的意思，很難有個優劣可言。但整菴似乎比
朱子更害怕心學與佛學之遺害。

（三）以理一分殊談性情之際：

整菴極強調歸一之論述，對於性之二名不能歸一者，都判爲思索之未瑩。
而其所謂的歸一之論，便是以理一分殊來貫串所有道理，無論是天道論或是
心性論，都是如此。在心性論方面，其認爲北宋五子正是理一分殊之思想的
代表，更推而遠之，在孟子的言論裡便透露著理一分殊的思想：

〔註135〕羅整菴：《困知記》（北京：中華書局，1990年），頁127。
〔註136〕《四書章句集註》（台北：鵝湖出版社，1984年），頁15。
〔註137〕同上註，頁18。

孟子「性也，有命焉。命也，有性焉」一章，語意極爲完備，正所
謂理一而分殊也。時孟子與告子論性，皆隨其說而折難之，故未暇
及此。如使告子得聞斯義，安知其不悚然而悟，俛焉而伏也？〔註138〕

孟子在〈口之於味〉章裡談到二種性，所謂的道德之性與食色之性，而以道
德之性爲第一義的性，以食色之性爲第二義，第二義者常要以第一義的性爲
本才可，否則常容易流於惡。而整菴以其理一分殊之理論，把義理之性與食
色之性分爲本然之性與性之欲，亦是說把食色之性講成是性之欲，這是比配
於〈樂記〉思想而來的。若如此則合於所謂朱子的性發爲情的體用思想，而
且這思想可以解決掉所謂的一性兩名之未爲歸一的困擾。天命之性是本然之
性，而性發爲情，這時是性搭在氣質上而表現，這時也可以稱爲氣質之性，
也可以稱爲性之欲，〔註139〕因爲性之欲在整菴定義上來看是所謂的情，但情
不是獨立的一個情，因爲理氣不離不雜，所以言情時，必寓有性理於其中，
端看情之發是否有涵養氣心，若有則情之發便容易清明而見理、見性。理一
分殊思想最初緣於伊川的講法，朱子繼之以月印萬川之喻來說明，這理一分
殊解決了很多一相與殊相之間相關的問題，而且最後又能秉持著一個原則，
貫穿所有原則。例如其對於孟子、告子的「生之謂性」之論辯，便能把告子
的理論收攝於其底下，把生之謂性之傳統亦視爲理一分殊之一部分。〔註140〕
在整菴批評甘泉的思想裡這樣談到：「元明言：『犬牛之性，非天地之性。』
即不知犬牛何從得此性來？天地間須是二本方可。」〔註141〕以整菴看來，甘
泉的講法有缺失，因爲不能歸一。在孟子而言，本來談的是人性與禽獸之性
是不同的，所以談人禽之辨，但是朱子、整菴所要照顧到的，不只是《孟子》
一書，還要照顧到《中庸》的「天命之謂性」及《易傳》的「乾道變化各正

〔註138〕羅整菴：《困知記》（北京：中華書局，1990年），頁29。
〔註139〕「兩性字微覺不同，前一性當作『性之欲』看，後一性卻是本然之性。」同
　　　　上註，頁144。
〔註140〕「程叔子云：『孟子言性，當隨文看。不以告子生之謂性爲不然者，此亦性也。
　　　　被命受生之後，謂之性爾，故不同，繼之以犬之性猶牛之性，牛之性猶人之性
　　　　歟，然不害爲一。若乃孟子之言善者，乃極本窮源性。』」羅整菴：《困知記》
　　　　（北京：中華書局，1990年），頁21。整菴極爲贊賞伊川此言，依整菴之認定
　　　　看來，伊川思想便已企圖以理一分殊的意思來整合義理之性與生之謂性的傾
　　　　向。在天命之性裡，不管人之性或是犬之性都來自天命之性，但在受形以後，
　　　　因著氣質之不同，所以性之表現上亦不同，前者爲理一，後者爲分殊。
〔註141〕同上註，頁41。

性命」之講法，所以朱子說枯槁亦有性，這時便是把各經書統一起來，但是如此又如何回答孟子的犬之性不同於人之性呢？在此便是以理一分殊而談，人之性與犬之性雖都來自天命，這是理一層次，〔註142〕而受形初生後，氣質之不同，所以決定人與犬之不同，氣之不同，氣質之性便隨之不同，這是整菴所謂的性之欲的層次，這是所謂的情，而這情也決定了氣中之理的不同，這也是整菴的理一分殊之理論巧妙的地方。

故可見整菴心性論便是以理一分殊、人心道心、體用論、動靜之際等等講法，來述說心性論的不同面向。而談及心性論不可遺漏工夫論，下節詳之。

三、工夫論

前文談論到心性論，也談論到人的爲惡如何可能之問題，緊接著談到工夫論，所謂的如何做工夫以復本體之學問。整菴的工夫論，大抵而言是順著朱子學的工夫論而談的，不像理氣論與朱子有所不同，心性論上在道心方面亦與朱子持不同論調。朱子的工夫論，在小學工夫裡以掃灑應對進退之工夫綁住，使之不往外散漫，這時乃在十五歲以前，因爲心志的成長尚未成熟，還不能做格物窮理的工夫，雖然不明白事理，但還是以先行工夫綁住，等到長大明白事理後，便能知曉何以當時做此工夫，因爲小時候不知道理，而先以規範行之，否則心猿意馬，一旦放縱，則難以收拾。此意思如同我們小時候不明白經書的道理，但是還是記誦起來，等長大了有所體悟，便能受用。而工夫到了大學之後，便依照《大學》八條目的次序，做格物窮理的工夫，及做誠意正心的工夫。在整菴而言，特別強調所謂的《大學》工夫，對於小學的以敬綁住的涵養工夫少談，焦點重在大學的工夫，而且特別注重其中的二種工夫，所謂的誠明兩進〔註143〕之二種工夫。當談到所謂的誠明兩進時，這時的工夫除了是《大學》工夫外，也貫穿了《中庸》的「誠則明，明則誠」的工夫，《四書》裡有這兩本重要經書談到誠明工夫，整菴自然是奉行不已。

〔註142〕「且如《中庸章句》所解『天命之謂性』，是人物之性一而已。《孟子集註》所解『犬牛與人之性』，又不免於二之。有志於學者，但草草讀過可乎？大凡兩說之中，必有一說至當，果見得到，雖有從有違，自無害其爲尊信也，不審高見以爲何如？」羅整菴：《困知記》（北京：中華書局，1990 年），頁 143。整菴的意思，其實便是要用理一分殊來解決《中庸》的相同部分，所謂人與物都稟自於天命也；用分殊來解決《孟子》書中的犬、牛之性與人之性之不同。
〔註143〕誠明兩進指的是大學的誠意工夫與格物工夫。

當然誠明工夫貫穿了《中庸》與《大學》，除此之外，還有愼獨工夫亦貫穿了
此二本書，此二本經書都談到了愼獨的工夫，故愼獨工夫其實與誠明工夫在
整菴而言大有關係。吾人便以誠明兩進之工夫做爲整菴的工夫論的重點，此
二者之工夫，完全沒有逾越朱子學，但整菴以不同的說法詮釋誠明工夫，有
其獨到的體會，整菴認爲：

> 格物致知，學之始也。克己復禮，學之終也。道本人所固有，而人
> 不能體之爲一者，蓋物我相形，則惟知有我而已。有我之私日勝，
> 於是乎違道日遠。物格則無物，惟理之是見。己克則無我，惟理之
> 是由。沛然天理之流行，此其所以爲仁也。始終條理，自不容紊，
> 故曰：「知至，至之。知終，終之。」知及之而行不逮，蓋有之矣，
> 苟未嘗眞知禮之爲禮，有能「不遠而復」者，不亦鮮乎！〔註144〕

整菴以格物致知爲學之始也，這是本著朱子的《大學》的教育學習方法，朱
子認爲《大學》思想只是個間架，只作爲讀書學習的工夫方法之次序，而眞
正內容要靠《論語》、《孟子》等書來充實之。〔註145〕故朱子對於《四書》的
編法，以《大學》作爲學習的開始，而後續之以《論語》、《孟子》，《中庸》
談性命與天道，乃最難的部分，故排序在最後。亦是說以此方向便把學問的
綱領已先定住了，定在《大學》，之後便以《大學》的工夫進路來解釋《論》、
《孟》等書。《大學》的工夫進路先談格物致知，之後才談誠意正心，在此格
物致知整菴比配爲明的工夫，誠意正心比配爲誠的工夫，其實這與朱子的意
思是一樣的。朱子雖然說知與行（整菴說的明與誠，亦是依朱子學而來）如
車之雙輪、鳥之雙翼，並行不已。但其本著《大學》的工夫次序，認爲必是
先知而後行，如同朱子解孟子射箭之譬喻一般，若不知箭靶在那，如何發箭
呢？故其解釋孟子稱讚孔子如同「金聲而玉振之也」時，便是認爲前者是知
之事，後者是聖之事，亦是所謂的行之事。〔註146〕但吾人認爲孟子所謂的知

〔註144〕羅整菴：《困知記》（北京：中華書局，1990 年），頁 10～11。

〔註145〕例如朱子認爲大學只是「大枰模」、「間架」、「規模」、「行程」、「空殼子」、「腔
　　　　子」等語，眞實內容要靠論孟等書以充實之。見《朱子語類》（一）（台北：
　　　　文津出版社，1986 年），頁 250～251。

〔註146〕朱子談《孟子》知言養氣的工夫亦是如此，以知言爲窮理，故爲先，以養氣
　　　　爲誠意，故爲後。可參見整菴之言：「孟子之學，亦自明而誠，知言養氣是也。」
　　　　同註144，頁 88。亦可參見拙作，蔡家和：〈朱子的孟子學——以知言養氣篇
　　　　爲例〉（中壢：中央大學第一屆青年儒學國際學術會議論文集，2003 年），頁
　　　　248～250。吾人反對朱子的解知言養氣爲先知後行之學。又整菴言：「『知行

之事，不是朱子的格物窮理的意思，而是指智慧的意思，是指道德實踐的智慧。這裡便看出了朱子以其本人的興趣來解釋經書。再看其所增補的《大學》〈格致補傳〉看得更清楚，看出朱子格物的濃厚興趣。誠明兩進之工夫，整菴用不同的辭語表達著朱子的同樣意思，當然誠明兩進亦是朱子的用語。所謂格物致知，「明」之學也；克己復禮，「誠」之學也。整菴亦把慎獨之工夫比配為誠意的工夫。何以如此呢？因為《大學》談誠意時言：「所謂誠其意者：毋自欺也，如惡惡臭，如好好色，此之謂自謙，故君子必慎其獨也！」〔註147〕誠意是什麼意思呢？又如何可以稱為做到了誠意呢？重點在不自欺，就是不欺騙自己，如同眼睛喜歡看好看的，鼻子喜歡聞好聞的，這雖是食色之性，騙不了自己的。而君子不欺騙自己，就好比在獨處時，或是人所不知，而己所獨知時——甚至自己的發心動念，這時候只有自己是最清楚的，但希望能夠做到不因此而欺瞞自己，所以《大學》說「誠於中，形於外。」雖心中想什麼別人不知，但從外在的表現就好像別人能看穿自己的肺肝一般，故要慎獨。除了《大學》談慎獨外，《中庸》也談論之，而慎獨之學又是誠意之學，故《中庸》系統也是談誠與明的學問。整菴除了談工夫外，把工夫所至之境界，亦有一番新的詮釋，所謂的「物格則無物，己克則無我。」格物是明的工夫，克己復禮是誠的工夫，也是慎獨的工夫，而工夫所至的境界，在物格方面而言，乃所謂的物格則無物，表示格物後可達至無所謂的粗重之物的干擾，而惟理是見。從整菴的這句話看來，說整菴是唯物論者，幾乎可以斷定是錯誤的，因為整菴還是希望唯理是見，而不要有粗重之物的干擾，這還算是唯物論嗎？因為這時理非為物的屬性。〔註148〕至少在心性論上而言，整菴

當並進，而知常在先』。先儒有定論矣。」同註144，頁116。可看出整菴對於知行工夫順序的處理。又整菴談到：「『乾以易知，坤以簡能。』此人之良知良能所自來也。然乾始物，坤成物，固自有先後之序矣。其在學者，則致知力行工夫，要當並進，固無必待所知既徹而後力行之理，亦未有所知未徹，而能不疑其所行者也。然此只在自勉，若將來商量議擬，第成一場閒說話耳，果何益哉！」同註144，頁24。整菴以乾與坤比配知與行，所謂的良知與良能。整菴認為雖然工夫次序是先知後行，但不是完全知道了才去行，知道了一些道理便要實踐，實踐有疑惑再回到格物窮理來驗証。整菴的意思還是朱子學的意思。在此整菴亦是回辯陽明所疑的"格盡天下物如何可能。而這樣的話，何時實踐呢？"的意思。

〔註147〕《四書章句集註》（台北：鵝湖出版社，1984年），頁7。

〔註148〕見吾人導論裡所談的前人成果裡，大陸學者所認定整菴為唯氣論者或是唯物論者。

不是唯物主義。

　　整菴的誠明兩進的工夫，〔註149〕所謂的物格則無物，克己則無我。此乃朱子學的工夫，加上明道的〈定性書〉的內外二忘之工夫，以做爲工夫的始終原則。明道的〈定性書〉裡談到：

> 人之情各有所蔽，故不能適道，大率患在於自私而用智。自私則不能以有爲爲應迹，用智則不能以明覺爲自然。今以惡外物之心，而求照無物之地，是反鑑而索照也。《易》曰：「艮其背，不獲其身，行其庭，不見其人。」孟氏亦曰：「所惡於智者，爲其鑿也。」與其非外而是内，不若内外之兩忘也。兩忘則澄然無事矣。無事則定，定則明，明則尚何應物之爲累哉？〔註150〕

明道於此談人之公患，所謂的自私與用智，因爲自私，所以不能爲公，所以在此要有克去己私的工夫，整菴所謂的克己則無我的意思，能克去己私則人能體現公理。又由於人的用智，而不能以明覺爲自然，人以其自己的看法加於物上，而不能順萬物而無情之累，故要做到物來順應，而不能有穿鑿的意見，要回歸物之理來對待之，此如明道所謂的「服牛乘馬」〔註151〕的意思，不是吾人要馬如此，而是馬的本性就眞是如此而吾人待之以如此，否則何以不乘牛服馬呢？整菴在此認爲若要順應物之理而無自己的意見摻於其中的話，便要格物窮理，格物才能得知物的客觀道理，而不是自我的主張，這裡整菴稱之爲「物格則無物」。明道在此是以〈艮卦〉的内外兩忘爲例，所謂的忘内，乃忘其有我之身，忘外，不受外物之干擾，只有實理之見。〔註152〕故

〔註149〕「唐之禍亂本於李林甫，宋之禍亂本於王介甫。林甫之禍唐，本於心術不端，介甫之禍宋，本於學術不正。」羅整菴：《困知記》（北京：中華書局，1990年），頁 87 言。整菴批評此二人之誤，所以工夫在格物窮理以防學術不正：工夫亦在誠意以防心術不正。

〔註150〕《二程集》（上）（台北：漢京文化事業出版有限公司，1983 年），頁 460～461。

〔註151〕「服牛乘馬，皆因其性而爲之。胡不乘牛而服馬乎？理之所不可。」同上註，頁 127。程子的意思乃，道理是如此，而不是出於私意。

〔註152〕伊川對於艮卦的解釋，亦是所謂的「無物無我」之意思，其解「艮其背，不獲其身；行其庭，不見其人，無咎。」言：「所見者在前，而背乃背之，是所不見也。止於所不見，則無欲以亂其心，而止乃安。不獲其身，不見其身也，謂忘我也。無我則止矣。不能無我，無可止之道。行其庭不見其人：庭除之間，至近也。在背，則雖至近不見，謂不交於物也。外物不接，内欲不萌，如是而止，乃得止之道，於止爲無咎也。」〈易程傳〉《二程集》（下）（台北：漢京文化事業有限公司，1983 年），頁 968。從伊川的解釋裡亦看出物我、内

可見整菴的工夫論是繼明道、朱子的工夫而來，而且是巧妙的接合了明道與朱子。至於明道與朱子的工夫是否有衝突，於第三章討論之。

在此吾人以「物格則無物」及「克己則無我」來分章節，以做爲整菴工夫論的討論。

（一）物格則無物

《大學》于格物致知工夫後談誠意之學，而《中庸》也談「明則誠矣」。但《中庸》除了談「明則誠矣」之進路外，還談一個「誠則明矣」之進路。但朱子既然以《大學》做爲工夫架構去解釋其他經書，則工夫當該只有由明導誠的工夫，這也是朱子所謂的下學而上達的意思；從誠到明的工夫入路，朱子認爲這是聖人才可能的，《大學》之思想是爲學者鋪路，不是講給聖人資質者聽的，故朱子亦不教導這種進路。但無論如何，朱子學的《大學》進路，必先起於所謂的格物工夫，而不能先由誠導明，因爲誠者是天之道，聖人才可能。在此整菴也是這個意思，〔註153〕所以整菴亦說「格物致知，學之始也。」〔註154〕

格物窮理之學，本是朱子學工夫，在此整菴承繼朱子學，但整菴是否有發揮出更多於朱子格物思想的義蘊呢？其所謂的「物格則無物」中的無物意思，便是整菴的創新說法，而且可以不矛盾於朱子學而有所發揮。其對於格物的定義如下：

> 格字，古註或訓爲至，如「格于上下」之類；或訓爲正，如「格其非心」之類。格物之格，二程皆以至字訓之，因文生義，惟其當而已。呂東萊釋「夭壽平格」之格，又以爲「通徹三極而無間」。愚按，「通徹無間」亦至字之義，然比之至字，其意味尤爲明白而深長。試以訓「格於上下」，曰「通徹上下而無間」，其孰曰不然？格物之格，正是「通徹無間」之意，蓋工夫至到，則通徹無間，物即我，我即物，渾然一致，雖合字亦不必用矣。〔註155〕

外兩忘的意思。

〔註153〕「謂『金針爲秘法而非心』，見之明矣。彼指金針爲心者，果不明耶？殆不誠矣。不明之過小，不誠之罪大。」羅整菴：《困知記》（北京：中華書局，1990年），頁147。整菴認爲工夫由明導誠，而明指的是心，指心的虛靈明覺，如佛氏可以言心，而談不到性，乃是有明的工夫，卻不能談到誠之天道本體，所以整菴說其不明之過小，不誠之罪大。

〔註154〕同上註，頁10。

〔註155〕同上註，頁4。

整菴對於格物的意思作一訓詁學的定義，所謂格者，至也，這也是朱子的解釋。﹝註156﹞本來格者的意思，乃是祭祀時降神的意思，所以引申爲神至，而後爲至的意思。另外一種解釋，所謂格者，正也，如「格其非心」，這也是陽明所取的格物的意思，所謂面對事時，正其心，看面對物之心是正與否。格字當訓爲正或是至，整菴認爲還是訓爲至的意思較好，因爲格字後接了一個物，整菴在〈答王陽明〉的第二封書信時，便起了個疑問，因爲其本著朱子的格物窮理之學，所謂格物若如陽明之訓爲正事，當鳶飛之事之理何須要人來正呢？這是天地化育的事，不是人所能正不正的事。其反對陽明的細節吾人於第四章文末討論之，在此不再詳述。所以整菴認爲二程對於格物的訓意，較爲正確。但整菴除此之外，又發現了呂東萊對於格物的意思有不同的註解，而且其認爲也是至字的意思，但又較至字語意深長，所謂的「通徹無間」的意思，而且是通徹三極而無間。也就是說格物乃是工夫，工夫後的結果，稱之爲物格，若能物格的話，在整菴而言，將達到物格則我與物一體的境界，而且還能通徹天地人之三才，我即天，天即我，也就是人的所做所爲，如天之所是，亦是達成了聖人境界的意思。整菴在理氣論上，天道至尊，理與氣必相合且一致，有是氣則有是理，故理氣之間不需言合；在心性論上，人不是天，要以人合天，人做到聖人才如同天道之流行，若能物格，才知原來天地人只是一理。在此整菴有如此的認爲：

　　　　天人物我之分明，始可以言理一。不然，第承用舊聞而已。﹝註157﹞
此意思如同李延平所謂的「理一分殊，終始條理。」﹝註158﹞亦是說要通貫三極之道，要從下學開始，如同李侗所言從三百八十六爻，一爻一爻格起，否則說說個理一，只是儱侗的泛說，如同說一貫，只有線，而沒有珠子，這是不切實際的。當然這也是格物的方法，要做到格物後的物格境界、或是知至的境界、通徹三才的境界，當然不是簡單而一蹴可成的事。

　　而整菴又說「物即我，我即物」，此意思其實乃是說心之所爲乃是依所格之物之理而行，我不再是私我，而是以超越之性理爲標準的意思。在此整菴又發揮的所謂的「物格則無物」的意思，也可算作對於「無物」作一定義。其言：

﹝註156﹞《四書章句集註》（台北：鵝湖出版社，1984年），頁4。
﹝註157﹞羅整菴：《困知記》（北京：中華書局，1990年），頁14。
﹝註158﹞見牟宗三先生《心體與性體》（三）（台北：正中書局，1996年），頁4。其歸納延平的思想有四點，第四點乃是「理一分殊，終始條理。」

余所云「物格則無物」者，誠以工深力到而豁然貫通，則凡屈伸消
長之變，始終聚散之狀，哀樂好惡之情，雖千緒萬端，而卓然心目
間者，無非此理。一切形器之粗迹，舉不能礙吾廓然之本體，夫是
之謂無物。孟子所謂「盡心知性而知天」，即斯義也。天人物我，其
理本一，不容私意安排，若有意於合物我而一之，即是牽合之私，
非自然之謂矣。勉強牽合，此處或通，他處復礙，何由得到盡心地
位耶？來書所舉無物之句，格字在物字上，恐一時筆誤也。〔註 159〕

此乃整菴〈答黃筠谿〉書，整菴對於格物或是物格的講法相當慎重。所謂的格
物是工夫、是動作，如同進行式的動作，所謂的物格是所謂的工夫之完成，如
同語法之完成式。所以說物格而後知至，或是說物格則無物，物格與格物之文
字順序不可顛倒。至於「無物」的意思又是什麼呢？整菴在此明確的作一定義，
能格物到物格的境界，則通徹三極而無間，這時候格物所得之理明瞭於心，粲
然明白，通體透明，而無復有形器之累，所謂的全氣是理，而沒有物欲的干擾，
也就是說這時人合於天，人做工夫而達至聖人的境界，人之氣如同天之氣一樣，
如同《中庸》以聖人比配天道一般。天之氣，有如是氣則有如是理，都是合理
的，而人在此時的一舉一動也都是合理的，當然這所得之理乃是知的層次，還
要有行的層次之誠意之學配合之，才是學以致用。整菴又認為，雖然這時說人
合天，但天人本來一理，更不用說個合字，一說合，把合字視為一個概念，概
念又有概念外的意思與之相對，〔註 160〕表示原本是不合的意思。而且整菴認為
不可把法天當作一種執定的理想而放在心上，否則又是一個光景，又將執著而
不自然。能達到此便稱之為盡心的境界，整菴所言的盡心境界的意思同於朱子，
朱子解《孟子》言的「盡其心者知其性也，知其性則知天矣。」其認為盡心與
知性的關係，乃知性在先，知性乃格物窮理之事，知得性理後，則心之全體大
用無不明，這時稱為盡心。這語句與「失其民者失其心也」的意思是一樣的，
失了民心才失民，同樣的，知得性理才稱盡心，當然這是朱子學的特殊解法，
亦可看出程朱理學派的重視格物窮理的意思。

而且從這一段可見上文整菴的「物即我，我即物」的意思，即然無物乃
無復有粗重之形迹，這時的我，不再是私我，而是依性理之公而行的我，我
的所作所為如同天道的運行之客觀化一般。故可見物即我的物字乃理的代名

〔註 159〕同註 157，頁 116。
〔註 160〕例如 a 與-a 相對，如同「合」與「不合」相對。

詞，是勝義，而物格則無物的物字是劣義。〔註161〕

　　整菴認爲《四書》幾乎都是這個道理，即先知後行的系統，例如《大學》如此，《中庸》也說「誠則明矣」，〔註162〕《孟子》的「盡心知性」之說，《孟子》的「知言養氣」之說，朱子、整菴也是把知言比配格物、養氣屬誠意之學，所以工夫次序一定是先知言而後養氣。《中庸》雖然談明則誠矣，屬先知後行之系統，但《中庸》一開始談性情之際，喜怒哀樂之發與不發，緊接著談到愼獨工夫，且整菴把愼獨工夫視爲誠意之學，何以《中庸》章句一開始談愼獨、誠意之學，而不是一開始便談先知後行的學問呢？《中庸》似乎不是如同朱子、整菴的看法，是先知後行之學，但整菴如此認爲：

> 《中庸》首言戒懼、愼獨，即《大學》正心、誠意工夫，似少格物、致知之意，何也？蓋篇首即分明指出道體，正欲學者於言下領會，雖不言知，而知在其中矣。末章復就下學立心之始說起，卻少「知」字不得，所以說「知遠之近，知風之自，知微之顯」。曰近，曰自，曰微，皆言乎其本體也，性也。曰遠，曰風，曰顯，皆言乎其發用也，道也。知此，則有以見夫內外本末，初無二理，戒懼、愼獨方有著力處，故曰「可與入德矣。」《大學》所謂知至而後意誠、心正，其致一也。〔註163〕

《中庸》一開始只談愼獨之學，而不言格物致知之學，整菴認爲不言格物致知而格物致知在其中矣。吾人認爲這種講法，似乎太牽強了，若如此言，則所有的書都可以說不言格物致知而格物致知在其中矣。朱子並沒有講得這麼牽強，朱子認爲《中庸》談了個「明則誠」，談了個博學、審問、愼思、明辨，這都是格物的範圍，他並沒有把天命一章說成不言格物而格物於其中，故可見不需要把經書枝枝相對、葉葉相當如此穿鑿的比配。整菴於《中庸》之後文又發揮朱子的格物窮理之說，認爲「知遠之近」等語，正是所謂的格物窮理，而知理一分殊的意思，要知道理一，所有的分殊都要去窮格，一旦豁然貫通便可知其理一，否則是頓悟之禪學。整菴認爲若如此談，《四書》的精神

〔註161〕「『無物』只是不爲物所蔽，不以辭害意可也。」見羅整菴：《困知記》（北京：中華書局，1990 年），頁 142。

〔註162〕整菴認爲《中庸》除了說「明則誠」之先知後行之意思外，還有一些話語亦是如此，例如：「余嘗再三尋繹，見得『致廣大』、『溫故』兩句是致知工夫，『極高明』、『敦厚』兩句是力行工夫。」同上註，頁 103。

〔註163〕羅整菴：《困知記》（北京：中華書局，1990 年），頁 70。

便爲一貫，乃孔門的一貫之家法的不同講法與面向罷了。

　　除了《四書》精神如此，整菴所欣賞的北宋五子所教人的工夫入路亦是先秦儒者之正宗承繼者，其這樣認爲：

　　　　二程教人，皆以知識爲先。其言見於《遺書》及諸門人所述，歷歷
　　　　可考。《大學》所謂：「欲誠其意者，先致其知。知至而後意誠。」
　　　　此不易之序也。及考朱子之言，則曰：「上蔡說『先有知識，以敬涵
　　　　養』，似先立一物了。」他日卻又有云：「未能識得，涵養箇甚？」
　　　　嘗屢稱「明道『學者須先識仁』一段說話極好。」及胡五峰有「欲
　　　　爲仁，必先識仁之體」之言，則又大以爲礙，卻謂：「不必使學者先
　　　　識仁體。」其言之先後不一如此，學者將安所適從哉！愚嘗竊以所
　　　　從入者驗之，斷非先有知識不可。第識仁大是難事，明道嘗言：「天
　　　　理二字，是自家體貼出來。」此所以識仁之方也。然體貼工夫，須
　　　　十分入細，一毫未盡即失其眞。朱子之言，大抵多隨學者之偏而救
　　　　之，是以不一，然因其不一而求以歸于至一，在我有餘師矣。〔註164〕

整菴發現了朱子的話語之矛盾處，其認爲這是因爲弟子之資質之不同，因材施教所不得已而說出的話，而整菴猜測朱子的工夫學，當該是以知識爲先，如此見解當爲正確，不過其認爲朱子言的工夫話語矛盾，可看出整菴對於朱子學的工夫入路，把握的不是很清楚。朱子學的工夫路數很清楚，有一定的程序，不是因材施教而反覆不一。整菴的眞正疑惑乃在於整菴忘了朱子學除了《大學》的入門工夫之前，還有一段小學的工夫，小學工夫若小時候沒有培養，就現在從頭開始培養。若如此識之，則朱子學的工夫話語，橫說豎說都是對的。整菴只談到朱子學的明而後誠的工夫，反而把朱子言的小學的工夫遺漏了。若知此，則朱子的話語便解的通。而朱子評上蔡的「先有知識，以敬涵養」一段，這是朱子學的先涵養、後察識的意思，先有小學的工夫基礎，但這小學工夫也是一輩子的工夫，不是到了大學之後便可放棄，所以朱子認爲上蔡的先有知識，以敬涵養，把順序顛倒了，如同先立了一物一般。涵養是涵養本源、涵養氣心的工夫，這是未發時的工夫；而上蔡的意思其實也不是談所謂的知識之學，朱子把上蔡的察識之學，識仁之學，以覺訓仁之學，看作是察識，是虛靈明覺，而察識工夫在朱子而言是已發的工夫，這次序是不能先於涵養之未發工夫。朱子於〈知言疑義〉裡，批評上蔡：

〔註164〕同上註，頁21～22。

聖人下學而上達，盡日用酬酢之理，而天道變化行乎其中耳。若有
心要本天道以應人事，則胸次先橫了一物，臨事之際，著意將來把
持作弄，而天人之際終不合矣。大抵自謝子以來，雖說以洒掃應對
為學，然實有不屑卑近之意，故繞說洒掃應對，便須急作精義入神
意思，想像主張，惟恐其滯於小也。〔註165〕

從這一段更可看出朱子反對上蔡思想的理由。上蔡雖然也談朱子所謂的掃灑
應對之學，所謂小學工夫。但是上蔡也說以覺訓仁之進路，所以覺情在上蔡
而言反而更為重要，所以上蔡說「先有知識」，乃是所謂的察識也，這其實也
是明道的意思，所謂仁者便是「不痿痺」，而且明道也說學者須先識仁，但朱
子不批評之，反讚許之。〔註166〕而一旦朱子認為不必先識仁時，又把此識的
意思，解為察識，而察識在涵養之後，故朱子學的工夫橫說豎說都可以解得
通。若如此便可看出朱子學與上蔡思想的差異。而從朱子反對上蔡思想這段
話裡看出朱子學的進路，其工夫入路乃下學而上達，所謂明而誠的工夫，若
是上蔡的工夫，則是要先頓悟、先察識，所謂的誠而明，所謂頓悟而不是漸
修之學，這是為朱子所反對的。朱子反對上蔡的先有識的意思，若識是察識
當為涵養之後的工夫，若識是識仁，乃是先要體會天理的意思，所以朱子說
其不屑於小事，馬上想要精義入神，達到最高的境界，這是一步登天，朱子
學無論如何都不能同意的。而且若如此先懷著上達天理之想法，胸中橫了一
物，似有光景的意思，反成毛病，就如同人尚未成功，總是想著急著收穫，
則容易在工夫上有所助長，反成毛病。

　　而朱子稱賞明道的「學者須先識仁」一段意思，何以上蔡的以覺訓仁繼
承之，反而為朱子所批評呢？在此有二個可能性，一是朱子為賢者諱，不忍
批評賢人明道，所以批評其學生；另一可能性，乃朱子把明道的「識仁」看
作是《大學》的工夫，所謂的窮格性理（仁是理）的意思，所以朱子不批評
明道。至於胡五峰的意思，所謂「欲為仁，先識仁之體」，其實這也是明道、
上蔡的以覺訓仁的精神，所謂的盡心以成性的思想，〔註167〕但朱子把五峰視

〔註165〕《胡宏集》（北京：中華書局，1987年），頁332。
〔註166〕朱子對於〈識仁篇〉的評論，有時讚賞，有時說意境太高，學者難入。
〔註167〕朱子言：「熹謂『以成性者也』，此句可疑，欲作『而統性情也』，如何？」《胡
　　　　宏集》（北京：中華書局，1987年），頁328。看出朱子言心是用來漸修而非
　　　　頓悟用的，朱子的工夫，所謂格物窮理者，與胡宏的工夫──心可以先體悟
　　　　仁體、性理、天道是不同的。

爲與上蔡同類，其疑五峰《知言》的「本天道變化，爲世俗酬酢。」〔註168〕便是要先悟入天道，這順序在朱子的架構裡是錯的。又《朱子語類》裡，批評五峰如下：「《知言》疑義，大端有八：……不事涵養，先務知識，氣象迫狹，語論過高。」〔註169〕由此亦可看出，他把上蔡與胡宏歸爲一類，批評其二人不先務實的做小學的涵養用敬之學，而一下子要達到天道的境界，這會使學者產生躐等的毛病，對學者是有害的。

從整菴疑朱子工夫入路的矛盾語，看出整菴對於朱子的小學工夫之不熟悉，以致於覺得朱子學的工夫有矛盾。但在《大學》工夫之入路裡，整菴所理解的朱子學工夫無誤，也看出整菴所理解的朱子學工夫，是所謂的由明到誠的誠明兩進之工夫入路。

朱子的格物之學，與整菴學一樣，都是反對所謂的頓悟之學，若如此言則格物必爲漸教，今日格一物，明日格一物，而到有所豁然貫通之境。在此整菴有如是言：

> 格物之義，凡高論所及，皆學者之所習聞，但於「豁然貫通」處，不知何故略不拈及？程子曰：「學而無覺，則亦何以學爲哉！」此事全在覺悟，不然，雖格盡天下之物，內外終成兩片，終不能無惑也。僕言「理一分殊最盡」，只是說道體，又嘗言，「所貴乎格物者，正欲即其分之殊，而有見乎理之一」，方是說下學工夫。舉「分殊」則事物不待言矣，說「正欲」，便是教學者於分殊上體認。果能灼見此理之一，精粗隱顯，上下四方一齊穿透，尚安有毫髮之不盡乎？此則所謂物格而知至也。僕雖不敏，曷嘗「徒守理一分殊之說」！但遍觀自古聖賢論學，未有專事於博，而不歸諸約者，故常以反說約爲主。〔註170〕

整菴認爲，對於格物窮理之工夫而言，不是只死守的去格物窮理，只懂些物的道理，而是要悟入天理。但何以朱子又反對上蔡先有察識以期天理之說呢？朱子認爲每天格一物，便自然會悟入天理，若先將天理存於心中，反成障礙。朱子等於左右開弓，在左邊反對類似心學、佛學的頓悟之學，把上蔡、胡宏也歸入於此；於右邊，反對文字訓詁之學，只懂得讀書，而不知精義入神，所謂的

〔註168〕同上註，頁 331～332。
〔註169〕《朱子語類·卷101》（七）（台北：文津出版社，1986 年），頁 2582。
〔註170〕羅整菴：《困知記》（北京：中華書局，1990 年），頁 159～160。

玩物喪志。故整菴以程子的「學而無覺」之意思來批評之，可以看出其解程子的覺的意思，必不是上蔡的覺的意思，而是心之虛靈便有覺，若不懂得覺，則流爲文字學家，還不到安身立命之學。而且格物窮理之把握，便是要能豁然貫通，整菴所謂的善觀的意思。在此整菴又以理一分殊來談，因爲談分殊的話，其認爲便可別於所謂的佛學、心學等，因爲朱子整菴學認爲佛學只是渾淪的頓入理一，而不從分殊之物一一格起。此朱子意思，延平已經談到，朱子寫書信給延平，談理一分殊的問題，延平批閱其書信認爲，程子言的理一分殊，孟子義理已有之，（孟子雖沒有明言理一分殊，但以延平意思視之，孟子有理一分殊之義理）便是怕人落空如釋氏。〔註171〕而整菴又認爲所謂道體便是理一分殊，從理一自然流出分殊，天地之性自然與氣質相結合；而所謂工夫便是從分殊著手，而到豁然貫通始可，所謂的覺便是覺此，而不是一有覺便可少缺下學之工夫入路。此也是整菴所謂「物格而後知至」，所謂「物格則無物」的工夫路數。

　　整菴除了談格物工夫外，亦重視所謂誠意的工夫，其言之爲「克己則無我」。此節討論之。

（二）克己 〔註172〕 則無我

　　誠意的工夫，整菴比配到《中庸》的愼獨的工夫，〔註173〕其本著朱子學，朱子認爲心發爲意，心在發而爲意表現出來後，才可於此抓住用工夫，意能誠後心才能正。而此又可以比配到愼獨工夫，因爲《大學》談誠意時，是談母自欺的意思，所以說君子必愼其獨也。而《中庸》也談所謂的愼獨之工夫，於是整菴便把兩者結合起來，〔註174〕其認爲：

　　　先儒言：「情是性之動，意是心之發。」發動二字亦不相遠，卻說得
　　　情意二字分明。蓋情是不待主張而自然發動者，意是主張如此而發

〔註171〕岡田武彥主編：《延平答問》（台北：中文出版社，日本寶曆六年刊本），頁196～197。當然孟子是否有理一分殊之思想，可以再議。
〔註172〕克己工夫在整菴而言是誠意的工夫：「《大學》誠意是一刀兩段工夫。」羅整菴：《困知記》（北京：中華書局，1990年），頁102。這是表示所謂的誠意乃克己的工夫，而且是克去己私，天理與人欲（劣義）不可並容的意思。
〔註173〕「《中庸》首言戒懼、愼獨，即《大學》正心、誠意工夫。」同上註，頁70。
〔註174〕「《中庸》未嘗言心，言戒懼愼獨矣，戒懼愼獨非心而何？」同上註，頁126。在此看出整菴合《大學》與《中庸》的意思，愼獨乃正心誠意之事，所以與心有關，誠意乃心發爲意，亦是心上之工夫。

　　　動者。不待主張者，須是與他做主張，方能中節。由此心主張而發
　　者，便有公私義利兩途，須要詳審。二者皆是慎獨工夫。〔註175〕

情是性之動，意是心之發，這本是程朱學者的講法。何以性發為情呢？一個是
形而上，一個是形而下，但二者不是斷然而不相干，這是本著《中庸》思想而
來，也是朱子的〈仁說〉裡的意思。《中庸》談所謂的中、所謂的大本，這便是
天命之性，便是中體，中體發而為喜怒哀樂，故可見性發而為情，〔註176〕但此
發並非性轉變為情這種特殊的改變，真實而言，性情不離不雜，情感未升起時，
一性渾然，道義全具，這時的理稱為太極，太極不離二氣。一旦情感升起而為
喜或怒或哀或樂，這時太極之理界為四破，而搭在情感上，而為喜之理、怒之
理等，或稱之為仁義禮智等，這也是朱子常以春夏秋冬、仁義禮智、喜怒哀樂
等相為比配，真實而言，此乃即氣言理，即情言性。因為仁義禮智是性理，而
喜怒哀樂是四端之情感，而性發為情，真實言之，性乃本然之性界為四破而為
仁義禮智，而情乃從未發到已發，性本身不動而隨著情之發而為情之理，未發
之前，性與氣相雜，情之發乃氣發，若中節便是四端之情。

　　整菴在此把朱子學的性發為情、心發為意之意思講得很清楚，亦是守住
朱子學的脈絡。其認為心發為意，意乃意欲，乃是考慮計度之後，而有這種
意欲之企圖，這稱之為意。但性發為情與心發為意不同，情是指情緒，情緒
之發都是突然的，所以整菴以朱子的立場談「意是心之所發」為有所主張而
發者，而性發為情乃不待主張者，即來不及打算的意思。那麼工夫在那裡做
呢？以朱子的心統性情而言，工夫在心上做，平日有涵養，有格物，則心氣
沈澱，氣質較好，故雖有突然之事之發生，情緒亦常能中節，所謂的性發為
情還是由心以主導性情。除了性發為情之外，心發為意雖為有所主張，而不
是突發的，但是人心的意欲常是自私自利的，故要有工夫之修持，才能讓心
之所發，常依於性理而發，所謂的大公無私，在此整菴認為二者（性發為情，
心發為意），都要用慎獨的工夫，亦是誠意的工夫。若能如此意之發便能合理

〔註175〕同上註，頁 72～73。
〔註176〕朱子〈仁說〉有這樣的意思：「吾之所論，以愛之理而名仁者也。蓋所謂情性
　　　　者，雖其分域之不同，然其脈絡之通，各有攸屬者，則曷嘗判然離絕而不相
　　　　管哉？吾方病夫學者誦程子之言而不求其意，遂至於判然離愛而言仁。」《朱
　　　　熹集》（成都：四川教育出版社，1996 年）卷六十七，頁 3543。此朱子本著
　　　　伊川思想的愛情仁性之說及不可以愛為仁，來談性發為情的思想。性與情雖
　　　　不同，但不是沒有相關。

而不循私，而情之發便常能中節，而不會過與不及。

　　整菴依朱子之路數，除了把《大學》工夫與《中庸》工夫整合起來，於《論語》裡，認為孔子也是本著這種精神，〔註177〕故其教導顏回克己復禮之工夫。以顏回的修養德性，還需要什麼克己工夫可言呢？整菴認為：「顏子之猶有我，於『願無伐善，無施勞』見之。」〔註178〕顏子談自己的志願時，說到希望自己能夠做到無自誇其優點，表示自己還有私心在，還不能如天道一樣，不言而信。整菴依於此，對於孔子之告誡顏子守著克己復禮之思想，有著精彩的闡述，其言：

　　　　顏子「克己復禮」，殊未易言。蓋其於所謂禮者，見得已極分明，所謂「如有所立卓爾」也。惟是有我之私，猶有纖毫消融未盡，消融盡，即渾然與理為一矣。然此處工夫最難，蓋大可為也，化不可為也。若吾徒之天資學力去此良遠，但能如謝上蔡所言「從性偏、難克處，克將去」，即是日用間切實工夫。士希賢，賢希聖，固自有次第也。〔註179〕

孔門四科裡，顏淵於德行科屬第一，若顏子於克己復禮工夫上還做不好，則其他弟子更不用說了，但整菴認為顏子已經做得不錯了，只差孔子一步，所謂的大可為而化不可為，若能作好克己工夫便如孔子的境界。可見整菴認為做克己的工夫很難，故教人倣效上蔡之方法於難處下工夫，此意思上蔡是依於程子而來，例如程子認為克己最難，又說眼睛最怕看尖東西，把空中都放尖東西，一定要以理勝之。〔註180〕此認為眼睛最怕看尖物，這是循目之私欲，若要做到公的境界，則必需以理為準，物雖尖，但理上不害人，要以理勝之，但克己很難。除此之外，明道的〈定性書〉說到：「夫人之情，易發而難制者，

〔註177〕整菴順著朱子學把《大學》、《中庸》、《論語》合而言之之外，其認為，還有《孟子》也是誠明兩進之工夫路數，其言：「孟子以『勿忘勿助長』為養氣之法。氣與性一物，但有形而上下之分爾，養性即養氣，養氣即養性，顧所從言之不同，然更無別法。子思所謂『戒懼恐懼』，似乎勿忘之意多，孟子語意較完也。」見羅整菴：《困知記》（北京：中華書局，1990年），頁10。整菴把戒慎恐懼之慎獨意思，比配到孟子的勿忘的意思，若如此，孟子的工夫也是誠明兩進之工夫。

〔註178〕同上註，頁11。

〔註179〕羅整菴：《困知記》（北京：中華書局，1990年），頁11。

〔註180〕「目畏尖物，此事不得放過，便與克下。室中率置尖物，須以理勝佗，尖必不刺人也，何畏之有！」《二程集》（上）（台北：漢京文化事業有限公司，1983年），頁51。此為二先生語，不知明道還是伊川所言。

惟怒爲甚。第能於怒時遽忘其怒，而觀理之是非。」〔註181〕這也是要人克去
己私，而以公理爲準，或所謂的「君子以懲忿窒欲」的意思，這些是私欲、
私我，或說是氣質之偏，〔註182〕故要以公理爲是非之標準才可。

整菴所談的公，乃是伊川、朱子的傳統之承繼，伊川認爲，所謂的公而
以人體之便是仁。公是仁的特性，〔註183〕亦是說公不是仁，但能有仁德便可
表現出公的特性。公乃是私的對反，所以整菴說克己則無我，克去自己的偏
私之人欲，則所表現者便是性理之流行。在此朱子對於伊川的公的說法有所
承繼之，其言：

> 仁是本有之理，公是克己工夫極至處。故惟仁然後能公，理甚分明。
> 故程子曰：「公而以人體之。」則是克盡己私之後，只就自身上看，
> 便見得仁也。〔註184〕

公本來只是形容詞，作爲客觀性、普遍性而言的意思，在程朱學者系統下，
公可以說是境界，也可以說工夫，有時甚至也可以說是仁理。朱子認爲公是
克己之工夫後的境界，亦是說對治了私我之後，沒有一毫的人欲於其中，這

〔註181〕同上註，頁 461。

〔註182〕「丘文莊公雅不喜陳白沙。《大學衍義》中有一處譏議異學，似乎爲白沙發也。
然公之文學固足以名世，而未有以深服白沙之心。其卒也，白沙祭之以文，
意殊不滿，此殆程子所謂『克己最難』者也。」同註 179，頁 39。此批評白
沙的心學，批評其不做格物窮理、誠明兩進之工夫，所謂的去人欲、存天理
的工夫，更是容易以個人的想法來看待事物，而達不到公的境界，而且每人
以其氣質之偏，於現實生活上，每個人如同無視窗的單子一樣，不能溝通，
不能聽進別人的勸導，而且總是犯同樣的錯，爲私己之氣質所限，而不能達
到公的境界。

〔註183〕「『當理而無私心則仁』，乃延平李先生之言，而朱子述之者也。此言須就人
事上體認，內外兼盡，則仁之爲義自明。或謂『當理即無私心，無私心即是
當理』，而以析心與理爲未善。是蓋知其一，而不知其二也。且如齊桓公攘夷
狄以尊周，漢高祖爲義帝發喪，孰不以爲當理？謂無私心得乎？又如直躬之
證攘羊，申生不忍傷父之志而自覺，其無私心不待言矣，謂之當理可乎？果
如或者之言，則王伯將混爲一途，而師心自用之害，有不可勝救者矣。」同
註 179，頁 93，此乃分別公與理之間的細微之不同，亦是反駁陽明所批評朱
子的析心與理爲二之未當。以陽明學認爲，良知呈現，自然合理，自然爲公
而無私心，故二者好像是套套邏輯般的涵蘊著，但整菴舉反例，其認爲無私
心與理之間有距離，其本乃是朱子學的心與理爲二之思想。其認爲恭世子申
生無私心，但是不格物窮理，亦陷其親於不義。而齊桓公雖知得理，亦以理
爲尊，但是行其私心。整菴以此證心與理之不同。而且從整菴這段文字上看
來，工夫亦是誠明兩進才能阻止這些敝端。

〔註184〕《朱子語類，卷六》（一）（台北：文津出版社，1986 年），頁 116。

時只是性理之呈現，而性理無氣質之偏所限制時所表現者便是公，這裡說的公便是境界。至於公是所謂的工夫，也就是說工夫就是讓自己能有公心，而不是私心，若如此稱之爲工夫。又公有時可以稱爲仁，前文說公不是仁，公而以人體之才是仁，但是有時用語不細密，亦稱所謂的公理、仁理，即是說仁理便是公，而不傾向於一人之私。而在此段裡，朱子的意思，公是仁的形式特性，所謂的仁便能公，而要達到仁的方法，便是克己復禮，克去私我，讓心氣之氣質澄清，便容易見理而依理而行。

在此而言公是否會流於所謂的墨家的兼愛呢？吾人認爲不會，因爲伊川特別強調以人體之才是公，而不是齊頭式的平等，人倫裡便有親疏厚薄，若如此則是從親親而推及仁民而愛物，便是循序漸進，而不流爲兼愛。且伊川說〈西銘〉之理一分殊時，便故意與墨子的兼愛分別開來。朱子有這樣的解說：

> 劉剛中問：「張子〈西銘〉與墨子〈兼愛〉何以異？」朱子曰：「異以理一分殊。一者一本，殊者萬殊。脈絡流通，眞從乾坤父母源頭上聯貫出來，其後支分派別井井有條，隱然子思『盡其性，盡人性，盡物性』、孟子『親親而仁民，仁民而愛物』微旨，非如夷之『愛無差等』。且理一，體也；分殊，用也。墨子〈兼愛〉只在用上施行。如後之釋氏人我平等、親疏平等、一味慈悲，彼不知分之殊，又烏知理之一哉！」〔註185〕

朱子認爲所謂的理一分殊乃有本有源，從天理之源頭流出而分殊，與子思子的盡己性、盡人性等之意思推擴出去有異曲同工之妙。在此朱子話鋒一轉，批評佛學之無本，也批墨子的兼愛是二本之學，不知理一分殊之意思。而且不從格物窮理入路，這種理一是空頭而無根的。

理解仁之公義，需在「克己則無我」處用誠的工夫。若比配到《論語》而言，此誠的工夫是踐仁之事，整菴便以朱子學的誠明兩進之意思，比配到所謂的仁之事與知之事。〔註186〕其這樣認爲：

〔註185〕轉引自見沈善洪主編：《黃宗羲全集》（三）（杭州：浙江古籍出版社，1992年），頁924。此文不見於《朱子語類》，吾人尚未尋見，故暫以轉引。

〔註186〕「理無往而不定，不定即非所以爲理。然學者窮理須是看得活，不可滯泥。先儒多以善觀爲言，即此意也。若看得活時，此理便活潑潑地，常在面前。雖然如此，要添一毫亦不得，減一毫亦不得，要抬高一分亦不得，放下一分亦不得，以此見理無往而不定也。然見處固是如此，向使存養之功未至，則此理終非己有，亦無緣得他受用，故曰：『知及之，仁不能守之，雖得之，必失之。』」羅整菴：《困知記》（北京：中華書局，1990年），頁67～68。在此

> 存養是學者終身事，但知既至與知未至時，意味迥然不同。知未至
> 時，存養非十分用意不可，安排把捉，靜定爲難，往往久而易厭。
> 知既至，存養即不須大段著力，從容涵泳之中，生意油然，自有不
> 可遏者，其味深且長矣。然爲學之初，非有平日存養之功，心官不
> 曠，則知亦無由而至。朱子所謂「誠明兩進」者，以此。省察是將
> 動時更加之意，即《大學》所謂「安而慮」者；然安而能慮，乃知
> 止後事，故所得者深，若尋常致察，其所得者，終未可同日而語。
> 大抵存養是君主，省察乃輔佐也。〔註187〕

朱子學談存養時，本是小學工夫，而小學工夫以敬涵養之，到了大學亦不可
廢，甚至終身都不可廢。伊川言的「涵養須用敬，敬學則在致知」，便是言致
知與涵養的工夫，在整菴而言，辭語改爲誠明兩進的工夫，是一樣的意思，
故可見涵養工夫便是誠意的工夫。而朱子認爲，靜時涵養，動時省察，格物
讀書便是省察之事，但是整菴把省察視爲是涵養的一部分，所以其言，省察
乃知止後的事，所謂的安而慮者。這些只是工夫的小細節之分類罷了，但可
以看出整菴把涵養視爲是誠意的工夫。涵養有兩種，所謂的小學與大學的涵
養，小學的涵養因不明理所以先以敬綁住。明理之後的涵養又不同了，這時
亦可以稱爲誠意之學。朱子的涵養之學，是涵養氣心，讓心氣沈澱，容易見
理。而誠意亦是心上工夫，讓心統性情之心能誠，則性發而爲情，心發而爲
意，都能合理。所以涵養不能獨行，還要有明理輔助，如同鳥只有一個翅膀
是飛不動的。這也是整菴所認爲的若只是知及之，而仁不能守之，即氣心不
涵養，不能守住仁之性理的話，則總有失去的一日。若如此詮釋，則《大學》
的工夫與《論語》的工夫是一致的。

在此吾人對於朱子乃至整菴學之工夫論談一個問題，如果整菴言的理不活
動，而人有是氣質，則有是理，人又如何可以改變其氣質呢？在朱子伊川而言，
理本身不活動。但是心是氣之靈，而能夠依理而格物窮理，故能變化氣質，而
讓氣質清明，而可以照見理，但這沒有必然性。因爲既然氣是被決定的，例如
某人生而愚濁，又不願去格物，那麼成聖的必然性便沒有了。而在整菴而言，
理也是不活動，而是氣活動。在天地而言，沒有所謂的濁氣可言，因爲天地至

整菴以「知及」爲格物窮理之事，以「仁守」爲誠意工夫之事，也是孟子的
金聲而玉振談仁智的意思。

〔註187〕同上註，頁10。

善，也不需格物窮理；整菴的心性論的工夫論部分，性不活動，只是心能活動，心是否願意依理而行呢？這回答將是沒有必然性。那麼朱子學將只能滿足於沒有實踐上的必然之性善論了。這也是朱子學工夫論的限制。

以上便是整菴的誠明兩進的工夫意思，大致而言，其工夫論守住朱子學，與理氣論之發明自是不同。心性論、工夫論談到此，之後吾人就整菴學之理氣論與心性論所引發的問題，作一發揮與討論。

四、性與理之間的鴻溝及其哲學意涵——以道德之理爲存在之理所可能有之理論困難

本節吾人談性與理之間的鴻溝之問題，﹝註 188﹞或許也可以稱理與氣之間的鴻溝，此意思整菴已先提到了，其所用的辭語乃「罅縫」。﹝註 189﹞吾人先以朱子學開始，視朱子學的性與理之間將有何理論問題產生。性本指仁義禮智，而理乃存在之理，這時性與理常有其不一致產生，一個是道德理想，一個是現實存在之理。例如老子談「天地不仁」就有這意思，天地之運行是依物理、存在之理運行，而仁是道德，兩者之間有距離，或稱做性與理有距離；而當所謂的理乃是太極、乃是仁義禮智之時，這時氣的存在都是都是合理的，地震也有地震之理，但爲吾人的仁義禮智之心所不忍，這時理氣之間也有距離，因爲一個是人所發的惻隱之心，一個是地震（合於天地運行之理）。而整菴卻說沒有距離，其如何解決此中間的鴻溝問題呢？這問題其實也是大問題，在

﹝註 188﹞ 性即理一語，本自伊川先生所言，而朱子奉行不已，而整菴亦奉守之。但性與理之間常有一些鴻溝，例如那些呢？例如性是仁義理智，理是存在之理。存在之理常常有地震，有地震便有地震之理，而這些與吾人的仁義理智之不忍人之心是違反的。如何解決這衝突呢？一般有二種方式，有時性往理靠，或是理往性靠。當理往性靠的時候，便是指存在的道德化，所謂的存在都是仁義禮智的展現，那麼又如何解釋其理論所造成的鴻溝？存在界之天理都是善的，有時人不忍地震之發生，這是人的好生惡死之私心，而不是公心，甚至地震也是善的，只是不合於人，而不見得不合於公，所謂公的意思包括人心、動物之心等等都平等的意思。這是第一種解決鴻溝之方式。另一種解決鴻溝之方式，所謂的道德的存在化，牟宗三先生認爲的性理的減殺，而整菴不是如此，導論裡吾人談過牟宗三先生視整菴如同自然主義論者，如同告子生之謂性之傳統，吾人認爲整菴不是如此，整菴是把生（宇宙論的存在）性理化，而不是把道德往氣化界下拉，並非言存在便是道德、存在便是合理、以爲任何的壞事都是合理的意思。

﹝註 189﹞ 見羅整菴：《困知記》（北京：中華書局，1990 年），頁 29～30。第二十一條。

西方哲學亦認為是大問題，例如康德亦是做溝通自由與自然之間的鴻溝之工作，其解決的方式，有時用美學，有時搬出上帝，但中國哲學不談上帝，在此朱子學、整菴學有其自己一套的講法，故吾人本章節以中國哲學的重天道論者，例如朱子、整菴們的方式對上述之鴻溝問題做一溝通與解決。

本節部分，吾人有二個重點，第一談性與理之間的鴻溝，第二，談德福之一致的問題，但德福一致之問題於此只是概略性的談到，以後專書論之。〔註190〕

程朱學者所遵奉的「性即理」之思想，乃小程子所提出。原本小程子認為，在天為理，在人為性，性與理之間是分開言之的，而且其又言「在物為理，處物為義」，這意思，把自然之理與道德自由劃分開來。但其又謂性即理一語，在兩者之鴻溝中，又把二者關連於一致，性與理之間不需要第三者來溝通。而吾人思考其「性即理」之說法，是否會帶來一些難以解決的哲學問題呢？性本指仁義禮智，而理是存在之理，前者是道德、是自由，而後者談自然，在此自然與自由之間的距離是很大的。而且引申出一些問題，例如老子所言「天地不仁」，天地之理或許只是中性，而不管人的死傷，而聖人卻有不安不忍人之心，或說天道不與聖人同憂，這些似乎有一些距離可言，老子明言其不一樣，避免了撫平這距離之困難問題。而伊川、朱子，甚至整菴要如何補上這鴻溝呢？第一個方式，可以如同朱子的解決方式，所謂的理弱氣強，也就是理氣還是有距離，理管不住氣。或說如同朱子解解《中庸》的系統之方式，其認為「天地之大，而人猶有所憾」之意思便是指，天道還有是有所令人遺憾，這時人要贊天地之化育，故天道、地道與人道共合而為一綜合的天道，此是以綜合之天來包括分別之天的方式。當然這是朱子的意思，

〔註190〕此段內容，吾人本要對德福一致的問題作一系列式的處理，因涉及康德的原意，及牟宗三先生的修正康德之思想之處理，非全部重在整菴之學，故吾人把此段文字移於附錄，大意如下：康德在德福一致的要求下，逼出上帝的存在以作為保證，但康德這思路是在西方基督教神學之氣氛下所完成。在中國哲學裡，不談上帝，如何解決之？吾人採儒學進路解決之，先將儒學分為心學與理學二派。例如牟宗三先生的德福一致之心轉義取消了西方的上帝的存在之要求，吾人將此歸類為心學學者的看法，這不是吾人論文的重點，吾人重點在於中國客天道論論者，例如朱子、整菴的思想家會有如何的認定，亦把道家老子的思想作為談天道論者，作一比較與討論。若如此可以看出德福一致之系統的發展。而附錄之文主要還是以朱子、整菴思想為主，康德、牟宗三先生都是脈絡上的處理所必需交待的，但討論並不多。

整菴不滿，其認爲還有一個解決方式，這方式也是伊川所言的性即理的意思，而且理要往性方向來靠，因爲當性與理有距離，而要消除這些鴻溝時，有二種方式，或是性往存在靠攏，或是存在往性來靠攏。前者爲下墮之學，整菴不是如此，而是後者，其把存在性理化、把存在理想化，即是說把天地運行之一氣流行都視爲是理想的展現，都說成是仁義禮智的流行。但是或許有人質疑說，難道沒有看到存在與道德之衝突嗎（即天道是道德之理想，何以總是有天災害人，類似於此之問題）？例如上言所謂的天地不仁之講法。但在整菴而言，其認爲天道爲至公，雖有天災害人，但上天也不是要人永遠生存下去而不會死，而且地震雖不合於人心，但可能爲動、植物帶來好處，天道要照顧所有萬物，而不只是爲了人而已。但或許有人又如此回問整菴，所謂的人不是萬物之靈嗎？天地宇宙的目的所在，便是要人能實踐其天命，讓人能做道德實踐的事，不是如此嗎？但事實當該這樣說，人是天地萬物之靈又是自然之目的，乃是人的主觀的合目的原則下所見才是如此，離開了人的主觀合目的性，上天所創造的萬物，是否真的以人爲最高目的，或是萬物是有目的或是無目的，這都不可知。以上的講法是康德的講法，而整菴之學似乎不可用康德的主觀合目的原則之解決方式，因爲整菴的講法較朱子學而言，更重視超越的天理，朱子有時還認爲天地有所不仁是氣所造成的。但整菴明言，天地是好的，其所謂的不好，是在人心的有限看法下才爲不好，放開私心來看，天道便是至公無私。

從上可見，整菴的解決方式，其把天地與人分開，也是把心性論與宇宙的理氣論分開，在天地而言，是一切價值的標準，無所謂的理管不得氣之可能，氣的一來一往都有其理，地震有地震之理，理不是氣，但理不離氣，而且天地的氣都是合理的，亦是說在天道而言，都是理想的，理想也是現實的，凡存在即合理，地震也合理，這是尊天之思想，而不是尊人之思想，〔註191〕而且人要合於天，不只人合於天，其本來就相合了，（在此天人合一的問題，張載，程子都對，即天人合一與天人本一都對，因爲天人本一，但常受了污染，而又要做工夫以復性天之理想）。整菴認爲天地之一氣之流行，便是理想性的展現。

吾人可以問，爲何整菴不說以一理之流行爲主，而要說一氣之流行？當說一氣之流行時便是承認存在與現實，但這個承認現實乃是就天道論而言，

〔註191〕整菴並非完全不尊人，而是相對於朱子學而言，整菴更重視天道。

而不是就心性論而言，在心性論上，人的不約束自己而幹壞事，這不是整菴所能允許的。

吾人又可以問當天地不仁時，發生地震時又如何？整菴如何解釋這鴻溝呢？這時要以天地的方面來觀之，而不是以個人有限角度來看以人的有限角度觀之，因爲人情總是好生而惡死。〔註192〕天道只是一氣之流行，所謂的流行便合於兩端，便是要生也要死，不能好生而惡死。就像對待自己的小孩子一樣，要他成長茁壯，成名立業，但也是要他能吃苦耐勞，忍受辛苦，此乃天道，天道沒有不勞而穫的。故從天與人之各別的觀點上來看是不同的，原本相同，但是後來不同，受形後便有不同，這也是吾人於導論談及前人回顧裡，唐君毅先生的意思。

在此吾人引整菴的原文，以作爲論據。整菴於書信答書裡有言：

> 此章之說，賢友至以「爲盜得法」相難，可謂直窮到底。據鄙見，
> 爲盜得法，是一道也。此正當理會處，理會得透，方見斯道之大全。
> 〔註193〕

從這句話上看來，整菴似乎講了驚世駭俗的話語，所謂的爲盜得法是一道也。則整菴的思想竟然與其修養工夫論違背，而且是下墮之學。但其實不是如此，此段乃討論《困知記》五十三章義理之書信，此言：「道固無所不在，若搬木得法而不謂之道，得無有空缺處邪？木所從來或有非義，此其責在主者，夫豈搬者之過邪？若搬者即主，則其得法處自是道，得之非義自是非道，顧可舉一而廢百邪！」〔註194〕整菴在此就兩個面向而言，所謂的得法爲道，但若是得之非義，自是非道。這裡似乎指出了性即理之鴻溝之問題，所謂的道德之理與得法之物理之衝突，而整菴又如何解決呢？其分爲兩個面向的道德與自然之間如何溝通起來，即其如何用「性即理」這命題來把其歸爲一呢？且歸一之思想，便是整菴之所急於要完成的理論。吾人認爲在此還是可以用天道論與心性論之分法來談，即在天道論而言，天道本無所揀別，〔註195〕物理

〔註192〕前面言，依目的論的方式，整菴之重視性理，而性爲仁義禮智，那麼天地的目的，當爲仁義禮智，也是說人可以實踐道德爲最高目的，但這裡又推論天地不只爲人，也爲其他動物，那麼人的道德實踐不是最後目的，甚至仁義禮智也不是末後目的。但其實以整菴而言，天地便是仁義禮智，故天地也是目的，而不只人是目的，故其爲動物也是天地之仁義的呈現，此乃重天道論者的可能講法。

〔註193〕羅整菴：《困知記》（北京：中華書局，1990年），頁146。

〔註194〕同上註，頁40。

〔註195〕或許有人認爲天道無揀別，何以天道又能是道德的呢？其實明道認爲天道無

便是天理，天理也是道德性本身，能得物理之自然，便是與天契合，所謂順天者昌，逆天者亡。但在心性論裡，發現其違反道德，故不當爲之。這也有點類似明道所謂的天下善惡皆天理的意思。懂得如何搬木便是爲道得法，便是合於自然，但這自然卻違反道德，但在天地眼中，其所創生之物都合於自然法則，理沒有空缺處，但這在心性論上的偷東西是惡，卻在天地眼中，只是一體平鋪，這並非說天地允許人作不道德的事，或說天地之自然之理只是中性的，不知有道德的存在與否，而是天地無心而成化，其所創生之物，便有其創生之理，原本都是善的，木頭能被搬得動這也是要合得物理始得，故爲善，但若在心性論上來看，是在偷竊，這便是不應當了。亦是說道無所不在，這是理氣論上的原則肯定，而偷東西爲不當是心性論上的不許可。吾人認爲整菴這意思，可與明道的思想比配之。當然整菴本著伊川的性即理之思想，但其把理氣間的缺縫及性與理間的缺縫補了起來，還是有些後遺症，例如天與人之間的不同，例如上面的偷東西之例子裡，或者整菴必須以兩個觀點解決之，那麼這兩個觀點又如何縫而爲一呢？或者整菴把偷東西視作在天道而言只是東西的地方改變，但人道而言卻是有價值的不許可，亦是說還是要造成以天理的觀點與人的觀點之不同，這本是哲學的大問題，整菴解決其一，但不能解決其二，這是其理論之限制所在。

再看另一段的性與理之距離的問題，整菴有如是言：

> 所謂「理氣二物，亦非判然爲二」，未免有遷就之意。既有強有弱，難說不是判然。夫朱子百世之師，豈容立異？顧其言論間有未歸一處，必須審求其是，乃爲善學朱子，而有益於持循踐履之實耳。且如《中庸章句》所解「天命之謂性」，是人物之性一而已。《孟子集註》所解「犬牛與人之性」，又不免於二之。有志於學者，但草草讀過可乎？大凡兩說之中，必有一說至當，果見得到，雖有從有違，自無害其爲尊信也，不審高見以爲何如？〔註196〕

此書信本來是談論整菴《困知記》卷上之七十九章之問題，原文乃是：「朱子〈辯蘇黃門老子解〉有云：『道器之名雖異，然其實一物也，故曰吾道一以貫之。』與所云『理氣決是二物』者，又不同矣。爲其學者，不求所以歸于至一可乎！」

心而成化，天道亦是道德的，所謂的大德不德的意思，即天道是道德的，但不有意爲道德而成就了至善。

〔註196〕羅整菴：《困知記》（北京：中華書局，1990 年），頁 143。

〔註197〕首先其討論理氣論，理氣論與性即理之問題有何關係呢？理是性，又是仁義禮智之道德理想，仁義禮智之理想與存在之現實的氣之間是有距離呢？還是沒有距離？在整菴而言，天道之存在之氣便是理想的仁義禮智之呈現，故理氣之間沒有距離，性與理之間沒有距離，以整菴的言語來談便是理氣為一物。所以整菴認為朱子談道器其實一物這時講得對，何以朱子又有所謂的理氣決是二物之語呢？其實朱子說一物、二物都可，所謂一物，乃是理氣不離，但其不離乃是理保持其理想性、氣為現實性的有距離之相合的意思，所以朱子學可以說理弱氣強的話，而整菴卻不認為有所謂理弱氣強的意思，若如此則理論不能歸一，而且理氣不一致，則天理不是為至善，還不是真實的重天道論者。整菴除了於七十九章處舉出了朱子的不能歸一處，而且還談朱子解《孟子》與解《中庸》的部分，有其不一致處，這也是性與理之間的距離之問題。整菴認為朱子的《中庸章句》而言，人性、物性為同一個性，這乃是正確的。在物為理，在人為性。這時物性本是物理的意思，但是物之理與人之性是來自於同一個天道，人性之道德與自然之物理是同一個，則性即理，性即理沒有距離。但在解釋《孟子》時，整菴認為朱子有些差錯。朱子於犬之性與人之性處註解言：「人物之生，莫不有是性，亦莫不有是氣。然以氣言之，則知覺運動，人與物若不異也；以理言之，則仁義禮智之稟，豈物之所得而全哉？……蓋徒知知覺運動之蠢然者，人與物同；而不知仁義禮智之粹然者，人與物異也。」〔註198〕孟子的原意，人性重點應放在道德之性，而不同於動物之食色之性。而朱子在此似乎也是照顧到孟子的原來意思，所以以氣質之性的氣之昏濁來說動物無法把仁義禮智光顯而實踐出來。但整菴在此還要照顧到《中庸》的意思，所謂人性、物性是同一性，或是《易傳》的「乾道變化，各正性命」之意思，人物之性亦是同一仁義禮智之性。朱子的講法在程朱系統下本來無誤，其所謂的動物對於仁義禮智之稟豈所得而全哉的意思，乃是就其氣可否表現出所有的仁義禮智而言。但整菴認為性是同一個性，性就是理，物有物理，動物有動物之理、動物之性，難道有所不同乎？否則成了人有道德性，而動物只是自然之存在，人與物有距離，性與理之間有距離可乎？其實人與物都是理氣之相雜，在心性論而言，人高於禽獸，明道所謂「人則能推，物則氣昏，推不得。」〔註199〕的意思。但在天道

〔註197〕同上註，頁 24。
〔註198〕《四書章句集註》（台北：鵝湖出版社，1984 年），頁 326。
〔註199〕《二程集》（上）（台北：漢京文化事業有限公司，1983 年），頁 33。

論上看，不能說分判，天道沒有理想與現實之別，都是一氣之流行之至善的展現，都是一陰一陽之道體展現，所有的現實都是理想，有如是氣，則有如是理，這都是理之自然，都是天道至善的展現。其實這裡所談的人性、物性之異同否之問題，還是代表著整菴的性與理之一致的觀念，也是理與氣之一致的觀念，對於整菴而言，是把朱子學的理氣之鴻溝化掉，當作其理論歸一的完成。

　　而整菴與朱子學之理氣思想何者較能自圓其說呢？吾人認為是二個系統，但是整菴似乎更為尊天道論之意思，且整菴的思想義理有其歸一的意思，例如所謂的以理一分殊來貫穿一切，且把理氣一致化，似乎更有簡潔化的效果。但是因而天人不一致，因為要就天與人的兩個面向來談，這也是理論所造成不可免的另一衍生問題。

五、歷史之興衰問題

　　整菴對於歷史哲學的判斷為何呢？剛開始，整菴認為這是天道之運行，也是合於一氣之流行，亦是說歷史之治亂興衰，有其一定的命定，此命乃是合於天道的運行，其言：

> 蓋通天地，亙古今，無非一氣而已。氣本一也，而一動一靜，一往一來，一闔一闢，一升一降，循環無已。積微而著，由著復微，為四時之溫涼寒暑，為萬物之生長收藏，為斯民之日用彝倫，為人事之成敗得失。千條萬緒，紛紜膠轕而卒不可亂，有莫知其所以然而然，是即所謂理也。〔註200〕

此本是就天道論而言，即是在理氣論上來談，整菴的理氣論思想認為，有如是氣便有如是理，理氣之一致，都是天道的一氣之流行，理想的狀態而言，都是一陰一陽之往來而無止息。在天道之往來而言，整菴舉了四時之春夏秋冬，都是有其一定之秩序，有條理而不紊亂，萬物之生長收藏亦是如此，但整菴有一特定的看法，所謂的人事之成敗得失也是繫之於天道，若如此似乎視歷史之秩序成了一種命定論，人在此不需要努力，縱使努力，人力也是難以回天，歷史的命數若是不好的，只留得歷史的悲劇令人嘆息罷了。而且這種歷史的命定論又是合於一陰一陽之道，此何如呢？現實上就國力之強盛而言，我們可見，似乎如合於一陰一陽之規律，好像人一樣，盛極而衰，衰極而盛，亦如周子〈太

〔註200〕羅整菴：《困知記》（北京：中華書局，1990年），頁 4～5。

極圖說〉裡所說的「動極而靜，靜極復動」的意思。但若只是如此，縱使是強盛，而不恪尊於德行，這是霸道，不見得是王道，人的興盛與否不見得與道德有關，歷史也是。而整菴的重天道論思想還要面對孟子的王霸之辨之義理的挑戰，亦是說歷史的興衰不能只是強與盛罷了，還要有所謂的實踐王道與否的努力於其中才可。亦是說以前有三皇之盛世，而且是以德治天下，而後來歷史之混亂，三皇之盛世不再，但若依於天道的原則，一陰一陽之原則，三皇之世將來還有回復，這似乎是整菴此段話裡的意涵。

　　但不管如何，整菴的意思，歷史的命運似乎是合於天道的，而且是有規則可遵循的，有其一定的命術，整菴於其他段落談到：

　　唐府兵之法，最為近古，范文正公嘗議欲興復，而為眾說所持。道
　　之廢興，信乎其有命也。〔註201〕

這裡的講法認為，對於歷史的興衰，有其不可移之命數，如同《中庸》裡孔子認為道之不行已知之矣，〔註202〕這是當時的歷史命數所決定，但這命數孔子並未明言認為是天道所造成，還是人道之不努力所造成的。而且孔子認為的命數是否與整菴一樣，即認為這歷史的命數便是合於一陰一陽之道，已前曾有三皇之輝煌歷史，而現在氣命不好，將來會回復，所謂的天之道，無平不陂，一定會否極泰來的。孔子不見得有如是之說法。

　　但這種歷史的命定論，且是衰極必盛、盛極必衰的看法，似乎在整菴而言，已經有了鬆動了，整菴已經開始懷疑於這種講法，因為整菴似乎不再樂觀的認為三皇之世會再重現，而且從帝王之心機上看來，好像也盼不到了。而且從歷史之研究上來看，似乎的確不是如此的衰盛相間。整菴在此有這樣的解釋：

　　「天道之變，盡於春夏秋冬。世道之變，盡於皇、帝、王、霸。」
　　是固然矣。然一年之內，四氣常均，且冬則復春，春則復夏。自三
　　皇以至今日，蓋四千餘年，而霸道獨為長久，何也？豈天道往則必
　　復，世道將一往而遂不反耶？僅有一說，王霸之道雖殊，然霸者之

〔註201〕羅整菴：《困知記》（北京：中華書局，1990 年），頁 18。

〔註202〕孔子於《論語・憲問篇》裡亦談到：「道之將行也與？命也；道之將廢也與？
　　　　命也。」其中認為歷史的興衰有其命數，而且就公伯寮之命而談之，這裡孔
　　　　子的意思認為這命是繫於天，而不繫於人。但孔子並未談及歷史的命數便是
　　　　合於一陰一陽之道，興了再衰，衰了再興，或許天道的命數常是小人得逞，
　　　　總是衰，而沒有什麼興可言。

　　所假，亦必帝王之道。漢、唐、宋皆多歷年所，其間帝王之道固嘗
　　少試於天下。然則，雖謂之帝王之世，可矣。〔註203〕

整菴從歷史之興衰上來看，從三皇以降，每況愈下，似乎等不到清明盛世之來
到了，整菴也灰心了，於是整菴認為，雖然霸道得以長久，但是霸道之所假者，
還是以王道，若如此言，算是王道亦可，這種講法，似乎有點悲觀主義，也有
點像心靈戰勝法。悲觀的部分，乃認為王道之不可能；而心靈戰勝法之部分，
乃認為霸道之假王道者，便可以視為王道了。有點類似孔之嘆，不得見聖人，
得見君子斯可矣，或是不得中道而與之，而能得狂狷者亦可了。但其實比較而
言，還是不同，而且整菴的悲觀意味較重。因為孔子談狂狷、談君子都還是善
的，而整菴所談的以力假仁者霸，正是孟子所否定的霸道，這義利之辨是從心
之動機上來看，整菴守著朱子學，朱子雖然對於「義」之定義是仁義禮智之性
理，但此義理在於吾心，吾心判然知其為義還是為利，當外面事物之感應時，
中間的義理便應，毫無爽失，不會因為整菴是重天道論者，便看錯霸道者是為
義還是為利，亦是說在此整菴似乎顯得悲觀，而認為天道尚無澄清日。且對於
天道之治亂興衰，一治一亂之說，亦起了動搖。〔註204〕

　　整菴此時似乎處於過渡時期，其以孟子的天時之說做譬喻，其言：

　　七政之齊，書于《舜典》，五辰之撫，著在《皋謨》。孟子亦有天時
　　之說，其來遠矣。窮其本末，不出乎陰陽兩端。夫有氣斯有神，有
　　象斯有數，變化紛紜，胡可勝紀？然太極之妙，無乎不在。〔註205〕

〔註203〕同註200，頁31。
〔註204〕另一種說法（與吾人上文所言可融貫），整菴有如是言：「『當理而無私心則
　　　　仁』，乃延平李先生之言，而朱子述之者也。此言須就人事上體認，內外兼
　　　　盡，則仁之為義自明。或謂『當理而即無私心，無私心即是當理』，而以析
　　　　心與理為未善。是蓋知其一，而不知其二也。且如齊桓公攘夷狄以尊周，
　　　　漢高祖為義帝發喪，孰不以為當理？謂無私心得乎？又如直躬之證攘羊，
　　　　申生不忍傷父之志而自縊，其無私心不待言矣，謂之當理可乎？果如或者
　　　　之言，則王伯將混為一途，而師心自用之害，有不可勝救者矣。」羅整菴：
　　　　《困知記》（北京：中華書局，1990年），頁93。亦是說在此時整菴認為天
　　　　道其實還是合於一陰一陽之道，而歷史的轉移還是合於盛衰治亂之相續而
　　　　起，但歷史之真正能興盛，如引文所言，除了有天理之運行外，還要有人
　　　　心的治理，亦是說天理讓歷史合於一治一亂，而人有私心，使得這時的歷
　　　　史雖當理，但因私心過重，而不能實踐出王道。若如此，歷史真要有王道
　　　　出現，除了時機的重要外，還要有統治者的努力以去其私心，這也是整菴
　　　　後來對歷史哲學看法的發展。
〔註205〕同上註，頁93。

孟子談天時，認爲天時不如地利，地利不如人和，而以人和最爲重要，亦是說歷史之治亂興衰還是要以人和爲主，在此整菴似乎把歷史之命運轉其所繫，不繫於天而繫於人，但是整菴又說了此天時之說不出陰陽兩端，亦是又回到了天道之決定歷史之興衰的說法，而且是一治一亂之說。一治一亂之說某方面而言也是對的，如同所謂的天下合久必分，分久必合之說，這也是必然的對，只是視吾人如何定義這分與合罷了。天下合久後而更合時，我們還說這是處於一個大合之時，但總會分的。同樣的國家得以治理好，繼下的國君治理的更好，我們說這處於一大治之延續裡，但總有衰敗的時候，因爲治之後，不是上升，就是下降，上升時我們說還是治，下降便是亂，兩者都合於一治一亂之說法。而整菴之舉孟子的天時說若是指著所謂的五百年必有王者興的話，那麼肯斷的更多了，因爲一治一亂之說法等於沒說什麼，這是必然的，而五百年必有王者興的講法，歸之於一陰一陽之道，反而對於歷史的命數，有更多一點的肯認，而且認爲是天道所決定，其決定之，把氣之精華置於人的身上，人得之而爲聖王，亦天生聖人以治理國家的意思，而且還有對於聖王的出現的時間做一預測，當然現實上不是眞的如此，至少在整菴的時候便不講五百年必有王者興的話。眞實而言，整菴的兩個意思都有，即把歷史之命數視爲天道決定，也視爲人道決定，整菴正處於兩種思想之轉換中。

歷史之興衰若是依於一氣之流行，那麼歷史上的政治人物還要奮鬥嗎？歷史把人視爲工具，在天地眼中，人亦一物爾，人也是一個棋子罷了。人視似乎只是配合天道的演員罷了，而且歷史有其決定的命數，不管人的努力爲何，總是難以回天，或是說人縱使努力，但這成敗還是繫於天，縱使不努力還是有天道決定，這時的人又能做什麼呢？於是整菴改變了想法（眞實而言，整菴的歷史觀並沒有改變想法，而是天與人的重要性都涵於其中），其思想雖然尊天，但還是保留了人的努力的空間，所以人要做工夫以復本體、以法天道之理想。整菴干脆改變想法，其認爲歷史之命運乃是在於人，而不在於天。整菴言：

> 世道升降，繫於人，不繫於天。誠使吾人顧惜廉恥之心，勝於營求
> 富貴之念，三代之盛，未有不可復者。〔註206〕

整菴此語當有感而發，不知爲何，看到國家的不興盛，且很多人汲於營利而不知廉恥，以至於國家的衰敗，若還是坐而言，等著天時的必會興盛的到來，

〔註206〕羅整菴：《困知記》（北京：中華書局，1990年），頁104。

還不如人道的努力，讓它真實的到來。在此整菴明確的認為歷史之興衰乃人之所為，不是天之所為。而整菴又如何解決其前後之差別認同呢？所謂的歷史之興衰既是天道決定，又是人道決定呢？此意思當如吾上文之註解而言，天道的確決定歷史之興衰起伏，例如孔子努力的踐德，但天時不配合。但是當天道讓歷史之興盛時，還有一個重要因素，既人要努力而無私心，這時天時與人和搭配，王道才可能回復。故王道之決定與否，在整菴而言，繫於天也繫於人。

故吾人上文所問的問題，何以孔子之不能行道呢？孔子言道之不行已知之矣，而孔子又要踐仁以知天，天道真的是仁義道德嗎？否則為何道不可行呢？道之不行乃是由於天道的一陰一陽之運行走到了衰世，於是孔子於衰世而不能行其道，但是天道總會走到盛世，這時若人能像孔子一樣的努力，則事半功倍，而得其行王道，故孔子努力不懈，教育弟子，也留下好的榜樣，因為要能時踐出王道，天時與人和缺一不可。這當為整菴的歷史哲學之見解。

六、結　語

整菴思想以朱子學為主，而對朱子學有著更進一步的發明，其所為著要解決理氣之一致的問題，乃是因其理論更尊崇天道，比朱子學更重視天道論，而往明道所言的天理之至高無上發展，不只如此，而且把道器圓融而合一的講，以免天道有不理想產生，所謂的理只是氣之理的意思，這種講法也自成一說，等於是朱子學的另一種型態之發展。以其天道論、理氣論如此，故心性論、工夫論，便是要以人合天，以人法天的思想，雖然整菴亦不喜歡用「合」字，其認為天人本一，人雖本有性善，但現實上人也有很多污染，而不如天道的純粹，故人的做工夫便是回復天道之本體，如此而言，把惡視為人的問題，不是天的問題。而對於其本著伊川而來的性即理所衍生的問題，如自然與自由問的差距，在整菴的系統下，亦以尊天的方式解決了，但也因而與朱子學上有些微之距離，自成一派。至於因此所造成的天人不一的問題，反成別人攻擊他的把柄。

第三章　整菴對於明道思想的承繼與發展

　　本章首先談及整菴對於明道的天道論之理解，看其是否合於明道的思想，還是較傾向於朱子學的意味？第二部分談工夫論，工夫論裡談整菴如何詮釋明道的〈識仁篇〉及〈定性書〉之思想，如此可見整菴與明道的工夫論是否有距離，也可以說是朱子與明道的工夫論是否有距離的意思，因為在第二章裡，吾人認為整菴的工夫論大抵守住朱子學而發言。

一、整菴對於明道天道論的理解

　　整菴於北宋五子裡，特別欣賞明道，其他四子在整菴眼中，其思想義理雖都高妙，但小有未合，未合於整菴與明道所言的圓融思想。整菴理論系統裡，以朱子學為骨架，而義理之發揚上，特別是天道論，認為必須講到明道義理才是圓熟，否則其認為這都是思想未瑩，或是還在探究過程中，而不是定論。其對於自己思想有得的地方，非常有自信，而且認為明道的思想義理便是如此。在此整菴同於明道，對於自己的圓融之思想義理，有著同樣的自信。明道有言：「理則須窮，性則須盡，命則不可言窮與盡，只是至於命也。橫渠昔嘗譬命是源，窮理與盡性如穿渠引源。然則渠與源是兩物，後來此議必改來。」〔註1〕此本是明道以其一本論批評張子的以人合天之思想，在明道而言，天人不二，人道之誠敬便能徹形上、形下，天道也是如此下貫於人道，人道是天道之一，這時連說贊天地之化育之「贊」字都是多餘的。〔註2〕在此

〔註1〕　《二程集》（上）（台北：漢京文化事業有限公司，1983年），頁27。
〔註2〕　「誠便合內外之道。今看得不一，只是心生。除了身只是理，便說合天人。
　　　　合天人，已是為不知者引而致之。天人無閒。夫不充塞則不能化育，言贊化

可見明道對於自己言的天人一本的看法相當有自信，除了天人爲一本外，天
道論裡，理與氣亦是一本，形而上者與形而下者渾淪而一致，道器一致。以
上是明道的圓融之看法，同樣地，整菴對於自己縫合朱子學的裂縫，一樣深
具信心，其認爲朱子學之缺點，便是理氣竟可以不一致，若如此理有空缺處，
天道所創生之萬物中有理到不了的地方，如此怎能說是道無所不在呢？此理
氣之間有空隙，這是整菴認爲朱子學之小缺失。在此吾人問，何以義理思想
一定要講到圓融一致才好呢？在明道與整菴的天道論而言，其二人有著尊天
思想，故就天道而言是理想的，其現實性便是理想性之展現，有如是氣便有
如是理，理氣之間沒有鴻溝，若可講個理氣不一或氣強理弱的話，強氣而理
跟不上而爲強，理走不到氣的地方，天道之強氣沒有理，有不理想可言，道
亦有空缺處，此乃整菴所要極力避免的。但在天人之思想義理上，整菴要以
人合天，而明道的思想義理卻認爲人道便是天道之一，不必言「合」天，此
乃因爲整菴是以朱子學的「做工夫以復本體」的意思看待天人之關係；而明
道認爲天人本一，人之做工夫處便是天道的化育，原本就不從天人之對待上
看天人的關係，在此明道、整菴不同，明道較整菴更爲圓融，此乃因爲整菴
受了朱子學的下學上達的思想所影響而有的理論限制。

　　整菴雖然本著朱子學之義理，但是其眼中的明道，亦是朱子學系統下的明
道，只有在圓融性上不依朱子而依明道，而後再以明道的圓融義理，回頭修正
朱子學，故其雖本著朱子學，但是對於朱子學的批評，遠較對於明道的批評爲
多。其對於明道的思想，幾乎全盤接受，先不管整菴思想是朱子學化了的接受
明道與否，其對於明道的批評的地方，只有一處，認爲言論有前後不一致的矛
盾，與其他整菴所推崇的北宋五子之批評相比而言少了很多。其批評明道言：

> 程伯子嘗言：「萬物皆備於我，不獨人爾，物皆然。」佛家亦言：「蠢
> 動含靈，皆有佛性。」其大旨殆無異也，而伯子不可其說。愚嘗求
> 其所以不可之故，竟莫能得也。夫佛氏之所謂性者覺，吾儒之所謂
> 性者理，得失之際，無待言矣。然人物之生，莫不有此理，亦莫不
> 有此覺。以理言之，伯子所謂「不獨人爾，物皆然」是也。以覺言

育，已是離人而言之。」同上註，頁 33。此意思是就天人合一的意思來談，
明道認爲天人本一，說個合字已是爲不知者而設；同樣地贊天地之化育亦是
同樣情況，人便是天地之化育，說個贊字，便把人道離開於天道來看，不可
如此，因爲天人本無二。

之，「蠢動含靈」，與佛容有異乎？凡伯子之言，前後不同者，似此
絕少。愚是用反覆推究，以求歸於至一云。〔註3〕

整菴認爲大程子所說的話，前後不一致，其不一致於何處呢？明道認爲孟子
講的「萬物皆備於我」，不只是人如此，亦可說萬物皆備於萬物，甚至我亦備
於萬物，此之所以可能，乃是明道認爲，天地萬物都是從天道而來。既然如
此，整菴亦如此認定，以理言之，萬物都來自於一個本源；而自「覺」言之，
有機動物以上便有覺性，如佛家之言六道含靈，只見其覺的程度如何罷了。
整菴以此理一分殊的方式，解釋天地萬物之創生，都是依於太極而一理分殊，
自然而然，非人力所能安排。既然區分了理氣，又以理一分殊來談論萬物之
創生，而且，又把佛教的作用見性的意思，等同於告子的生之謂性之講法，
如此，可把佛氏歸之於氣之類者亦無不可，如此便可以把佛氏亦收納在理一
分殊的原則底下。若明道思想眞如整菴所言，何以明道還要批評佛教，而以
告子的生之謂性則可，佛教的作用見性、以知覺爲性則不可？此乃整菴所認
爲的明道思想義理前後不一致。在此我們可以看明道之反對釋氏之蠢動含靈
之思想義理爲何，其言：

> 告子云「生之謂性」則可。凡天地所生之物，須是謂之性。皆謂之
> 性則可，於中卻須分別牛之性、馬之性。是他便只道一般，如釋氏
> 說蠢動含靈，皆有佛性，如此則不可。「天命之謂性，率性之謂道」
> 者，天降是於下，萬物流形，各正性命者，是所謂性也。循其性而
> 不失，是所謂道也。此亦通人物而言。循性者，馬則爲馬之性，又
> 不做牛底性；牛則爲牛之性，又不爲馬底性。此所謂率性也。人在
> 天地之間，與萬物同流，天幾時分別出是人是物？〔註4〕「修道之
> 謂教」，此則專在人事，以失其本性，故修而求復之，則入於學。若
> 元不失，則何修之有？是由仁義行也。則是性已失，故修之。「成性
> 存存，道義之門」，亦是萬物各有成性存存，亦是生生不已之意。天
> 只是以生爲道。〔註5〕

〔註3〕　羅整菴：《困知記》（北京：中華書局，1990年），頁33。

〔註4〕　整菴亦有在天地眼中，人亦一物爾的意思。

〔註5〕　《二程集》（上）（台北：漢京文化事業有限公司，1983年），頁29～30。此
　　　　乃二先生語，由於叔子不批評佛教，（「叔不排釋、老。」同書，頁80。）故
　　　　在此把此意思，歸之爲明道語，且整菴亦認爲是明道的話。當然小程子不排
　　　　佛老是何意思呢？可能只是說小程子不激烈的批評佛老，至於小批評還是

整菴思想之所以解不通明道的義理，主要在於整菴以朱子學的思想，把佛教的作用見性的意思，視為以知覺為性，若如此則又等同於告子的生之謂性的意思。而明道卻沒有如此的等同視之，明道把告子的生之謂性的意思作了一個創造性的詮釋，視天地萬物各受天命之性，在天道眼中，這些都是善的。其所謂的生之謂性的生字便是指天地之生生不已的意思；而所謂的性，便是指存在便有存在之性，此性來自於天道，所以明道說「性即氣，氣即性，生之謂也。」〔註6〕亦是說只要是天道所創生之萬物，都出於同一個源頭，不只得其理，亦得其氣，而且只要有創生便是存在，存在便有氣，這時性與氣一滾而出。而在天道的眼中裡，理氣一致，天道無所揀別，都是善的，所以明道說「天幾時分別出是人是物」，有惡乃是人見之惡，或是人的不修道，而離開了本源才是惡，明道把惡放在「修道之謂教」的部分。在天道創生萬物中，天道只有生生之善意，沒有為惡之心。故可見明道以天道的生物之心，不分別善惡，來談所謂告子的生之謂性，故其認為告子的生之謂性依儒家義理之創造式的詮解可以講得通，至於佛氏之論萬物皆有佛性，明道認為則不可，因為告子的生之謂性可以講犬牛之性為定性，〔註7〕牛之性就不是人之性，但佛教言性都是空，沒有自性可言。朱子、整菴之以理一分殊之大系統，包羅一切，可以把佛氏判低而包羅於下，而明道心目中便是要以恢復儒道為正宗，故排斥佛老。朱子與明道處理佛學的方式不同，明道完全排斥，朱子卻收攝佛學於其下。整菴同於朱子想把佛學論及之性之部分歸之於氣性之知覺上，但是以明道而言，並不許可，〔註8〕明道言的理氣論不見得是朱子的理氣論，且明道認為佛氏言性時，乃是談緣起性空，故如幻如化，此與儒家所謂的實事實理大有違背。〔註9〕

　　有，例如所謂的「聖人本天，釋氏本心」的說法，還是有點貶意。

〔註6〕　同上註，頁10。

〔註7〕　其實明道對於告子的生之謂性的創造性的解釋，不合於告子的原意。因為告子的性是中性材質，也沒有定性的意思，不可視為儒學的以天道創生為性的意思，因為天道的創生是實體義，非為空義。

〔註8〕　吾人此論文裡，認為朱子視告子的生之謂性等同於佛氏之作用見性，以知覺為性的意思；而明道的生之謂性，有著創造性的詮釋，以生而有性，有存在便有理如此的性氣不離的意思來談，完全不同於朱子的意思。

〔註9〕　「伯淳先生嘗語韓持國曰：『如說妄說幻為不好底性，則請別尋一箇好底性來，換了此不好底性著。道即性也。若道外尋性，性外尋道，便不是。聖賢論天德，蓋謂自家元是天然完全自足之物，若無所污壞，即當直而行之；若小有污壞，即敬以治之，使復如舊。所以能如舊者，蓋為自家本質元是完足

故在此可知，整菴與明道的思想有其相近處，又有其不同處，其不同處便是朱子學的因素。雖其間有所不同，但是否因而導致整菴與明道的天道論之看法不同呢？或是朱子與明道對於天道論的看法不同呢？因爲吾人上段之所以認爲朱子與明道的思想不同，乃在於朱子視佛學的作用見性與告子的生之謂性爲相同，而明道視爲不同。明道視告子的生之謂性，所謂的天生萬物都受有性命，都是實事實理，而佛教的性是空，故明道不可其說。此是否因而影響到天道論的思考呢？或許有之，但不明顯，故吾人再從其他處談整菴對於明道的天道論是否眞能承繼。

首先吾人從明道與整菴對於《中庸》所言的贊天地之化育之看法作一比較，明道認爲：

> 至誠可以贊天地之化育，則可以與天地參。贊者，參贊之義，「先天而天弗違，後天而奉天時」之謂也，非謂贊助。只有一箇誠，何助之有？〔註10〕

> 心具天德，心有不盡處，便是天德處未能盡，何緣知性知天？盡己心，則能盡人盡物，與天地參，贊化育。則直養之而已。〔註11〕

明道與整菴一樣，反對《中庸》所言的贊天地之化育，〔註12〕整菴是否受了明道的影響，不得而知，但仔細分析，整菴與明道對於《中庸》所言的贊天地之化育，所持的反對的方式是不同的。整菴認爲化育是天地的事，與人何

之物。若合修治而修治之，是義也；若不消修治而不修治，亦是義也；故常簡易明白而易行。禪學者總是強生事。至如山河大地之說，是他山河大地，又干你何事？至如孔子，道如日星之明，猶患門人未能盡曉，故曰予欲無言。如顏子，則便默識，其他未免疑問，故曰小子何述，又曰天何言哉？四時行焉，百物生焉，可謂明白矣。若能於此言上看得破，便信是會禪，也非是未尋得，蓋實是無去處說，此理本無二故也。』見《二程集》（台北：漢京文化事業有限公司，1983 年），頁 1。明道認爲告子的生之謂性的意思，可以從天道論的生生的意思解釋爲「性即道，道即性」的意思，而佛學卻不可，本因其言性乃空，性沒有一個定理可言。

〔註10〕同上註，頁 133。此乃卷 11，確定爲明道語。

〔註11〕同上註，頁 78。此雖爲二先生語，但依一本論而判爲明道語。在《中庸》原文裡，《中庸》寫著「盡己性」，而明道認爲盡己心，可見明道即心言性。而此一段義理可否以朱子義來解之呢？吾人認爲不可，因爲明道在此認爲盡心後知性知天，而朱子的義理是知性後才稱爲盡心。

〔註12〕眞實而言，明道與整菴有所不同，明道並非反對贊天地之化育，而是闡明所謂的贊字的眞實義理。而整菴反對人可以贊化育，認爲化育是天地的事，與人何干，其兩人思想不太相同。

干，這是尊天的系統所致，人的極限，只是能合於天道，這時稱之為聖人，但縱使是聖人，也是在境界上合於天，而不是真能如天一樣，創生萬物，只是在內容上同於天，都是道德理想之呈現，至於創生之事，聖人可在人事上做道德意志之呈現，從無到有，類似於創生，但是在天地萬物之創生，還是要交由天道決定，聖人不與焉。而明道亦是尊天的系統，但其尊天之外，其亦尊人，其反對言贊天地之化育，乃認為此見解是為不知者而設的，以其一本論而言，人便是天地之化育，而不是人去參贊天地之化育，否則人與天為二。若用黃宗羲的話來講，明道天人一本，而整菴天人不一。當然整菴是否天人不一，吾人於本論文末章處理。不過可以知道的是，其天人為一的意思與明道的天人為一的意思不盡相同。明道的天人一本的意思，合於黃宗羲的天與人一一對應的意思，〔註13〕而與整菴的在聖人、或赤子上這一點之天人相合是不同的，在整菴而言，常人與天便不相似。而明道認為講天人合一的合字、贊天地之化育之贊字是多餘的，因為如此把人與天視為二。天人本一，人的誠敬，便是天地之化育，〔註14〕說個贊字成了多餘，似乎把人視為天地以外之事。而且明道說心具天德，這與朱子的心具理是不同的，緣何知之？因為其二人（朱子、明道）解釋孟子的盡心知性知天的意思不相同。朱子的意思是先格物窮理以知性，然後稱為心之全體大用無不盡，如此則可以知天。而明道言「何緣知性知天？」答案是盡心，則其順序非朱子所謂的先知性，而後盡心，剛好顛倒。亦是說從這裡可以看出朱子與明道在工夫論上的不同，此細節吾人於工夫論章節上再談。而且在天人之一本上，整菴與明道處理的

〔註13〕黃宗羲的天人對應的意思，可參見吾人此論文的第一章。

〔註14〕「『大人者，與天地合其德，與日月合其明』，非在外也。」《二程集》（上）（台北：漢京文化事業有限公司，1983年），頁120。人的道德實踐便是天地之化育，若言一個贊字，似乎把人視為天地之外。此在卷11，確定為明道語。又言：「凡言充塞云者，卻似箇有規模底體面，將這氣充實之。然此只是指而示之近耳。氣則只是氣，更說甚充塞？如化育則只是化育，更說甚贊？贊與充塞，又早卻是別一件事也。」同書，頁35。此依一本論判為明道語。這句話的意思還是以天人一本的意思來取消贊及充塞等字語，因為這些字語是多餘，而且容易令人把天與人視為二。人的活潑潑的道德實踐便是天德，人也不是天地之外之物。若懂得天人一本的意思，這贊字便不能視為贊助之意，因為人便是天地之化育本身，人能至誠盡性，天地亦不能違，所謂的先天而天弗違。後天而奉天時的意思，所謂人的所做所為，亦是尊守著天道的循環規律，而天道的氣化之規律亦是道德性的展現，所謂元亨利貞乃仁義禮智之呈現，人亦不能違反此點。

方式亦不同。明道與朱子亦不同，亦是說其三人的處理方式不同。整菴的意思，依黃宗羲之判別，爲天人不一（因爲整菴的義理而言，天道論上理氣一致，但在心性論上，心性不一致），故可見整菴的意思與明道不同，整菴的不喜言「贊」字所爲者是尊天，而明道的不言贊字，乃人便天，人本身就含有贊的意思，若多言反而是不明白天人一本的意思。故明道不言贊字的意思，除了尊天外亦是尊人，故與整菴有所不同；至於整菴與朱子之不同，朱子的天道論認爲有時氣強理弱，所以要人贊天地之化育，而整菴不許。至於明道、朱子若依黃宗羲之思想判別，其二人都言天人一理，亦是說天人之間能一一對應，但明道、朱子還是不同，明道義理型態，其工夫即本體，即是天道之呈現本身，而朱子只能做工夫以復本體，從工夫論上亦見其天道論有所不同。

　　已看出整菴與明道相異的部分，但其二人就理氣論上之理氣之相合的部分，卻是一樣的，亦是說理氣相合是二人之共法，可諍的是這理是活動與否這一點。故若忽視後面這一點，其二人對於理氣之圓融的講法是一樣的。整菴言：

> 初非別有一物，依於氣而立，附於氣以行也。或者因「易有太極」一言，乃疑陰陽之變易，類有一物主宰其間者，是不然。夫易乃兩儀、四象、八卦之總名，太極則眾理之總名也。云「易有太極」，明萬殊之原於一本也，因而推其生生之序，明一本之散爲萬殊也。斯固自然之機，不宰之宰，夫豈可以形迹求哉？斯義也，惟程伯子言之最精，叔子與朱子似乎小有未合。今其說具在，必求所以歸於至一，斯可矣。程伯子嘗歷舉《繫辭》「形而上者謂之道，形而下者謂之器」，「立天之道曰陰與陽，立地之道曰柔與剛，立人之道曰仁與義」，「一陰一陽之謂道」數語，乃從而申之曰：「陰陽亦形而下者也，而曰道者，惟此語截得上下最分明。元來只此是道，要在人默識之也。」……以伯子「元來只此是道」之語觀之，自見渾然之妙，似不須更著「所以」字也。所謂朱子小有未合者，蓋其言有云：「理氣決是二物。」又云：「氣強理弱。」又云：「若無此氣，則此理如何頓放？」似此類頗多。惟〈答柯國材〉一書有云：「一陰一陽，往來不息，即是道之全體。」此語最爲直截，深有合於程伯子之言，然不多見，不知竟以何者爲定論也。〔註15〕

〔註15〕 羅整菴：《困知記》（北京：中華書局，1990 年），頁 5。

此段文義，吾人于第二章整菴的天道論小節裡已解釋過了，在此吾人舉此段的重點，在於整菴如何承繼明道的天道論，而且特就其理氣之渾融一致上與明道的思想接軌。雖然整菴這意思似乎認為天地之間只有氣，理只是理則，但其實不然，整菴與明道都認為有形上與形而下者之二物，而且其間有所區別，〔註16〕在天道論而言，整菴與明道是一樣的（除了理的活動性外），其二人視天道論的理與氣一致，而且現實性便是理想性，天道的一氣流行，便是仁義禮智的道德理想之展現。牟宗三先生在談明道的天道論時，其先區分天道與天理的不同，而天理又分為第一義與第二義，第一義者，乃天理便是道德本體，至高無上；第二義者，以明道的天理之第二義者為自然之趨勢，例如明道言的「天下善惡皆天理」就是這意思，且牟先生認為第二義天理要通到第一義的道德性義的天理，吾人認為牟宗三先生的講法不錯，但分疏太甚，把明道要表示的圓融性區分掉了。〔註17〕當然以牟先生義理認為，道理的分解，不礙理論的圓融。〔註18〕但吾人從整菴之理氣一致圓融的意思，回視明道的意思，其便是以天道的觀點來看理氣，這時天道的現實性便是理想性，

〔註16〕 整菴以就氣認理，與認氣為理之不同來闡釋，故可見整菴的理氣一物的意思，只是理氣要能一致。而明道也是這樣認為，其言：「形而上為道，形而下為器，須著如此說。器亦道，道亦器，但得道在，不繫今與後，己與人。」見《二程集》（台北：漢京文化事業有限公司，1983 年），頁 4。從這裡可看出明道認為《易傳》之言，便是要先區別出道與器是形上、形下之不同，但是一旦分別時，讓人以為是二物而可以相離，所以明道馬上又說，道器渾融一致。在人的觀點而言道器總要區分，但若識得的話，從天道的角度來看，這時又何必特別區分人我、道器、理想現實呢？若識得此，天人合一的合字也不必要，贊天地之化育的贊字亦不必要。另一段如此言：「泉之源，不知亦有濁否？即有之，將來比性不得。程子曰：『人生氣稟，理有善惡，然不是性中有此兩物相對而生。』其言至矣，第三句須著意理會。」同註 15，頁 143。從整菴之理解這句話上來看，整菴在天道論及心性論上都是以理一分殊來貫穿，故在此明道談這性字，整菴認為，便是本然之性，本然之性不可與混有氣質之性的相對待看法相類，故說不是性中（天命本源處）有兩物相對而生。

〔註17〕 明道的一本論便是要回到理論的統一性，此一本即是天道也是人道，同樣的在天道論而言，也是要歸一，所謂的道即器，器即道，合自然的趨勢與道德原則歸於一，氣之流行表現，正是仁義禮智的呈顯。

〔註18〕 牟先生認為分解的表示，不礙圓頓化境之講法，吾人亦肯認之。但其認為整菴之反對朱子，乃在於不知理論的區分不礙義理的圓融，似乎不是如此。可參見牟宗三：《心體與性體》（二）（台北：正中書局，1996 年），頁 25。整菴乃認為朱子的義理之太過區分，而且理氣之不一致才產生問題，此吾人於第一章談過了，乃在於整菴要的一是一致的意思，而朱子的一的意思只是不離便可，可以不一致的相合。

雖然有時產生了一些令人可厭的生物，但這是從人道上的分別心上來看，故可厭，在天道眼中，何嘗揀別，其現實性便是理想性，這意思在《易傳》裡以元亨利貞、春夏秋冬之一氣流行比配到天德的仁義禮智就已包含這意思了。

又因爲理氣之渾融一致，所以整菴批評小程子的「然」與「所以然」之區分，這樣便把明道天道論之縫合無罅隙的理氣一致性又撕裂了。而朱子也是如此，朱子言理弱氣強，若如此天道有不理想可言了，因爲理管不住氣，這氣不是理想狀態。而且以朱子這種講法，氣強之時有弱之理，弱之理本是要跟著弱氣的，而這時強之理跑那去了呢？強理與弱理間的縫隙是很大的，而且強氣沒有強理附著，豈是道無所不在呢？這便產生了天道有其空缺處。〔註19〕這些都是整菴所提出的質疑。

故整菴對於伊川與朱子的分別說，不能接受，而要求回到明道的思想，明道思想與朱子、伊川有何不同呢？在天道論裡，明道本著《易傳》的思惟，其《易傳》之思維把陰陽與道兩者渾淪一致視之，亦是說視道器之間，兩者不同，但雖不同，不可視爲兩物，道器兩者渾淪一致，所以明道說「元來只此是道」，便不須如同伊川的分別視之，從氣化之存在，便懂得道亦含於其中。所以整菴談明道的「惟此語截得上下最爲分明」的「截」字，便是斬截的意思，而非分截的意思，若是分截的意思，又回到伊川的然與所以然的相對區分，把一體呈現的道又割裂了；而斬截的意思便是肯斷或是直截了當的意思，亦是說此話語把形上下肯斷的分明而一致。〔註20〕而且《易傳》的原文裡談到：「一陰一陽之謂道」，陰陽本是氣，卻說成道，其實以整菴、明道的觀點來看，就是要即器言道，亦是說此是天道之大化流行、一體呈現的意思。所以朱子的「一陰一陽，往來不息，即是道之全體」的意思爲整菴所欣賞，能陰後又陽，陽後又陰，便是有至理於其中，如此道器渾全，不會相離，現實便是理想的展現，更沒有理弱氣強之不一致產生。

〔註19〕當然朱子亦可以說理沒有空缺處，或是道無所不在的意思，但還不是整菴所想要的意思。因爲以整菴的理氣一致之思想衡定朱子，或是朱子學所言之理有缺欠，或是氣是邪氣而能不受理所管，或是天道不是至善的，天道不是我們所該遵守的標準，因爲還有惡。以上是整菴對朱子之理氣不一致可能產生的評論。

〔註20〕羅整菴：《困知記》（北京：中華書局，1990年），頁106～7。又此斬截的意思爲直截了當的意思，可參見整菴之言：「此語最爲直截。」參見同書，頁5，第十一條，最後一行。即是說朱子的某句直接了當之講法合於明道、《易傳》之講法。

所以明道要人默識這道器一致的意思，而整菴要人在此善觀之，二人的意思是一樣的，亦是要人能活看的意思，〔註21〕若不能活看，即成了朱子、伊川的分別說，理氣被割裂而爲二。整菴如此云：「理無往而不定，不定即非所以爲理。然學者窮理須是看得活，不可滯泥。先儒多以善觀爲言，即此意也。若看得活時，此理便活潑潑地，常在面前。」〔註22〕整菴的意思，乃到處都有理，都是定理，如果理不是定理，就無法成就現實事物，此亦批評佛教之緣起性空的意思。〔註23〕但是雖是定理，看的人心思要活，若不能活看而僵看，把理看死了，把形上與形下分開而爲二物，如同人被砍成兩半，縱使縫合回來，也是不完全的人了。這是承繼於明道的思想而言，明道先生談《中庸》的鳶飛魚躍的意思時，《中庸》原意本是談上下一理，但明道對此上下的意思，認爲可類比於形上形下的意思，所以不僅在形上形下之道器之間要活看，在天上地下的萬物亦要活看，且觀看者之心思亦是同於天上地下之萬物，活潑潑的，生機盎然。天地生生不息，而善觀者心思亦不可僵化。如此明道又從其所謂的窗前草不除等生生思想，來談天地之一本，都是活潑而自然的。整菴亦認爲要學習明道的活看之方式，但在此，整菴的活看與明道的意思有所出入，終極根源的癥結所在，即隔著一個朱子學。朱子學言的理，無造作、無計度，潔淨精微，是不活動的，不可以人格義類比於理，亦不可以生機物之活潑義視之。而明道言的天理，天理不外人的化育、人的誠敬本身，天道、人道是同一個道，識得時便是活潑潑的，人的生生與萬物的生生同是一本，亦不用特意區分天上地下，形上形下，都是生機的盎然的一體呈現，這與朱子的分解進路是不同的。若如此便可知，整菴只在理氣的一致圓融性上合於明道，至於理的活動性而言，整菴還是本著朱子學，而朱子合於伊川，與明道有距離。

從以下之言，亦可看出整菴本著朱子學，而實與明道思想有距離：

《新泉問辨錄》〔註24〕有云：「不若大其心，包天地萬物而與之一體，

〔註21〕 鄧克銘：〈明儒羅欽順心性論之形成與意義〉《國立編譯館刊》第二十九卷第一期，2000 年 9 月，頁 200。

〔註22〕 參見羅整菴：《困知記》（北京：中華書局，1990 年），頁 67。

〔註23〕 當然佛教的意思便是理不是定理才有變化可言。到底成就萬物是要儒家的定理還是佛家的空理呢？吾人認爲還是系統性之不同所致。以儒家而言，雖然理是定理，但不會因而都不改變，改變的原因，乃在於有氣的變化。

〔註24〕 此乃湛甘泉之作品。

則夫一念之發，以至天下之物，無不在內。」此非余之所敢知也。
夫程子所謂「仁者，渾然與物同體」，乃其理之自然。今欲大其心以
包之，則是出於人為，非所以為自然之理矣。如此體認，其於道也
不亦遠乎！《中庸》論至誠之德，到其極處，惟曰「浩浩其天」，此
其所以為實學也。〔註25〕

甘泉認為，大其心而可以與天地萬物為一體，其本著白沙心學的思想，認為
心可即於理，但整菴反對。整菴本著朱子學，心不是天理，天理是性，故其
理解大程子的仁者渾然與物同體的仁之意思，便是認為仁是性理、天理，此
為性，不為心，心若不窮理常是自私的，心的功能為虛靈明覺，最多可以做
到格物窮理後依性理而行，標準還是在天理、性理上，而不在心。故甘泉的
大其心的意思，本是不依於私我，而讓本心呈現，若如此可以上同於天理，
但整菴的理解卻把大其心理解為出於人為。如同朱子批評上蔡的思想，認為
其出於人為，但上蔡思想是本著明道先生而來。朱子為賢者明道避諱而批評
其弟子，朱子這樣批評：

聖人下學而上達，盡日用酬酢之理，而天道變化行乎其中耳。若有
心要本天道以應人事，則胸次先橫了一物，臨事之際，著意將來把
持作弄，而天人之際終不合矣。大抵自謝子以來，雖說以灑掃應對
為學，然實有不屑卑近之意，故縱說灑掃應對，便須急作精義入神
意思，想像主張，惟恐其滯於小也。〔註26〕

此朱子批評上蔡，與整菴之批評甘泉，如出一轍。此雖是談工夫論，但是牽涉
到天道論。朱子學的天道論之性理、仁理，只是認知的對象；而上蔡、甘泉的
思想義理，工夫可以是本體，亦是說以工夫論來契合天道。上蔡以覺訓仁之思
想，本出自於明道的思想，如明道的不痿痺便是仁的意思，故仁不是如同朱子
學所認為的只是天理而不是心。且上蔡說的灑掃應對便是天理，這也是明道的
一本論的意思，〔註27〕明道認為「『居處恭，執事敬，與人忠』，此是徹上徹下

〔註25〕 羅整菴：《困知記》（北京：中華書局，1990年），頁97～98。
〔註26〕 《胡宏集》（北京，中華書局，1987年），頁332。
〔註27〕 「『主佩倚，則臣佩垂。主佩垂，則臣佩委』。『凡為長者糞之禮，必加帚於箕
上，以袂拘而退，其塵不及長者，以箕自向而扱之。』『並坐不橫肱，授立不
跪，授坐不立。』『上於東階，則先右足。上於西階，則先左足。』此等皆是
粗迹，感應之理便在其中，只要人識得。故程子曰：『灑掃應對，便是形而上
者。』理無大小故也。若於事物上無所見，談玄說妙有何交涉？」同註25，
頁73。整菴也能解釋明道的灑掃應對進退便是形而上者，但其解釋的意思，

語，聖人元無二語。」〔註28〕亦是說其認爲人的道德實踐同時便是天理之呈現，若外於人說一個天理，這豈不是把天與人視爲二本了嗎？故明道認爲，要說天理，天理就在這裡呈現，把事情好好做完便是天理，若外此找天理，反而不知天人本一，且事情沒得完成。天理就在事情好好處理上展現。但朱子批評上蔡不屑於灑掃應對，其實一石二鳥，批評了上蔡，也批評明道，只是在文字上不願正面批明道，但其實明道或是上蔡的思想義理，適可免於朱子的批評，因爲「居處恭、執事敬」，便是專心一致，把事情視爲重大，而認眞負責的完成之，如出門見大賓一樣，正好不是不屑於小事的意思，而是連小事都不放過、不馬虎的意思。那麼何以朱子批上蔡，且整菴批評甘泉呢？此乃系統之不同所致，整菴、朱子學乃是下學上達之系統，與明道的一本圓頓之思想不同，前者乃做工夫以復本體之學，後者可以談工夫即是本體、工夫即是天道流行的意思，故有所不同。〔註29〕此吾人將於工夫論再討論之。

回到整菴批評甘泉那段裡，整菴以《中庸》的浩浩其天做爲聖人之至誠盡性的最高境界。整菴所理解的浩浩其天，乃是聖人依天理、依浩浩之天而行，故天道之誠體表現，乃聖人之效法的對象，所以聖人乃思誠而法天，最高可以到浩浩其天之境界，但此乃要透過格物窮理的工夫，下學上達的工夫，一步步累積很久才能達到，甚至說現實上沒有人是聖人、沒有人可以達到天德亦可。故朱子在《四書》的安排順序裡，把《中庸》放在最後，因爲這是言天道性命之書，而且以聖人境界與之比配，不是爲初學者立教的書，工夫不可踰越，一下子想上達天德，同於浩浩之天，同於聖人之境界的天道流行，這對學者容易產生躐等而有害。而心學或是明道之學認爲誠敬之意志呈現而做道德實踐便是天道流行，工夫入路可以是圓頓的，與整菴不同。整菴學的

是上下一理的意思，亦是說理無內外之別的意思。但明道對於鳶飛魚躍的意思都不解爲上下一理，而是以活潑潑的意思解釋之。在此整菴以朱子〈答陳器之〉的性理之感應的意思解釋之。感應是氣化之事，但是之所以能感應表示有這相應之理才能感應。這與明道的一本論的意思不同，明道的意思就人道言天道，而且可以頓悟感通之，但朱子學卻不是，其是氣化之感，而感之然有其所以然之理，所以批評上蔡的講法，其實是不滿明道。

〔註28〕《二程集》（台北：漢京文化事業有限公司，1983年），頁13，文後註個明字，表示是明道的話。

〔註29〕朱子、整菴學之所以不同於明道、上蔡，另一種講法，乃是朱子學視仁只是理，只是存有而不活動，但明道言的仁即是工夫，又是本體、天理，即存有即活動，故有所不同。朱子、整菴以其自己界定的辭語來審視上蔡、甘泉等，故有所扞格。

意思最高境界是心依於浩浩之天，而非心即是浩浩之天；而明道認為，不可
離此誠敬而談一個浩浩之天，天人本無二。〔註30〕

　　故可見整菴之學不契於心學，其於另一段話語批評甘泉，亦可見朱子學
與明道之學的距離。整菴言：

> 湛元明嘗輯《遵道錄》一編，而自為之序云：「遵道者何？遵明道也。
> 明道兄弟之學，孔孟之正脈也。」……〈定性書〉有云：「聖人之喜，
> 以物之當喜。聖人之怒，以物之當怒。是聖人之喜怒，不繫於心而
> 繫於物也。」《雍語》乃云：「天理只是吾心本體，豈可於事物上尋
> 討！」然則，明道之言，其又何足遵耶？名為遵道，而實則相戾，
> 不知後學將安所取信也！〔註31〕

甘泉與整菴一樣，都遵明道之學，但二人中至少有一人理論不合於明道，否
則怎會都是明道之學而竟有所不同而互相批評呢？整菴當然認為錯在甘泉，
其以明道的〈定性書〉作為評判之標準。但光是從〈定性書〉之思想義理看
來，似乎整菴是對的，因為〈定性書〉〔註32〕的精神認為，性之所以能定與
否，在於不以己見，而依從於事物之本有之理，乃遵循客觀之標準，而不以
己私來論斷，若能如此，性便能定，以此篇看來，明道的意思表示著要定性
便是要依於理，這與朱子學的依其性理而不依心的看法很類似。但是吾人認
為明道的〈定性書〉雖表面上合於朱子學的性即理思想，但心學亦可說心即
性即理的意思，故光依於性即理這一點上心學亦不違明道。且〈定性書〉本
身不能獨立來看，還要與明道的一本論等義理融合著看，亦是說明道的〈定
性書〉認為要定性，則不當繫於私心，而當以客觀之理為標準，如同明道言
的服牛乘馬一般，不以自己的意思來號令牛馬，而是順著天理、順著牛馬之
天性而行，但這還要與明道的一本論的精神一起看，即雖然定性是要循著天
理來定，但這天理從何獲得呢？若依於私心，把馬用來耕田，這是不對的，
而是要依於自然之理，而自然之天理從何獲得呢？以明道的一本論而言便是
從自己的道德實踐契入天理，這時的私心轉而為客觀之天理，而天理也是本
心的呈現，本心呈現，故廓然大公，不以私己為標準，而以天理為標準，但

〔註30〕朱子學視仁為性理，故其「肫肫其仁」與「浩浩其天」都是談天道的流行的
　　　　意思，而心學者或明道思想的意思，肫肫其仁乃是人道，乃是人的做道德實
　　　　踐之工夫，此工夫便是天道之流行，天人不二。
〔註31〕羅整菴：《困知記》（北京：中華書局，1990年），頁96。
〔註32〕《二程集》（上）（台北：漢京文化事業有限公司，1983年），頁460～461。

天理也在吾人的居處恭等之道德實踐下呈現。故可見整菴之批評甘泉的大其心的意思，甘泉正好合於明道的意思，故整菴與甘泉而言，反而甘泉在此合於明道的思想，而整菴正是隔著朱子學故與明道思想義理不契。

上文談到整菴的思想在天道論上，除了理的活動而下貫為心的意思不合於明道外，在天道的理氣之圓融一致性、天道的至善性與整菴的意思如出一轍，若如此，明道對於惡的看法，是否與整菴一樣呢？吾人認為一樣。整菴對於惡的看法，吾人於第二章已討論到了，而明道又如何視之呢？若二人相同，表示明道所認為的天道之尊這意思同於整菴，天道至尊，天道至善而無惡，例如明道其言：「太山為高矣，然太山頂上已不屬太山。雖堯、舜之事，亦只是如太虛中一點浮雲過目。」〔註33〕此是言天道之至尊，縱使人間善的事業之累加，亦不可比擬於天道。即然如此，天道都是至善的，惡又從何而生呢？明道認為：「天下善惡皆天理，謂之惡者非本惡，但或過或不及便如此，如楊、墨之類。（明）」〔註34〕天下善惡皆自天理而出，本是談宇宙論上的話，而後面談了一個楊墨之類的話，這是人的道德實踐的意思，表示惡是過與不及，也是後起的，楊墨不能守著天命之謂性的中，〔註35〕於是過與不及，於是流為惡，並非天道原本創生個惡從源頭出來。如同明道言：

> 「生之謂性」，性即氣，氣即性，生之謂也。人生氣稟，理有善惡，然不是性中元有此兩物相對而生也。有自幼而善，有自幼而惡，是氣稟有然也。善固性也，然惡亦不可不謂之性也。蓋「生之謂性」、「人生而靜」以上不容說，才說性時，便已不是性也。……此理，天命也。順而循之，則道也。循此而修之，各得其分，則教也。自天命以至於教，我無加損焉，此舜有天下而不與焉者也。〔註36〕

明道以生之謂性的意思來解釋《中庸》首章，其生之謂性與告子的意思相比已經有點轉換而不同了。告子的意思本是食色之性，而明道的生之謂性，乃是就人物之生，有其氣便有其理，理氣在天道眼中不分別，天道只是以生為

〔註33〕同上註，頁61。

〔註34〕同上註，頁14。此後面註了一個明字，表示是明道的話，而不是伊川的話。

〔註35〕「『萬物皆備於我』，不獨人爾，物皆然。都自這裡出去，只是物不能推，人則能推之。雖能推之，幾時添得一分？不能推之，幾時減得一分？百理俱在，平鋪放著。幾時道堯盡君道，添得些君道多；舜盡子道，添得些孝道多？元來依舊。」同上註，頁34。此乃明道的人受天地之善，萬善具備的意思。惡乃是人不能守住本原而生，乃是後起的。

〔註36〕《二程集》（台北：漢京文化事業有限公司，1983年），頁10～11。

性，而惡是後起的意思。其有一個較為革命性的觀點，其認為惡亦不可不為性，但若如此言，天道必需為惡負責，那麼天道豈為至善？所以明道說不是性中有此兩物相對而生，這也是說在性的層次上，在天道的層次上（性與天命之層次可相類，乃因為明道在此引《中庸》的話而說「此理天命也」，表示天命之謂性的意思，故性理的層次可以類比於天命的層次），天道無所揀別，惡的產生乃是後起的，所以明道說「才說性時已不是性矣」，意思是一說性的時候便落入形下之對待，便不是以天道的身份在說話，天道的層次，不作相對區分，現實性便是理想性，天道至善，而人見其有惡，乃在人的觀點下而言，故人言的善惡層次，非天道的層次，此整菴於延平之語深有體會。〔註37〕

　　故可見整菴與明道對於天道之至善的意思是一樣的，同樣地，整菴所欣賞的張載，其天道論也是這個意思。張載認為，風雨霜露無非至教，〔註38〕如同天道不管處於風和日麗，或是括風下雨，都可以當作人們所學習的對象，此如同《易傳·大象》的意思，縱使天道處困，但在君子心中，還是升起一片道德感，面對此境而起效法之意。如困卦指的是處境艱難，天道這時不明朗而處困，但君子不是效法其不明朗，而是在此想到，雖然吾人處於困苦時，亦要堅持不懈，而完成道德，傚效天道能度過困苦，人也要能如此。故〈大象傳〉于困卦言：「澤無水，困，君子以致命遂志。」便是這意思。此亦是說在天道之至善方面，整菴、張子、明道三者無異，〔註39〕而且這與《易傳》的大象傳有著異曲同工之妙。而明道又有這樣的認為：

　　　　學禪者曰：「草木鳥獸之生，亦皆是幻。」曰：「子以為生息於春夏，
　　　　及至秋冬便卻變壞，便以為幻，故以人生為幻，何不付與他。物生

〔註37〕見《困知記》（北京：中華書局，1990年），頁22，第69條。
〔註38〕「天道四時行、百物生，無非至教；聖人之動，無非至德。天何言哉。」《周張全書》（台北：廣文書局，1979年），頁357。又同書，頁313言：「其感遇聚散為風雨、為霜雪，萬品之流形，山川之融結，糟粕煨燼，無非教也。」亦是這意思。
〔註39〕同上註，頁269～270。亦有這意思，所謂的「富貴福澤，將厚吾之生也，貧賤憂戚，庸玉女於成也。存，吾順事；沒，吾寧也。」當然這種說法亦可說是境依心而轉的意思，但此乃道德心所證成的天道，天道不是分別心下的善惡之判別，故亦可說天道是至善的。同樣的，明道所謂的他山之石，可以攻玉的意思，也是在吾人的道德心下所證成的天道，所謂的道無所不在，沒有空缺處，從人對我的不好，或是天道如後母般的刻薄對待，正是天道用來訓練我，而天道在此證下而為至善的意思。

　　死成壞，自有此理，何者爲幻？」〔註40〕
此亦是說天道不管是春或夏或秋或冬，或是括風下雨，雲行雨施，至道存焉，
有如是氣，便有如是理，天道之存在都是實事實理所貫注，沒有虛妄可言，
與整菴的理氣之一致的意思相同，有如是氣，理便一致而跟著上來，若如同
朱子之理弱氣強之說，強氣時，這時理是弱的，那麼強之理跑那去了呢？或
是強氣是虛妄的，或是理氣之鴻溝太大，此都如無法說明天道的至善性，故
可見朱子學的尊天性不如整菴、明道、張子等人來的強烈，只爲朱子要說明
惡的可能性，而整菴、張子、明道難道不用說明惡的可能性嗎？其解消方式，
以站在性天的角度上來看，惡者便非原本之惡了（如令人討厭的生物就其自
身而言是形上的善，就人的觀點看才爲惡），而朱子卻站在人的角度來說明
惡，所以會有理論上的不同。

　　同樣地，明道的天道論有這樣意思：「天地萬物之理無獨，必有對，皆自然
而然，非有安排也。」這意思與整菴所強謂的《易經》之〈伏羲八卦次序圖〉
是一樣的，都是自然而然，非人爲可安排，而且都是無獨有對的，當然太極本
身無對，但太極在整菴而言亦不過是萬理之總名，萬理自然而然的分殊而爲陰
陽、四象、八卦，都是相對而生，合於一陰一陽之道。在此可以說明道之天道
論思想所談的是自然之趨勢，所謂的黑夜白天之區分，但這也是天道的道德性
之呈現，明道便是把這兩個意思圓融的合說，而整菴也是在明道的這種講法裡
獲得靈感。而在此理氣一致的天道論裡，有一點值得注意者，便是這時的氣要
高看，所謂的全氣是神的意思，而不可視爲「惡事也有理」的自然主義。當然
也可以說《易傳》就有這意思了，〈伏羲八卦次序圖〉也散發著這意思。

　　總而言之，整菴的天道論，在理氣一致論上與明道一樣，視天道爲至善，
但在理之活動與否的問題上還是依於朱子學，無法進到明道的思想義理。談
完了明道對於天道論的看法與整菴如何承繼與發揮之後，吾人談整菴與明道
的工夫論，視其間有那些點相同或相異。

二、整菴對於明道工夫論的理解

　　整菴的工夫論，吾人於第二章談過，以誠明兩進做爲主要工夫入路，完全
是朱子學的工夫入路。至於明道的工夫論便不見得是朱子學的意思，但是整菴

〔註40〕　《二程集》（上）（台北：漢京文化事業有限公司，1983 年），頁 4。

總是以朱子學的進路解釋之，把明道的工夫論完全解理爲朱子學的誠明兩進的意思。明道的工夫進路，主要可從一本論或是〈識仁篇〉的進路看出，此二者是一致的，除此之外還有所謂的定性的工夫，亦是明道的工夫論的主要重點。

　　先看整菴對於明道的識仁的思想如何詮釋，其認爲：

> 二程教人，皆以知識爲先。其言見於《遺書》及諸門人所述，歷歷可考。《大學》所謂：『欲誠其意者，先致其知。知至而後意誠。』此不易之序也。〔註41〕

整菴認爲大程子、小程子皆是教人先格物窮理而有所知，知後才行的工夫入路。若說小程子是如此，大致而言是正確的，但明道先生的工夫入路也是如此嗎？整菴於另一段這樣說：「明道先生云：『知性善，以忠信爲本，此先立其大者。』說得頭腦分明，工夫切當。始終條理，概具於三言之中。」〔註42〕首先從這裡看出整菴之理解明道這句話時，其認爲所謂的知性善，便是要先有所知，要格物窮理，窮格性理，如同朱子解《孟子》盡心知性時的意思，所謂知性便是格物窮理，如此心之全體大用才稱爲得以盡。整菴又認爲此是終始條理的意思，故可見整菴以朱子的孟子學的意思解釋明道，亦是說這句話整菴解釋爲，知性善是要人格物窮理，此爲先務之工夫；而以忠信爲本，此爲誠意的工夫。或說前者是知之事，後者是聖之事或是仁之事。而明道先生又云此先立其大者，先立其大的意思朱子與象山的解釋不同，就朱子學而言乃是先知後行的意思，知才是所謂的大者，亦是第一義的意思。但明道似乎沒有說過這樣的話，明道只有本著乾卦的〈文言〉裡談到：「忠信，所以進德也；修辭立其誠，所以居業也。」〔註43〕而整菴便是把忠信視爲仁之事、誠之事，而修辭視爲格物窮理的意思，這與朱子把孟子的知言的意思視爲格物窮理的意思一致。整菴認爲，先修辭以知其理，然後是誠的工夫，做忠信的工夫。但縱使這句話「知性善，以忠信爲本，此先立其大者。」是明道講的，也不該如同整菴所解釋的意思，這時知的

〔註41〕　羅整菴：《困知記》（北京：中華書局，1990年），頁21。「知性善以忠信爲本」
　　　　　此意思似乎不見於明道先生的遺言裡，但見於《朱子語類》末卷，問遺書的部
　　　　　分：「『知性善以忠信爲本。』須是的然識得這箇物事，然後從忠信做將去。若
　　　　　不識得這箇，不知是做甚麼，故曰：『先立乎其大者。』」《朱子語類》（八）（台
　　　　　北：文津出版社，1986年），頁3342。朱子的解釋方式還是先格物窮理的先知
　　　　　後行的意思。不知整菴是否從這裡抄出，又不知是否把伊川的話判爲明道的
　　　　　話，但這無關緊要。《朱子語類》有類似談忠信的話語，且認爲是伊川之言。
〔註42〕　同上註，頁90。
〔註43〕　見《易傳·乾文言》。

意味輕，而重在人性本善的意思，所謂的知性善乃是與《易傳‧說卦》的「窮理盡性以至於命」的意思相類，觀其上一句話，乃「和順道德而理於義」，亦是說此是《易傳》所教人的性命之學，但性命之學，不是從知識、學問上來契入，而是從道德上來契入，故「窮理盡性以至於命」，比配於「和順道德而理於義」而言，都是就道德義上而言，窮理盡性的意思，是知道所謂的人存在的終極意義與目的，而盡其上天所付於人的本性而發揮之，這並非格物窮理才能知道。明道也是這個意思，其認為：「『窮理盡性以至於命』，三事一時並了，元無次序，不可將窮理作知之事。若實窮得理，即性命亦可了。（明）」〔註44〕明道認為不可把窮理視為知之事，而整菴卻硬要說成是知之事。既然不是知之事，又如何可以比配為朱子的孟子學之終始條理的意思呢？而且孟子言的終始條理的意思，知之事也不當如朱子的格物窮理的意思，此乃是言智慧的事，而且是道德實踐之智慧的之學，故不當如同整菴、朱子學的格物窮理的意思。故所謂的知性善而以忠信為本的意思，乃是人要先知道人自己的使命，而堅持忠信之道德原則以貫徹之，正是孟子、象山的義利之辨的立其大的意思，〔註45〕非朱子的先格物窮理為立其大的意思。

再回到「知性善」等語的意思，整菴本著朱子學的意思或許可以回辯，此不正是所謂的《孟子》的盡心知性知天的意思，而且盡心知性的意思要從朱子的詮釋來解釋，先要知其性理，然後心之全體大用無不盡。但是吾人認為，從朱子解釋《孟子》的盡心知性的意思，來比較明道解釋《孟子》盡心知性的意思，便可比較出其相異，而且是兩大系統的不一樣，明道言：

嘗喻以心知天，猶居京師往長安，但知出西門便可到長安。此猶是

〔註44〕《二程集》（上）（台北：漢京文化事業有限公司，1983年），頁15。後文註個明字表明道所言。

〔註45〕「程子曰：『聖賢千言萬語，只是欲人將已放之心，約之使反，復入身來，自能尋向上去，下學而上達也。』席文同《鳴冤錄提綱》有云：『孟子之言，程子得之。程子之後，陸子得之。』然所引程子之言，只到『復入身來』而止。最緊要是『自能尋向上去，下學而上達』二語，卻裁去不用，果何說耶？似此之見，非惟無以直象山之冤，正恐不免冤屈程子也。」見羅整菴：《困知記》（北京：中華書局，1990年），頁37。程子的下學上達不是朱子的意思，而是指下學人事，即便是天理，所謂的一本論。否則人是人，天是天，要以人合天，天人終是二。而是人就是天理之一。此象山的意思得之，象山雖沒有談程子的下學上達，而其義理，談吾心即宇宙，宇宙即吾心，豈有整菴所言不能談下學上達之意思呢？故席文同為象山鳴冤是對的，反而整菴隔著朱子學而不契合於明道思想。

> 言作兩處。若要誠實，只在京師，便是長安，更不可別求長安。只
> 心便是天，盡之便知性，知性便知天，當處便認取，更不可外求。
> 〔註46〕

若整菴見此語，便會如此認定，其將言明道亦是要人以心之虛靈來覺知性天
的道理，其於《困知記》有這樣的意思：「『窮理盡性以至於命』，二程所言，
乃大賢以上之事，張子所言，乃學者事。然物格知至，則性命無不了然，更
無漸次，若行到盡處，則有未易言者爾。」〔註47〕整菴區別明道與張子的「窮
理盡性以至於命」之不同解釋，乃在於張子是以人合天之思想，而明道認爲
天人本一，人便是天，故整菴以朱子學的架構認爲，工夫本是要下學以上達，
而明道工夫的進路何以一下子便講得那麼高呢？原來明道所談是聖人境界，
如同《中庸》的以聖人配天的境界，故《中庸》在朱子的《四書》之編排的
次序要放在最後，學者不可躐等一下子學那麼高的境界。當然這是朱子、整
菴學如此認爲。在朱子而言，朱子可能已不滿於明道，故常批評其弟子，而
爲賢者諱。但是整菴卻完全沒有意識到朱子學與明道學的距離，亦是說其視
二程之學常視爲大小程子的義理是一致的，頂多只是小有未合，而且是把明
道的義理伊川化了（天道的圓融義除外），故視明道合於朱子學，如此把明道
的原本義理犧牲掉了。至於窮理盡性的意思，明道的看法與朱子的下學上達
的漸進式之不同，不是在於學者與聖人之事之不同，而在於工夫是否便能是
本體的意思之義理講得通與否的問題。明道認爲天人本一，不可離人說天，
否則天與人爲二。而且其解釋孟子的盡心知性知天的意思，與朱子的解法，
南轅北轍。明道認爲「只心便是天，盡之便知性。」〔註48〕這裡的之字乃代
名詞，代表著前面的心字，亦是說明道的工夫順序是盡心而後知性，而朱子
學的工夫進路剛好相反，先知性而後盡心，此剛好分別出兩大學問系統之不
同。以朱子學而言，性理爲首出，但先秦儒學之判準若定在孔孟的話，其義
理，性理不能首出，一旦首出，則是先有性理、先有客觀的標準，而後心依
其客觀的標準而行，心與性的地位在朱子學而言，性比心重要，心常是私心，
要格物窮理後，心才願意服從於客觀標準的性理，才能少有私心。而心學或

〔註46〕同註 46，頁 15。《宋元學案》將此段列爲明道語，今從之，且從一本論的架
　　　　構上來看，亦當爲明道語。
〔註47〕同註 45，頁 14。
〔註48〕《二程集》（台北：漢京文化事業有限公司，1983 年），頁 15。

是明道學或是孔孟的原本義理不是如此，性理不當首出，性理依心而有，所以說先盡心，即努力於道德實踐的同時，然後才知上天所賦予我的使命，如此心性天合而爲一，而一時並了，這是可能的。若是朱子學，則只能慢慢格物窮理，三事一時並了連聖人都有困難。而且性理若是首出，以牟宗三先生的語言來講，便是道德意義的減殺，便是他律道德。當然，此亦可說是道德性的擴大化，擴大化到天地萬物都是這個道德之理。其實若依《中庸》、《易傳》的系統，其系統爲心即理的義理便可以如此說，性理依心而有，理又可以下貫爲心。但是一旦依於朱子學的心不即理，以心知這個性理，而這性理又是先於心存在，而重點又在於此客觀標準之性理時，性理便是存有之理，而不先從心的義利之辨產生，容易道德的存有化，而不是從心的不安不忍裡產生。因爲朱子學言的性理，不管心的存在與否，其亙古恒存，故是存在論式的，而非依心的義利之辨而有。故可見之所以發生整菴學、朱子學不同於先秦儒學的問題，乃在於先秦儒學除了孔孟思想外，還有《易傳》、《中庸》重天道論的系統，而天道論的系統有兩種方式解釋之，一是此天道天理便是在吾人的道德心呈現下所見的宇宙，此乃心學的進路，也是心即理的進路，此亦是尊意志性的入路，意志的自律便是天理的呈現。而另一入路便是朱子學的進路，以心知理的進路完成，此進路是尊天亦是尊知之德的進路，此與孔孟的義理有所出入，但是開出了另一個離開心學而以天道論來講論道德的方式，〔註49〕亦創造一大宗派。

在此回到明道的識仁意思的認定上，整菴已經以朱子學的方式解釋明道的〈識仁篇〉的意思。明道〈識仁篇〉的開頭第一句：「學者須先識仁。」整菴理解爲仁是性理、天理，故工夫在於先格物窮理，而且識仁篇是爲學者而言，非如同「窮理盡性以至於命，三事一時並了」是談聖人的境界。故工夫是在誠明兩進，而先行的工夫，便是了解仁理，仁理也是義、禮、智之理。整菴如是言：

> 程子所謂，「必有事焉而勿正，心勿忘，勿助長，未嘗致纖毫之力」，此其存之之道。須是灼見仁體之後，方可議此。今猶未識仁體，便要做自然的工夫，已明是助長了。只管翻來覆去，將勿忘勿助四字滕說不置，豈程子之所望於後學乎！誠欲識仁，須實用格物工夫乃可。格物工夫脫不得勿忘勿助，然便要不費纖毫之力，是誣也。凡

〔註49〕當然性理亦在吾人之心，不過心與理爲二。

程子之言具於《大學或問》中者，斷不容易。眞積力久，自當豁然
有箇覺處，斯識仁矣。識仁固已得其大者，然其間精微處，未必便
能盡。故程子又有「存久自明」之訓，説得都無滲漏也。以此知吾
人爲學，必須循序漸進，範我馳驅，如行萬里之途，決非一蹴所能
到。其或好高欲速，有能免於差謬而得所歸宿者，鮮矣。〔註50〕

此是整菴批評白沙、甘泉一派的心學，以自然爲宗，非儒學之正宗，亦不合於
整菴所認定程明道的誠明兩進之工夫義理。而儒學之正宗爲何？整菴認定乃朱
子學，且朱子傳承自孟子，當然這只是整菴的看法，不見得是事實。朱子學以
其義理架構，解釋孟子的〈知言養氣〉章，認爲知言乃格物窮理之事，養氣乃
誠意正心之事。而《孟子》書裡何以先談養氣而後談知言，若如此，則工夫進
路並非如同朱子學的認定以格物窮理爲先，而是養氣爲先了。但朱子有這樣的
看法，其認爲知言重要，故放著壓軸，這也是公孫丑懂得問話的技巧。〔註51〕
整菴亦守著朱子的孟子學，其認爲工夫在於先知言，或說是先格物窮理，而後
養氣，而孟子言勿忘勿助的工夫乃是在養氣之脈絡下，故在勿忘勿助之前，先
要有知言、格物工夫，否則勿忘勿助如何可能。故整菴以同樣的朱子學的方式，
解釋程子的〈識仁篇〉，〈識仁篇〉裡談到：「學者須先識仁。……『必有事焉而
勿正，心勿忘，勿助長』，未嘗致纖毫之力。」〔註52〕明道的識仁是朱子學的格
物義嗎？明道弟子龜山所認爲的仁便與朱子不同，楊龜山喜談明道的仁者與天
地萬物爲一體之境界，但朱子在〈仁說〉裡批評之，其認爲與天地萬物爲一體
是仁者的境界，亦是說仁者便能與天地萬物爲一體，但與天地萬物爲一體不是
仁之定義。此如同仁者必有言，但有言者不必有仁的意思。〔註53〕亦是說朱子
認定的仁，不見得合於龜山、明道的意思，明道言仁，除此段之外，還談到不
痿痺爲仁，〔註54〕及「切脈最可體仁」、「觀雞雛。此可觀仁。」〔註55〕從這些

〔註50〕　羅整菴：《困知記》（北京：中華書局，1990年），頁98。
〔註51〕　關於朱子對於孟子的〈知言養氣〉章的詮釋，可參見拙著，蔡家和：〈朱子的
　　　　孟子學——以知言養氣篇爲例〉《第一屆青年儒學國際學術會議論文集》（中
　　　　壢：中央大學，2003年），頁244～268。吾人在此文裡批評朱子這種"重點
　　　　放爲壓軸"的講法，即何以《大學》的格物工夫不放壓軸？
〔註52〕　《二程集》（台北：漢京文化事業有限公司，1983年），頁16～17。後語加了
　　　　個明字，表示是明道的話。
〔註53〕　《朱熹集》（六）（成都：四川教育出版社，1996年），卷六十七，頁3542～
　　　　3544。
〔註54〕　「醫書言手足痿痺爲不仁。」《二程集》（台北：漢京文化事業有限公司，1983

話語來看，仁便不能如同朱子所言的只是理，而且是無造作、無計度之理，不可以擬人化之比喻來視仁。明道的仁卻是感通，是覺情，從萬物的生生之氣象裡體會天地之仁心，故可見整菴依朱子學的意思來解釋明道，其不合於明道自可見。〔註56〕故明道的識仁的意思不當是格物窮理的意思，而是能與天地萬物感通的意思，即指仁心能呈現而感通不隔的意思，與朱子的定義大異其趣，朱子言的仁只是生生之理，只是使生成爲可能之理則，而不是生生本身。

　　整菴除了對於明道的識仁思想以朱子學的格物窮理的意思解釋之，對於〈定性書〉的工夫義理，亦是以朱子學的工夫解釋之。在吾人談明道的天道論時之段落的討論，吾人談及所謂的明道對於〈定性書〉的看法，其認爲性即是理也，但這並不能決定教派之方向，因爲性即理雖是程朱的固定思想義理，但心學亦可言性即理，乃心即性即理，心學、理學之不同在於理是否可以下貫而爲心，天道性命相通與否的問題，而光是性即是理的義涵，並不能斷定是爲心學或是程朱學。而整菴卻一味的認爲明道的〈定性書〉的義理便是朱子義的格物窮理之意思，其言：

> 動亦定，靜亦定，性之本體然也。動靜之不常者，心也。聖人性之，心即理，理即心，本體常自湛然，了無動靜之別。常人所以膠膠擾擾，曾無須臾之定貼者，心役於物而迷其性也。夫事物雖多，皆性分中所有。苟能順其理而應之，亦自無事。然而明有未燭，誠有弗存，平時

　　年），頁15。

〔註55〕同上註，頁59。

〔註56〕「仁至難言。孔子之答問仁，皆止言其用力之方。孟子亦未嘗明言其義，其曰『仁，人心也』，蓋即此以明彼，見其甚切於人，而不可失爾，與下文『人路』之義同。故李延平謂『孟子不是將心訓仁』，其見卓矣。然學者類莫之察，往往遂失其旨。歷選諸儒先之訓，惟程伯子所謂『渾然與物同體』，似爲盡之。且以爲『義禮智信皆仁』，則粲然之分，無一不具。惟其無一不具，故徹頭徹尾，莫非是物，此其所以爲渾然也。張子〈西銘〉，其大意皆與此合。他如『曰公』，『曰愛』之類，自同體而推之，皆可見矣。」羅整菴：《困知記》（北京：中華書局，1990年），頁11。從整菴這一段對於仁的看法，可見完全是朱子學的意思。孟子說「仁，人心也」，朱子解不通於是說，就人心之近處指仁最切近，意思是指心統性情之義理下的性理爲仁。而明道的「渾然與物同體」的意思，與「義理智信皆仁」也，整菴認定爲朱子學的性理之未發時的渾然，與已發的粲然言之。但仁可以包四德，這《易傳》就已言之了，亦是共法，不能定出學問系統之不同。而至於「曰愛」與「同體」的講法一樣，在朱子學而言，都是仁的境界後的表現，但本身不是仁，即仁便能愛，但愛不足以定義仁。故看出整菴以朱子學的意思視仁爲性理來解釋明道的話。

既無所主，則臨事之際，又惡知理之所在而順之乎！故必誠明兩進，

工夫純熟，然後定性可得而言，此學者之所當勉也。〔註57〕

對於定性的看法，在朱子與牟宗三先生而言，其二人皆認爲所謂的定性當爲定心的意思。〔註58〕以朱子學而言，性無所謂動靜，存有而不活動者也，故工夫亦不在性上用，性發爲情，然後見情之得正與否，而情也是突然而發，這裡也不是做工夫的地方，工夫在於心統性情之發，這時看能否讓心清明，以讓情之發能中節，故心才是下工夫的地方，所以朱子認爲定性當爲定心的意思。明道之學可說心即理之系統，客觀面與主觀面皆飽滿，故其學是心即性即天的意思，所以定性亦是定心的意思，而且性理是依心之自覺而有，不是客觀之實存先擺在那兒，後者的講法爲朱子學的講法。故朱子學與牟宗三先生雖都認爲明道的定性的意思是定心的講法，但其二人的意思其實大異其趣。

而整菴本著朱子的義理，雖沒有像朱子學一樣認定明道的定性是定心的意思，但其義理還是朱子學。其言「動亦定，靜亦定，性之本體然也。」性無所謂動靜，有動靜是心，心之憧憧往來，朋從爾思裡，〔註59〕常有動靜之不常，有時動而心內跟著奔馳而不能止息，有時趨於靜，而不能應物，這是私心之毛病，而要改善這毛病，便不可依於私心，私心依每個人的氣質之不同而異，沒有普遍性，要達到普遍性，心要依於性理，依於性理才能廓然大公，而不會有私心之蔽，故整菴認爲明道的「動亦定，靜亦定」的意思，便是心的動靜要依止於性理，便能得其常而有定，而不會產生動而不止、靜而枯寂的毛病。故整菴又言：「聖人性之，心即理，理即心」，乃是本著孟子言的堯舜性之的意思，而《孟子》的本意乃是堯舜依乎自然，上根人者，故乃生而知之之層次，好像天生而有，而一般人也是天生而有，但很容易受氣質之托累，而要做工夫以復本原之性善。而整菴的聖人性之的意思，有點相似於本意，乃聖人能完全合於上天之使命，上天所付予人的道德性，這也是存在之理，即是仁義禮智的意思。孟子對性的解法，在此「性之」之義，乃先秦之普遍講法，以生釋性的意思，故爲生而有之的意思。而朱子、整菴的性之的意思，乃是依於性理而行的意思，有些微的不同。故整菴解明道的「心

〔註57〕同上註，頁22。

〔註58〕可參見牟宗三：《心體與性體》（二）（台北：正中書局，1996年），頁235。牟先生認爲性體本身沒有動靜，此定性是工夫論上的意思，故當爲定心，但與朱子的心氣之平靜的意思還是不同。

〔註59〕此爲《易經》原文，〈定性書〉引用之，此依〈定性書〉而言。

即理，理即心」的意思還是不能依於心學的意思解釋之，而是心無私欲，而完全以超越的性理爲主的意思，還是心具理的系統，但這時的心，通體透明，完全照亮出性理而依於性理，這是心之虛靈明覺的功能，而其工夫便在於格物窮理。故整菴在此還是以朱子學的誠明兩進之學來解釋明道的〈定性書〉的意思。但吾人還是認爲光〈定性書〉系統內之判定不能決斷出一個方向，故在此要以〈定性書〉以外找明道的其他思想補充之。而吾人認爲若衡斷之以明道的一本論而言，這種圓頓的義理思想，朱子、整菴之下學上達的漸教義理不能相合，〔註 60〕故吾人還是認爲明道的〈定性書〉之工夫論的架構較合於心學義理，工夫即本體，而朱子學的「用工夫以復本體」之工夫論義理遠離了明道的原本意思。

再看另一段整菴之評明道〈定性書〉的義理，其言：

> 明道先生〈答定性書〉有云：「且以性爲隨物於外，則當其在外時，何者爲在內？是有意於絕外誘，而不知性之無內外也。」此數句最緊要，最要體認。若認得分明，去用「廓然大公，物來順應」工夫，方有下落。「性無內外」云者，內外只是一理也。〔註 61〕

整菴以誠明兩進的工夫解釋明道〈定性書〉的意思，其認爲內外一理之體認要

〔註 60〕「李丈問：「『「天地設位，而易行乎其中」，只是敬』，如何？」曰：「易是自然造化。聖人本意只說自然造化流行，程子是將來就人身上說。敬則這道理流行，不敬便間斷了。前輩引經文，多是借來說己意。如『必有事焉，而勿正，必勿忘，勿助長』，孟子意是說做工夫處，程子卻引來『鳶飛魚躍』處，說自然道理。若知得『鳶飛魚躍』，便了此一語。又如『必有事焉』，程子謂有事於敬，此處那有敬意？亦是借來做自己說。」」《朱子語類》（六）（台北：文津出版社，1986 年），頁 2463。從這一段可見朱子的工夫論思想不合於明道的工夫論思想。《易傳》原文：「天地設位而易行乎其中」，後面緊接著言：「成性存存，道義之門。」這便是以人的誠敬而上合於天道，誠敬便是天道，而朱子卻說這裡只是自然之造化。但自然之造化，人如何契合之呢？以明道的一本論而言，誠敬便是天道的流行，不可離個誠敬，說個天，又說個人，而天人二本。故明道的意思，誠敬的工夫本身便是本體的流行，而朱子卻認爲這裡只有談天道流行，沒有談敬之工夫，因爲朱子的敬的工夫是在心氣上做，而《易傳》此段文的後面所言「成性存存，道義之門」，在朱子看來都是談性理，而不是談心上的工夫，因爲性或是道義雖是吾人所本有，但還是天理，不是心。故朱子的工夫論很清楚的不合於明道的一本論的意思。而《朱子語類》裡引「李丈問」一段的下一段裡，朱子又說這敬的講法是伊川言的，但其實不是伊川言的，而是明道言的，可參見《二程集》（台北：漢京文化事業公司，1983 年），頁 118。此乃〈明道先生語一〉。

〔註 61〕見《困知記》（北京：中華書局，1990 年），頁 107。

在先，此爲格物之事，若如此則能先知後行，然後用誠的工夫，所謂「廓然大公，物來順應」便有著落。此完全是朱子學的意思，如同朱子之解釋《孟子》的〈知言養氣章〉一般，視知言爲格窮理之事，視養氣爲誠意之事，而孟子于養氣時談勿忘勿助，如同明道所言的物來順應，〔註62〕而沒有私心之助長。而誠意乃在知言工夫之後，故能廓然大公，物來順應，乃是格物後才可能的。但其實朱子學還是不合於孟子學，不合於明道的義理。其不合於孟子學，乃孟子在〈知言養氣章〉裡批評告子不知義，以其外之也，批評告子是義外的思想，義乃在吾人的心呈現與否上表現，非如同朱子的意思，義乃性理，先心而客觀性的存有著。而朱子學對於仁義理智乃性理的意思，認爲內外一理，即性理在內也在外，在吾人心中，也在客觀事物身上，故朱子談告子的義外之說，認爲告子是把義推之在外而不管的意思，與孟子的原意，告子乃不知義要依心而有之義外不同，而告子正是道德標準在外的意思。此與《孟子・告子篇》的解釋是一致，如同「彼長而我長之」，「彼白而我白之」，這是成就知識，而非道德的令式，道德的令式依心而有，故義爲內而不爲外。故可見朱子、整菴學不合於孟子學。而在此整菴把明道思想解釋成朱子詮釋下的孟子，非明道的本意，從其內外一理的解釋方式，可見其不合於明道，〔註63〕亦不合於孟子。而明道的

〔註62〕「習忘可以養生者，以其不留情也。學道則異于是。必有事焉而勿正，何謂乎？且出入起居寧無事者？正心以待之，則先事而迎；忘則涉乎去念，助則近於留情，故聖人心如鑑，孟子所以異於釋氏心也。」《上蔡語錄》（台北：中文出版社，日本寶歷六年刊本），頁36～37，此乃上蔡引明道之言。從這一段可見明道用孟子的勿忘勿助思想解釋其〈定性書〉的義理。明道之學合於孟子學，而朱子學不合孟子，故不合於明道。

〔註63〕「格物之義，凡高論所及，皆學者之所習聞，但於『豁然貫通』處，不知何故略不拈及？程子曰：『學而無覺，則亦何以學爲哉！』此事全在覺悟，不然，雖格盡天下之物，內外終成兩片，終不能無惑也。僕言『理一分殊最盡』，只是說道體。又嘗言，『所貴乎格物者，正欲即其分之殊，而有見乎理之一』，方是說下學工夫。舉『分殊』，則事物不待言矣，說『正欲』，便是教學者於分殊上體認。果能灼見此理之一，精粗隱顯，上下四方一齊穿透，尚安有毫髮之不盡乎？此則所謂物格而知至也。僕雖不敏，曷嘗『徒守理一分殊之說』！但遍觀自古聖賢論學，未有專事於博，而不歸諸約者，故常以反說約爲主。執事才拈著一句，更不推尋上下文意，輒譬之『水上打棍』，『水底摸針』。斯言也，無乃傷於易乎！抑其中或有所不快乎！」見羅整菴：《困知記》（北京：中華書局，1990年），頁159～160。雖整菴也可以解明道的覺悟之語。但其覺悟的意思，不是心學的覺的意思，所謂的覺便是感通不麻木。整菴的覺還是朱子學的意思，所謂的格物到一個臨界點而能豁然貫通的意思，而不是程子的誠敬便是本體之覺悟的意思。故明道之學不同於朱子學。

義理，如同吾人上文所言，要把仁訓為覺、訓為心，而不是把仁視為只是但理。而且從明道的一本論的意思，看出其非為朱子學。在此整菴以明道的「性無內外」為朱子理論的內外一理的意思。但首先明道是否視性為理呢？似乎有這意思。但這不能判別出系統，因為還是可能是心學的心即性即天理的意思。吾人認為，其性無內外的意思，以一本論衡定之，在誠敬之心呈現時，工夫便是本體，這時的盡心之努力，亦能知性而知天，這時的性不從分別心而生，故無內外，且如同明道所欣賞的〈艮卦〉，這時定於自己的本性，止於內與止於外是一致的，所謂的不見其身與不見其人是一致的，故說性無內外。故不見得明道言的無內外，便是朱子的內外一理的意思。故朱子、整菴學不合於明道。但是整菴還是心裡頭最為尊敬明道，整菴是在誤認明道學為朱子學下而尊敬之，而且比朱子學更為推崇明道。朱子看待明道的方式，其實與整菴不同，朱子明為尊崇明道，而暗裡批評五峰學，批評龜山、批評上蔡，其都是在暗地裡反對明道的意思。朱子有意識的不合於明道，而整菴卻沒有意識到，只有在天道論的半套——所謂理氣之圓融一致上，合於明道。

整菴想要完全回到明道，卻在此敗筆，因為其本著朱子學的工夫，工夫不能是本體自身，故工夫論不合於明道；而在天道論上，其天道論的理氣之一致的看法雖合於明道，但天理的活動與否的意思不能合於明道，因為明道的圓頓義理，即心言天，天也可以下貫而為心，都是活動的，而整菴卻說不上這意思。從整菴的工夫論裡看出其天道論正是兩不著邊，又不能完全合於明道，亦不願意回到朱子學。

三、結　語

綜上所言，整菴的思想對於明道的繼承而言，只繼承了理氣之圓融一致的意思，至於明道亦言天人之圓融一致的意思，整菴並沒有繼承到，在這方面上他還是停留在朱子學，而不能回到明道的義理方向。〔註 64〕因為以明道的意思而言反而類於黃宗羲的天人一一對應之意思，而整菴只有在聖人這一點上才是天人合一，故常要以人合天，乃朱子義的做工夫以復本體式的天人

〔註64〕 整菴不能完全繼承明道的意思，而是用明道圓融一本的言說方式以表達朱子之義理，此意思參見楊祖漢老師論文〈李栗谷與羅整菴思想之比較〉《哲學與文化月刊》（台北：輔仁大學，2004 年 8 月）第三十一卷第八期，頁 55，第一點。

合一，與明道的意思不同。故從工夫論上與明道之不相契，看出其實整菴的
天道論與明道亦是有距離，即天理不能活動而下貫爲心的意思不合於明道，
此是整菴的學問義理之大致性格。

第四章　羅整菴與王陽明的論辯——心學與理學之比較

　　本文取整菴與陽明論辯之四封書信，整菴寫給陽明二封，而陽明除了贈《大學古本》時之書信外，亦回了一封書信給整菴，故亦有二封書信可探討。吾人以此四封書信做為整菴與陽明的論學資料，代表著心學與理學之論辯之題材以討論之。除此之外，吾人亦錄了羅整菴《困知記》裡批評心學的言論作為討論之內容。從雙方的論辯之立基上來看，很容易看出雙方各自的立場。

一、第一次書信往復

（一）王陽明寄《大學古本》給整菴

　　此論辯之發端乃王陽明作〈大學古本序〉，並將此序與《大學古本》送給整菴，而整菴覺得其〈大學古本序〉之文明白在反對朱子，於是站在朱子學立場，予以回信辯駁，發其書信辯論之開端。陽明作此〈大學古本序〉後寄給整菴，整菴收到此書，已在陽明作此序的一年半以後了。〈序〉云：

> 《大學》之要，誠意而已矣。誠意之功，格物而已矣。誠意之極，止至善而已矣。正心，復其體也。修身，著其用也。以言乎己，謂之明德。以言乎人，謂之親民。以言乎天地之間，則備矣。是故至善也者，心之本體也，動而後有不善。意者，其動也。物者，其事也。格物以誠意，復其不善之動而已矣。不善復而體正，體正而無不善之動矣，是之謂止至善。聖人懼人之求之於外也，而反覆其辭。舊本析，而聖人之意亡矣。是故不本於誠意，而徒以格物者，謂之

支，不事於格物，而徒以誠意者，謂之虛。支與虛，其於至善也遠
矣。合之以敬而益綴，補之以〈傳〉而益離。吾懼學之日遠於至善
也，去分章而復舊本，傍爲之什以引其義，庶幾復見聖人之心，而
求之者有其要。噫，罪我者，其亦以是矣。〔註1〕

陽明的心學思想，以尊德性爲主，故其對於《大學》的思想，工夫的主要重
點在於誠意，而朱子所重視的格物窮理之學，在陽明而言並不重視，陽明雖
也用格物的辭語，不過格物的意思，已不是朱子的本意了，而實是所謂的誠
意的另一代名詞。所以整個《大學》的宗旨，三綱領八條目，在陽明而言，
都是圍繞著誠意工夫而言，縱使做到「止至善」，也是讓心所發的意能誠懇，
沒有一毫私欲之障蔽，如此回到赤子之良知良能，這就是至善。此與朱子的
至善之意思，有所不同。朱子所言的至善，乃是事理當然之極也。〔註2〕在朱
子而言，意乃心之所發，不管是意或是心，都不是所謂的極則，眞正的事物
當然之理在客觀事物本身，雖其也存於吾人之心，所謂心之德——所謂性也，
仁義禮智也。而對於陽明而言，事物當然之理，不可離心而言一個當然之理，
當然之理是良知自己所決定的方向，而不是在外在事物上尋找，雖然就儒學
而言不能離開人倫事物，但主要義理之方向還是求之在內而不是外，陽明認
爲這是所謂孟子的義內之說。而朱子的格物窮理之學，在陽明而言視爲義外
之說，〔註3〕且朱子的〈大學格致補傳〉，陽明視爲多餘，且不合於《大學古
本》，或是陽明所稱的舊本，所以陽明說，舊本析而聖人之意亡矣，即是批評
朱子把舊本一分析，認爲還有一些意思可以增補，於是做〈格致補傳〉，一增
補了之後就不再是聖人的原意了。

　　所以就格物而言，在陽明看來，乃是面對外物，而正其心，例如面對事

〔註1〕 羅整菴：《困知記》(北京：中華書局，1990 年)，頁 95。整菴所引之文，與陽
明全書所引之文有不同，可參見《王陽明全書》(上海：上海古籍出版社，1997
年)，頁 242～243。

〔註2〕 朱子：《四書章句集註》(台北：鵝湖出版社，1984 年)，頁 3。

〔註3〕 「嘗見《傳習錄》有云：『於事事物物上求至善，卻是義外。至善是心之本體。』
又云：『至善，即是此心純乎天理之極便是，更於事物上怎生求？』以此知陽
明不曾尋見理字。」羅整菴：《困知記》(北京：中華書局，1990 年)，頁 152
～153。整菴本著朱子學，認爲天理在天地之間，也在吾人的心裡，故此不當
作義外。朱子不契於孟子的心學，但契於客觀天理之學說，其解告子的義外，
是認爲把義推在外面而不管，吾人認爲不是如此，孟子言告子的義外乃標準
在外面的意思。

物時，是否能保持其良心之正。物在陽明的定義爲意之所在爲物，或是明覺之感應爲物，也就是心的對象，或說是事情的意思。而格者，正其不正，以歸於正，乃是面對事物時，看心是否爲正，這是陽明的格物的意思，與朱子的格物窮理的意思大不相同。故陽明的格物義與正心意思相同。而整菴的系統不同於陽明，同時也無法理解陽明的文字所表達的意思，其言：

> 夫此其全文也，首尾數百言，並無一言及於致知。近見《陽明文錄》，有〈大學古本序〉，始改用致知立說，於格物更不提起。其結語云：「乃若致知，則存乎心悟。致知焉，盡矣。」陽明學術，以良知爲大頭腦，其初序《大學古本》，明斥朱子傳註爲支離，何故卻將大頭腦遺下？豈其擬議之未定歟？合二序而觀之，安排布置，委曲遷就，不可謂不勞矣。然於《大學》本旨，惡能掩其陰離陽合之迹乎！〔註4〕

在此，整菴不明白陽明的意思。在朱子的《大學》系統裡，物格而後知至，物格是對外物而言，知至表示吾人之內心已了解，一內一外，不可相離。而陽明一下子可以談格物，一下子可以談致知、致良知，一下子又談誠意，其實都是相貫通的，心意知物在陽明而言都是談誠意的意思。誠意便是讓不誠的意自己做主而成爲誠懇的意志，〔註5〕讓心體得其原本性命之正，讓良知自己是動力源源不絕而出，面對物時，考慮是否自己的心是公正無私。故並不能如整菴所言，因爲沒有出現良知字眼，而良知教又是陽明所強調的，就認爲遺卻大頭腦。因爲說誠意時，也是說致良知的意思。雖然整菴所見的陽明〈大學古本序〉的版本不同，但不礙其爲前後思想一致。

縱使整菴理解了陽明的意思，其站在朱子學之立場，還是批評陽明，其言：

> 《大學》八條目，八箇字虛，八箇字實，須字字看得有下落，不相混淆，方是本旨。而先後兩字果見得親切，自然那動分毫不得。若可隨意那動，先者可後，後者可先，則非所以爲聖人之訓矣。或謂，「物格知至，則意便誠，心便正，身便修，更不用做工夫。」此言尤錯。即如此，經文何須節節下而後兩字乎？姑無取證於經文，反求諸身，有以見其決不然者。〔註6〕

《大學》八條目裡，格物，致知，誠意，正心，脩身，齊家，治國，平天下，

〔註4〕　同上註，頁95～96。
〔註5〕　或者可以用陽明的四句教之說法解釋誠意，即不誠的意以心體作主而讓意誠懇。
〔註6〕　羅整菴：《困知記》(北京：中華書局，1990年)，頁96。

十七個字，整菴把「天下」視爲一個字辭，所以說八個字虛，八個字實。所謂
虛者，乃是言工夫字，即所謂的格致誠正等動詞的詞語；而工夫所面對的對象，
如物、知、意、心等乃是工夫的實下手地，此乃是實。例如格物，以整菴、朱
子學而言，便是要窮理，窮是工夫、動作，而理是天地之實事實理，此乃是實，
所以朱子用虛實之辨以批評佛學的虛而不能實，乃是批評其不談天理、定理的
意思。而在《大學》工夫裡，有其不可易之進路與順序，所以雖然陽明可以說
其格物就是誠意的意思，但整菴認爲這違背《大學》之原意，原文提到：「古之
欲明明德於天下者，……先正其心，……先誠其意。」〔註7〕即使陽明所取的
《大學古本》，亦有如上的「先後」字眼，這是整菴批評陽明的地方。

　　而引文末，整菴認爲《大學》工夫應就身心體驗上來談。例如陽明心學
不執著於古文經書，縱使是聖人所言，求之於良知不合，陽明亦不相信，因
爲聖人所言的對錯與否，還是要以人人都有的良知、道德理性爲標準。於是
整菴也不談《大學》經文，而直接回到個人的修養體證上來講，他覺得這是
最爲實在的。在此吾人認爲這種講法沒有信服力，因爲陽明能如此解釋經文，
也是透過身體力行所體證到的，朱子體證到的《大學》，陽明不見得體證的到，
在此將又淪爲各說各話。

　　從整菴的《困知記》之記載裡，見出整菴對於陽明思想的不滿，爲了申
明朱子的意思，整菴寫了書信給陽明，以辯明道理。

（二）整菴的第一次回書

　　陽明於〈大學古本序〉裡清楚的批評朱子，引起整菴的不滿。雖然整菴
與陽明互爲好友，也相互尊敬對方的爲人處事，但在學術上之差繆處，不得
不辯。〔註8〕前言舉整菴回擊之言是在其《困知記》的著作裡，還不是回信給

〔註7〕　見王陽明：〈大學古本傍釋〉《王陽明全集》（下）（上海：上海古籍出版社，
　　　　1997 年），頁 1193。縱使陽明的大學古本，與朱子的版本在此相同，都有其
　　　　先後秩序的。在此吾人於《大學》一書不取陽明意思，因爲其對於「先後」
　　　　或是「而後」（如「知止而後有定」）這些詞語不易解釋，當然陽明可能有自
　　　　己一套說詞，亦不取朱子的補傳意思，這完全是朱子依於自己的興趣而增補，
　　　　而不見得古文眞有缺漏。吾人在此取淮南格物說，所格之物，乃是事有本末
　　　　先後的物的意思，物就事講，格者格其本末先後之序，所格的物就是知何者
　　　　重要，何者是根本的意思。其好處在於，既不用補朱子的格致補傳，又可以
　　　　回答陽明所解不通「而後」的意思。

〔註8〕　「僕與王、湛二子皆相知，蓋嘗深服其才，而不能不惜其學術之誤。其所以
　　　　安於禪學者，只爲尋箇理字不著，偶見如來面目，便成富有，而其才辨又足

陽明來論辯。接下來可觀看其回給陽明的書信，其對於陽明批評朱子的主要兩點作出了回應，其一乃是工夫之支離的問題，其二乃是到底工夫是求之於內還是外的問題，也是談孟子與告子辯義內、義外的問題，其回覆：

> 切詳《大學古本》之復，蓋以人之爲學，但當求之於內，而程朱格物之說，不免求之於外，聖人之意，殆不其然。於是遂去朱子之分章，而削其所補之〈傳〉，直以支離目之，曾無所用。夫當仁不讓，可謂勇矣。〔註9〕竊惟聖門設教，文行兼資，「博學於文」，厥有明訓。顏淵稱夫子之善誘，亦曰「博我以文」。文果內耶，外耶？是固無難辨者。凡程朱之所爲說，有戾於此者乎？如必以學不資於外求，但當反觀內省以爲務，則正心誠意四字，亦何不盡之有？何必於入門之際，便困以格物一段工夫也？顧經既有此文，理當尊信，又不容不有以處之，則從而爲之訓曰：「物者，意之用也。格者，正也，正其不正，以歸于正也。」其爲訓如此，要使之內而不外，以會歸一處。亦嘗就此訓推之，如曰：「意用於事親，即事親之事而格之，正其事親之事之不正者，以歸于正，而必盡夫天理。」蓋猶未及知字，已見其繳繞迂曲而難明矣。審如所訓，茲惟《大學》之始，苟能即事即物，正其不正以歸於正，而皆盡夫天理，則心亦既正矣，意亦既誠矣。繼此，誠意、正心之目，無乃重復堆疊而無用乎？〔註10〕

既然格物之說在陽明而言，只是誠意的另一個代名詞，那麼格物就當該不是求之於外，因爲哪有人在外誠意的呢？在此陽明清楚的批評朱子的格物工夫求之於外，是義外之說。《傳習錄》亦有這樣的說明：「先儒解格物爲格天下之物。天下之物，如何格得？且謂『一草一木亦皆有理』。今如何去格？縱格得草木來，如何反來誠得自家意？」〔註11〕陽明在此提了三個疑問，首先，天下之物那麼多，如何格得盡？此問題，整菴於其著作裡有所答覆，其言：「格物之訓，如程子九條，往往互相發明，譬如千蹊萬徑，皆可以適國，但得一道而入，則可以

以張大之，遂欲挾此以陵駕古今，殊不知只成就一團私意而已。」羅整菴：《困知記》(北京：中華書局，1990 年)，頁 152。

〔註 9〕　這裡所謂的勇不是眞勇，而是諷刺的話，所謂的勇有餘而智不足。「好勇不好學，其蔽也亂」或是「好勇過我，無所取裁」的意思。

〔註 10〕　同註8，頁 108～109。

〔註 11〕　陳榮捷編著：《王陽明傳習錄詳註集評》（台北：學生書局，1998 年）317 條，頁 368。

推類而通其餘。而今之學者，動以不能盡格天下之物爲疑，是豈嘗一日實用其功？徒自誣耳。」〔註12〕所謂程子九條者，陳榮捷先生歸納如下：朱子九條（一）或讀書講道義，或論古今人物而別其是非，或應接事物而處其當。今日格物。明日又格一物。（二）自一身之中，以至萬物之理，多多理會。（三）非窮盡天下之理。亦非止窮得一理。但須多積累。（四）于一事上窮盡，可以類推。一事上窮不得，且別窮一事。或先其易。或先其難。各隨人深淺。（五）物必有理，皆所當窮。（六）如欲爲孝，當知所以爲孝之道。（七）物我一理。纔明彼，即曉此。一草一木皆有理，不可不察。（八）知至善之所在。（九）察之于身。〔註13〕整菴引了程子九條就是要回答陽明的批評，陽明質疑天下之物那麼多，如何可能格得盡呢？而整菴以程子九條回答，認爲有些事物可以相通，所以不是要人格盡所有的事物，但也不是格一兩件事就夠了，因爲如此格物不紮實。就好像適國之路有千萬條，而得一道入，其餘可以類通。這也是朱子的〈格致補傳〉的一旦豁然貫通的意思。在此有人認爲如此異質的跳躍如何可能——即格物窮理如何到豁然貫通呢？在此吾人認爲當該沒有這問題，例如我們從一天的晝夜而知寒來暑往、而知生死，但是否會有「朝菌不知晦朔」〔註14〕之可能性產生呢？例如只知道晝夜，而不知冷暖，因爲可能朝菌只活於夏天，冬天就去世。〔註15〕也就是陽明的質疑似乎還是有效。但吾人認爲這也是程子九條裡，要人不要只是格個幾物就想類推的意思，但也不是不能類推的意思，因爲物有其齊一性，也就是說萬物都有理，這理落於氣化上有其條理可遵循，所以可以類推，所謂的「易，逆數也。」〔註16〕易是用已知來預測未知。格物窮理也類於此。於是整菴批評陽明學是懶惰之學，不曾用功就懷疑，開啓躐等之弊。而陽明在《傳習錄》裡也不甘勢弱而回評，說他真有做朱子的格物工夫。〔註17〕

〔註12〕 羅整菴：《困知記》（北京：中華書局，1990年），頁3～4。
〔註13〕 原文較長，參見《四書或問》（上海：上海古籍出版社、安徽教育出版社，2001年），頁21～22。亦見註11同書，252頁。吾人所引乃陳先生的歸納，較原文短些。而原文說是十條，乃是把第一條分而爲二條，故說十條、九條都可。而陳先生說這是朱子九條，整菴說是程子九條，此乃朱子引程子之言，故當爲程子九條，可見朱子與小程子的格物思想極爲相似。
〔註14〕 《莊子・逍遙遊》。
〔註15〕 「太極陰陽之妙，善觀者試求之一歲之內，自當了然。一日之內亦可觀，然太近而難詳也。」同註12，頁19。
〔註16〕 《易・說卦傳》。
〔註17〕 同註11，318條。

　　陽明的第二個問題，格物要如何格呢？其實整菴引的程子九條已經有所回答，因為事事物物都有理，而要了解其所以然之理，也就是天地生物之心，何以要讓這些事物如此存在而不如彼存在的這個理想性在那？格物窮理就是格這種所以然之理。

　　至於第三個問題對於朱子學而言較難回答，即「縱格得草木來，如何反來誠得自家意？」〔註18〕在朱子學而言，格物之後，還要有誠意的工夫，所謂的誠明兩進，這也是陽明學所批評為支離的地方。陽明學的工夫只是一個致良知，其實也是誠意、也是格物的意思，所以其認為其工夫只是一個。而朱子學的工夫，一下子要窮理，一下子要誠意，又要補個敬字，所以在陽明看來頗為支離。陽明自己學問系統裡，良知呈現自然會敬，而不需要補這補那的。但整菴批評陽明的講法比上朱子而言，更是支離而繳繞，此乃不了解陽明的思想。當然朱子學的學者可以回答陽明之質疑，這明明是《大學》的原文如此說。因此若支離而兩者並進也不妨。另一種方式，朱子學也可以說工夫之一貫，即從明到誠是一致的，即是說從格物到誠意是一致的，朱子亦有這種說法，即真知的話必定會誠意，工夫只在真知裡，如程子所言的談虎色變一般。若格物而發現違理之為惡，如同村夫真的曾被虎所傷過的話，必定合於理而行，意必會誠懇的依理而行，〔註19〕而不敢逆天背理。

　　之後整菴回答陽明的聖人之學求之於內還是外的講法，其認為孔子設教，文行忠信，對於博文亦是有相當程度的要求，既然孔子明文規定，內與外的問題就解決了。因為讀書、學文都是外的問題，而不是只求於心。只求於心而不即於外，在整菴視為佛老。當然陽明也說要在事上磨練，也不是不即於外物。既然孔子說要博文，要格物，那麼聖人之學就不是如陽明的〈大學古本序〉所言，當求之於內的意思，而是《中庸》所言的合內外之道。在此整菴必需回答孟子的義內的說法，何以孟子非告子呢？〔註20〕整菴有這樣的認為：

> 告子以義為外，孟子非之，是矣。但詳味孟子之言，疑亦有所未盡，蓋仁義皆合內外之道也。《論語》曰：「義之與比。」就與字看，便

────────────

〔註18〕有人認為朱子並未要人格草木之理，但朱子認為火之炎上，水之潤下有其一定的道理，這些理都要窮格，若如此，雖朱子未明言格草木之理，但也蘊涵著格草木之理，亦是說陽明之質疑還是有效的。

〔註19〕見《四書或問》(上海：上海古籍出版社、安徽教育出版社，2001年)，頁20。

〔註20〕何以整菴要回答孟子的義內問題呢？因為如果義在內，何以朱子之學往外格物窮理呢？

見分曉。〔註21〕

在此整菴的解法有點奇特，其認為仁義是合內外之道，這是承於朱子學的。亦是說，仁義是吾人之性，也是天地之理。這應然的道義即是吾人的心所虛靈明覺的對象；此應然行為，也是天地的正理，不只在人，在天地萬物也有其客觀獨立性。於是其解孔子的義之與比的意思有二種可能，但旨趣是一樣的。第一，其「與」字之解法，整菴認為義與事情並排在一起，亦是說縱使沒有人去知覺，客觀的道義還是在事物自己本身，亦是說仁義即是物的所以然之理，這也是朱子的物物一太極的意思，而這太極之理，也是性，所以說性即理。第二，義與君子相比，一個乃客觀，一個主觀，所謂的內外之道也，這還是本著朱子學的仁義即是在人心也在事物身上的意思。整菴當為第一個意思，但無論如何，吾人還是認為朱子學不合於孟子，看其解釋之曲折便可見。

從上所言，即知道所謂的工夫是求之於內還是外的說法。陽明守著孟子的義內之說，而批評朱子學乃義外之學。但整菴認為理內外都有，所以格物除了格自己的心外，也要格外物。〔註 22〕所以其認為告子的以義為外，也是對的，只是告子不知道義除了在外，也在內，告子只錯在忘了講義內，而其義外的說法是正確的，故孟子批評之是批評告子忘了談義也在內，這些都是整菴對於先秦典籍的詮釋方式，不見得是原意。因為孟子的人性本善的意思，本來只是說人人有個良知良能，應該的行為，不從外在求之，所謂的「長者義乎，長之者義乎？」長者義的話，乃是由客觀知識決定行動。但孟子的意思是長之者才是義，乃是吾人有敬的心才是義，而不是由對象指導行動，縱使對象是長者，但吾人沒有恭敬之心亦非道德行為。所以知道了對方果然年紀較大，但不能決定內在行為，所以在此還沒有應該的行為產生。應該的行為決定於吾人的良心覺得是否當該孝敬，這是孟子的「長之者義」的意思，

〔註21〕 羅整菴：《困知記》（北京：中華書局，1990 年），頁 106。孔子：「君子之於天下也，無適也，無莫也，義之與比。」《論語·里仁》。

〔註22〕 「成己成物，便是感應之理。理惟一爾，得其理則物我俱成，故曰『合內外之道』也。」羅整菴：《困知記》（北京：中華書局，1990 年），頁 77。整菴代替朱子回答孟子言義內的問題。義乃是性理，性理除了在內之外，也在外，告子之義外，錯在只知義外而不知義內。若告子能談義內且義外，那麼就沒得批評了。而整菴的回答方式，也是朱子的意思，其以感應談內外合一，感應是氣之事，而有如是氣之感便有如是之理。朱子認為所謂的外邊有感，而心中的理便會回應，這是朱子的合內外之道的方式。而吾人窮理於內與外，便是窮這所以然之理。

所以是求之於內，而不是告子的義外的意思。但在朱子學而言，孟子所言的性善的性，除了是人性之外，也是天命之性，縱使枯槁之物也是以此爲性，這是取《易・乾象傳》「乾道變化，各正性命」的意思，性已不只是主觀的人性而已，而且也是天地萬物之性，所以整菴順著朱子學而認爲義外亦沒有錯，只是沒有講得完整罷了，要完整的話，要說義既在內也在外。

　　從這個判準看來，似乎朱子不合於《孟子》，而只合於所謂的《中庸》、《易傳》，因爲他把義視爲內也視爲外。所以整菴說孟子之學要歸一，乃是要把犬之性與人之性說成是同一個性，把《中庸》、《易傳》與《孟子》所言之性合一才可。整菴如此認爲：

> 程叔子云：「孟子言性，當隨文看。不以告子『生之謂性』爲不然者，此亦性也。被命受生之後，謂之性爾，故不同，繼之以『犬之性猶牛之性，牛之性猶人之性歟』，然不害爲一。若乃孟子之言善者，乃極本窮源之性。」嘗考叔子論性之語亦多，惟此章意極完備。同中有異，異中有同，性命之實，無餘無歉。……蓋受氣之初，犬牛與人，其性未嘗不一，成形之後，犬牛與人，其性自是不同。叔子所云「不害爲一」，正指本源處言之。〔註23〕

整菴認爲把性之歸一，並非由他開始，而是在小程子就是這意思了。小程子說孟子雖然常與告子辯性的問題，但不是說告子錯誤，而是說其不足。所以看《孟子》的文句要隨文看。這種說法，在《孟子》裡有其根據，例如孟子於〈口之於味〉章裡談性，也是說了兩個性，而要以道德性爲主，生之謂性是其次的。故可見孟子亦不反對生之謂性，只是認爲告子講不到道德之性的層次。當然生之謂性乃是古訓，也是當時的用法，孟子也不反對，只是孟子還提出有一個超越食色之性的性善，這個不講明，不轉變人們對古語之性的看法，則人人只求食色之性，不再從事道德。因爲所謂性，乃是人的本質，人豈能逆其本質，而去從事其他的事情呢？這也是孟子回辯告子的：「子能順杞柳之性而以爲桮棬乎？將戕賊杞柳而後以爲桮棬也？如將戕賊杞柳而以爲桮棬，則亦將戕賊人以爲仁義與？」〔註24〕的意思，這是在批評告子以「性爲杞柳，義爲桮棬」的意思。因爲性是生而有之；而義是桮棬的意思，乃是人工後天造作而成，這有點

〔註23〕羅整菴：《困知記》（北京：中華書局，1990 年），頁 21。
〔註24〕《孟子・告子》，亦可參見牟宗三：《圓善論》（台北：學生書局，1996 年），頁 1～3。牟宗三先生對此段有白話解釋。

像荀子認爲的人能行道德是作僞而來的。若是如此，人要行仁義，都要作僞，
要傷害人的本性、本質，則人將不願因殘性而爲善。這是孟子分別兩種性，且
與告子辯論的原委。而人到底要以那一個性爲人的眞實本質呢？在孟子而言，
當然是性善之性，而且不用傷害人的本性就可以實踐出來。

　　而小程子又言命被受生之後，謂之性爾。其認爲「在天爲理，受形爲性」，
也是所謂的天命之性與氣質之性的分別，現實的性都是氣質之性，都是天命
與形質相接觸的性。在此整菴的意思也是如此，可是其建議以性之欲〔註25〕
概念理解之，若如此便容易釐清兩者概念之不同，而且保住人禽之辨，又可
以說人性與物性都是來自於同一個性命之理。即是說，在整菴而言，性善既
不只是人性，而且是天地萬物之性。同樣的仁義禮智也不是人獨得，而是天
地萬物都是以仁義禮智爲性。在萬物之一源而言，天地之性也是人之性；但
在分殊而言，人與天便有所不同，其認爲天地的仁義禮智才是眞的仁義禮智，
理即氣也，所有的氣之表現如同天之垂象的表現一般，其流行即是四德的表
現，而在人雖也有仁義禮智，但常爲氣所限，心不是性，所以總是表現不出
眞正的仁義禮智，性之發常不爲正情，而動物更次一級。

　　在此整菴巧妙的以朱子的理一分殊之言，結合了《中庸》與《孟子》，若
如此，性也不見得只是依於內而已，所以格物窮理，也是要即所有內外之理
而窮之。故針對《大學》之意思而言，整菴批評陽明的格物之思想爲格其心
的意思不對。而且若格物思想眞如陽明所訓者，則不合於《大學》原意。因
爲若格物之訓是正其不正之心，則正心章前面的格物致知誠意之說都是白廢
了，吾人稍後見陽明之答辯。

　　同一書信裡，整菴又言：

〔註25〕「兩性字微覺不同，前一性當作『性之欲』看，後一性字卻是本然之性。」
　　　同註23，頁144。此段乃是在解其第十七章之文：「孟子『性也，有命焉。命
　　　也，有性焉』一章，語意極爲完備，正所謂理一而分殊也。」同書，頁29。
　　　在此整菴解決了所謂的人性與物性之異而同的問題。其以理一分殊來解釋
　　　之，這應該也是朱子的意思。在未受形之前，亦是說在天道的層次而言，都
　　　是同一個性，所有人性、物性都來自於乾道，所謂的「乾道變化，各正性命。」
　　　但在受形之後，這時整菴建議用性之欲──情，所謂的朱子理論的性發爲情，
　　　來代替性。這樣而言，在性的層次都是一樣的，都是從天理而來；在性之欲
　　　上而言，人之性與犬之性是不同的，因爲受形之後，理因著氣質的不同而表
　　　現爲不同的理。這也是整菴的理一分殊的理論，在理一而言，萬物是一樣的，
　　　而在分殊之中，則天高於人，人高於禽獸。

「大哉乾元，萬物資始」，「至哉坤元，萬物資生」。凡吾之有此身，與夫萬物之爲萬物，孰非出於乾坤？其理固皆乾坤之理也。自我而觀，物固物也，以理觀之，我亦物也，渾然一致而已，夫何分於內外乎！所貴乎格物者，正欲即其分之殊，而有見乎理之一，無彼無此，無欠無餘，而實有所統會。夫然後謂之知至，亦即所謂知止，而大本於是乎可立，達道於是乎可行，自誠、正以至於治、平，庶乎可以一以貫之而無遺矣。然學者之資稟不齊，工夫不等，其能格與否，或淺或深，或遲或速，詎容以一言盡哉？〔註26〕

此段之言，整菴還是本著其理一分殊之思想，認爲萬物之理都是同一個天理，也是乾坤之理。在分殊的層次上看，也是受形之後的層次上來看，我與物固然是不同，但以天理的角度看來，都是天道所創生的至善，又何有內外之別呢？〔註27〕而在人道而言，何以格物特別重要呢？乃是人能衝破殊別之氣的限制，而認識到天道之本源，這也是整菴所謂的「物格則無物」的意思，能有所格物，則能見天理之一，而不是只知道所謂的分殊之理，而是理的整體，當然整菴的格物意思也不是只就一處格物，就能從分殊之理體會整全之理，而是要多多格物才可。在理一的層次，乃是無內外、彼此之分別，或說在天道的層次，存在之現實就是理想，氣之表現就是至理的流行，這乃是人之格物而爲聖人所要達到的目標。而至於人之不齊，人性、物性之不同，這就是心性論的層次、分殊的層次，而不是理氣一致一句話可以說的盡的了。

而後整菴又言：

惟是聖門《大學》之教，其道則無以易，此學者所當由之以入，不可誣也。外此或誇多而鬥靡，則溺於外而遺其內；或厭繁而喜徑，則局於內而遺其外。溺於外而遺其內，俗學是已；局於內而遺其外，禪學是已。凡爲禪學之至者，必自以爲明心見性，然於天人物我，未有不二之者，是可謂之有眞見乎？使其見之果眞，則極天下之至

〔註26〕 羅整菴：《困知記》（北京：中華書局，1990 年），頁 109。

〔註27〕 整菴這觀點，受了明道的思想所影響，而明道的天道論可能就是整菴所理解的意思，天道本身即是自然之趨勢，而這自然之勢也是道德的，類似所謂的《易‧大象傳》的天之垂象正是道德的展現。明道這樣說：「形而上爲道，形而下爲器，須著如此說。器亦道，道亦器，但得道在，不繫今與後，己與人。」《二程集》（上）（台北：漢京文化事業有限公司，1983 年），頁 4。以道的觀點來看，不是對待的人己、今後之殊。

賾而不可惡，〔註28〕一毛一髮皆吾體也，又安肯叛君父，捐妻子，

以自陷於禽獸之域哉！今欲援俗學之溺，而未有以深杜禪學之萌，

使夫有志於學聖賢者，將或昧於所從，恐不可不過爲之慮也。〔註29〕

整菴本著朱子學而尊奉《大學》經文，以《大學》爲骨架來解釋其他的經書，同樣的，整菴對於《大學》的思想之義理也是奉行不已；但陽明也有其一套講《大學》的方式，縱使陽明解《大學》的意思爲人所質疑，陽明還是有尊信本心，而不是只尊信古書的想法可以作爲後盾，故本心比經書還重要。

在此整菴本著朱子的思想，認爲若一心只向外，而不知原來所格之物理也是吾人的心之理的話，如此是玩物喪志，〔註30〕是所謂的俗學，亦是只懂訓詁之學而不知要受用到身心性命的眞實義理學問。同樣的若只顧內心，而不去外面格物窮理，如此爲禪學，而陽明學只言尊德性，而不格物窮理，在整菴看來，與禪學無異。整菴這批評完全是本著朱子學的左右開弓，批評訓詁學不能窮究事物的所以然之理，還沒有到智慧的層次，也批評所謂的禪學只懂明心見性，而遺失了外物，遺失了所謂的人倫事物，亦是一偏之學。除此之外，整菴批評禪學是爲二本之學，何以稱爲二本之學呢？亦是說對於天人物我，無法一以貫之。整菴嘗言：

蓋其所謂齊同，不出乎知覺而已矣。且天地之間，萬物之眾，有有知者，有無知者，謂有知者爲同體，則無知者非異體乎？有同有異，是二本也。蓋以知覺爲性，其窒礙必至於此。若吾儒所見，則凡賦形於兩間者，同一陰陽之氣以成形，同一陰陽之理以爲性，有知無

〔註28〕 「聖人有以見天下之賾，而擬諸其形容，象其物宜，是故謂之象。聖人有以見天下之動，而觀其會通，以行其典禮，繫辭焉以斷其吉凶，是故謂之爻。言天下之至賾而不可惡也，言天下之至動而不可亂也。擬之而後言，議之而後動，擬議以成其變化。」《周易・繫辭上第八章》。也就是說整菴的天道論本諸《易傳》，而《易傳》認爲，天地之運行，表現爲六十四卦，三百八十四爻等，聖人以不同的象，不同的卦，來代表天地之垂象，如此以見吉凶之道，以見天地變化之理。而所有的每一爻、每一形跡都是天地之至理，而沒有虛妄可言。賾是複雜的意思，縱使天地之氣表現的如此複雜，但都有至理存在，而不可惡之。

〔註29〕 羅整菴：《困知記》（北京：中華書局，1990 年），頁 109～110。

〔註30〕 「胡文定云：先生初以記問爲學，自負該博，對明道舉史書，不遺一字。明道曰：『賢卻記得許多，可謂玩物喪志。』謝聞之，汗流浹背，而發赤。明道卻云：『只此便是惻隱之心。』及看明道讀史，又卻逐行看過，不差一字，謝甚不服。後來省悟，卻將此事做話頭，接引博學之士。」沈善洪主編：《黃宗羲全集》（四）（杭州：浙江古籍出版社，1992 年），頁 176。

知，無非出於一本。〔註31〕

整菴認爲佛家以知覺作用爲性，這乃是順著朱子學而言的。其認爲佛學如此以知覺爲性，而天地之物有所謂有情者與無情者，若說有情者（即有煩惱者，指六道而言）有性，難道無情者就沒有性了嗎？此似乎比不上朱子的枯槁有性的講法更爲一以貫之。但其實這樣的說法似乎只有能批評到禪家的明心見性之學，佛學的本意並非如此，佛教的大乘空宗認爲，所謂的緣起性空，緣起法貫穿一切，或說所謂的空理貫穿一切，故《說無垢稱經》〔註32〕裡亦說不二法門。所謂不二是指空性貫穿一切，沒有一個事物有其固定的本質，例如，有人認爲，桃樹不生李花，〔註33〕在現實上經驗的確如此，若如此豈不是說有所謂桃樹的本質了嗎？但佛教不這樣看，其認爲在現實世間上如此，但別的宇宙世界可能不是如此，縱使別的宇宙的桃樹也不生李花，但這桃花是因緣所生，沒有陽光與水、土壤等，桃樹是不會開桃花的，所以還是因緣所生，即然桃花是因緣所生，那麼把它拆成各式的因緣，因緣匯聚了才有桃花，因緣散了，不能有桃花，桃花也是因緣所生，即然爲因緣所生法所貫穿，當然即是空，也就是說桃花沒有一個本質上不變、非如此不可的性質，在性質上無所決定、無自性。故可見整菴以知覺爲性來批評佛學，認爲其有二本的嫌疑，〔註34〕只有其部分的正確，故還不是很中肯。

　　再回到整菴的書信裡，整菴認爲極天下之至賾一毫而不可惡，這也是以天道爲尊的意思，天道之顯現就是仁義禮智的性理之一體流行。亦是說天道所創生之萬物，乃是天之垂象，上天之垂象自有其至理，所謂的有氣便有理，這都是天地的一氣之展現，至理的流行，何惡之有呢？吾人認爲此意思乃受了明道思想的影響，明道認爲天地之物便有其天地之正理，都是至誠之理所

〔註31〕　羅整菴：《困知記》，頁55。
〔註32〕　又有翻譯爲《維摩詰經》。見〈不二法門品第九〉《大正藏‧476》（台北：新文豐出版有限公司，2000年）。
〔註33〕　朱子就是認爲桃樹不生李花，所以有其本質不變的事物，這就是定理，也是朱子所謂的至虛而實實的實事實理。
〔註34〕　何以整菴會認爲佛氏以知覺爲性而爲二本呢？吾人認爲，這在朱子就如此認定了。朱子以佛氏以知覺作用爲性，且同於告子的生之謂性，即然性是指生，若是無生物，沒有感官知覺可言，即其無性。故其認爲有感官、且是有機體、六道以上才有所謂的性，這便是知覺之性。故朱子認爲佛氏的認知覺爲性，乃是告子生之謂性之傳統，而其對於「性」不解釋爲緣起性空的性質的意思，似乎對佛教不公平。

為，沒有所謂的妄幻可言，明道有言：

> 學禪者曰：「草木鳥獸之生，亦皆是幻。」曰：「子以為生息於春夏，
> 及至秋冬便卻變壞，便以為幻，故亦以人生為幻，何不付與他。物
> 生死成壞，自有此理，何者為幻？」〔註35〕

明道認為若物各付物，不用己意來看，天地之物有其天地之理，沒有所謂的
妄幻，與整菴認為一毛一髮都是上天之至理所為是一樣的。所以明道認為草
木鳥獸之理都是至理，都是至善，沒有虛幻可言，天地之春夏秋冬往來不息
也是至善，何幻之有。雖然人喜歡春天，討厭多天，多天雖泠，但都是天地
之至理，天地之一氣之流行是為至善，而人情好逸惡勞，只喜歡春天，不喜
歡多天，這已不是聖人的仁義禮智之發而為至善之情的表現了。真正的至理，
乃合於二端，即陰陽二氣，有春就有秋，有夏就有多，如此的天道乃是至公
無私，至善的表現。天道所為都是至理表現，都是至誠無息，沒有幻妄可言，
人一旦只是要生不要死，要春而不要多，反而是背離天道而為幻妄，故人要
格物窮理而法聖人天地之道。

　　即然天地之氣之運行，有其不可易之理，上天所創生之事物，必有其不
可移之目的，都是必然的，而不是如同佛教所認為，都是因緣所生，是偶然
的，可有可無的。故每一個物都是至理，有氣便有理，即然如此，上天創生
之萬物，有父子有君臣，這也是天地之正理，豈可以逃離家庭倫常而不顧。
以此來批評佛教，這是宋明儒者一貫的批評。當然佛教亦有所謂的白衣居士、
菩薩，可以不離倫常生活，不過佛教精神還是往捨離世間為主，縱使其乘願
再來，還是要救眾生往生涅槃，而不是在這世間上成就人倫，故宋明儒者的
批評，包括整菴，吾人認為是有效的。而整菴認為更不可陽儒陰釋，這是批
評陽明，這也是因為其認為陽明對於心性之辨區分的不清楚所致。在此吾人
認為陽明不為佛老，而是系統與整菴學不同所致。此於第五章將詳談之。

　　整菴書信裡又提到：

> 又詳〈朱子定論〉之編，蓋以其中歲以前所見未真，爰及晚年，始
> 克有悟，乃於其論學書尺三數十卷之內，摘此三十餘條，其意皆主
> 於向裡者，以為得於既悟之餘，而斷其為定論。斯其所擇宜亦精矣，
> 第不知所謂晚年者，斷以何年為定？羸軀病暑，未暇詳考，偶考得
> 何叔京氏卒於淳熙乙未，時朱子年方四十有六，爾後二年丁酉，而

〔註35〕《二程集》（上）（台北：漢京文化出版事業有限公司，1983年），頁4。

《論孟集註》、《或問》始成。今有取於答何書者四通，以爲晚年定論。至於《集註》、《或問》，則以爲中年未定之說。竊恐考之欠詳，而立論之太果也。又所取〈答黃直卿〉一書，監本止云「此是向來差誤」，別無「定本」二字。今所編刻，增此二字，當別有據。而序中又變定字爲舊字，卻未詳本字同所指否？朱子有〈答呂東萊〉一書，嘗及定本之說，然非指《集註》、《或問》也。凡此，愚皆不能無疑，顧猶未足深論。〔註36〕

關於朱子晚年定論的問題，吾人以二方面來解釋之，第一，從歷史考證方面，第二，從朱子的書信內容之義理方面來談，且第二部分爲主要重點。關於歷史方面而言，主要看歷史人物對於朱、陸所下的評判，也就是心學與理學之爭者其各有哪些繼承、擁護者。陽明的〈朱子晚年定論〉之出現，其實不是其創見，在陽明之前，已有程敏政所著《道一篇》，其序言：「其初則誠若冰炭之相反，其中則覺夫疑信之相半，至於終，則有若輔車之相倚，且深取于孟子『道性善』、『收放心』之兩言，讀至此而後知朱子晚年所以推重（兼收）陸子之學，誠不在南軒、東萊之下。」〔註37〕此意思乃認爲朱子晚年之學已與陸子相合，而且是朱子往象山方向靠攏，在此程敏政與陽明的〈朱子晚年定論〉之意思是一樣的。在陽明之後，贊成陽明意思者，尚有劉蕺山與李紱，劉蕺山認爲朱子有取於佛氏之學，〔註38〕對於朱子晚年之定論，蕺山談之不多，其言：「天理人欲四字，是朱、王印合處，奚必晚年定論？」〔註39〕從上面之語氣看來，蕺山認爲朱子不是晚年才與象山、陽明一樣，而在早年言的天理人欲上意見就一致了。而蕺山的意思，光是這句話，看不出其方向，到底是以陽明去合朱子還是顛倒過來。但若從蕺山之判準是在誠意慎獨之學上看來，蕺山是在心即理之學下而如此言的，似乎其意思是朱子往陽明學靠攏。除此之外，還有清代之李紱，亦是宗陸之學者，主要反對陳建之宗朱思想，

〔註36〕 羅整菴：《困知記》（北京：中華書局，1990 年），頁 110。
〔註37〕 吳長庚主編：《朱陸學術考辨五種‧道一編》（南昌：江西高校出版社，2000 年），頁 9。
〔註38〕 「後讀先師〈論學書〉，有〈答韓位〉云：『古之有朱子，今之有忠憲先生，皆半雜禪門。』」沈善洪主編：《黃宗羲全集》（八）（杭州：浙江古籍出版社，1992 年），頁 884。吾人認爲劉蕺山之判準，乃是誠意、慎獨之學，心即理之學，而朱子乃是格物窮理之求知之學，且心是氣，類於佛而不類於儒，蕺山可能認爲此不合於儒者的意思。
〔註39〕 同上註，冊七，頁 220。

其言：「而陳清瀾《學蔀通辨》，孫北海《考定朱子晚年定論》，則攻陸以尊朱。其實陳、孫二氏，名爲尊朱，而不知所以尊之者。其爲書，止取相詆之辭及抄撮一、二訓詁之語，凡朱子晚年所以爲學自得於心，與所以教人必求諸心者，盈千萬言，皆棄不取。」〔註40〕此非常清楚的看出，李紱的用意是本著陽明的〈朱子晚年定論〉而作，而認爲朱子的確晚年有所悔悟，向心學靠攏。

但一般而言，認爲朱子晚年之學有向心學方向走之學者較少，大部分是認爲朱子到了晚年之後，還是原來的那一套，並沒有什麼悔悟可言。整菴首先發難，而顧東橋亦有此疑惑，指陽明的〈朱子晚年定論〉，當該不是朱子的意思：「又取其厭繁就約，涵養本原數說，標示學者。指爲晚年定論。此亦恐非。」〔註41〕除此之外，尚有陳建所著的《學蔀通辨》、王懋竑《朱子年譜》等，都是宗朱學者之著作，而反對朱子晚年有所悔悟。羅整菴的《困知記》之命名，顧名思義，就是本著朱子學的紮實工夫，困而知之，格窮所有物而後通透的意思。近代牟宗三先生亦認爲朱子晚年並沒有往陸學方向接近，其還是維持著下學上達之工夫入路。牟宗三於《心體與性體》第三冊最末章裡認爲，朱子晚年反對教人體悟一個光景，這是反對心學，也認爲這是釋氏之學，故可見朱子的晚年還是本著其格物窮理、涵養用敬之《大學》工夫，紮實做起。

但吾人認爲，從歷史上的多數或是少數來判定當該宗朱或是宗陸，這是不足的，也容易流於各說各話，吾人還是回到陽明的〈朱子晚年定論〉裡，見其文獻之義理是否眞如陽明所言。於陽明所編的〈朱子晚年定論〉第四條，答潘叔昌裡提到：

> 示喻天上無不識字底神仙。此論甚中一偏之弊。然亦恐只學得識字。卻不曾學得上天。即不如且學上天耳。上得天了，卻旋學上天人，亦不妨也。中年以後，氣血精神，能有幾何？不是記故事時節。熹以目昏，不敢著力讀書。閒中靜坐，收斂身心，頗覺得力。閒起看書，聊復遮眼。遇有會心處，時一喟然耳。〔註42〕

此處朱子所言，當在其中年以後，因其言目昏，可見是中晚年之書信。潘叔

〔註40〕李紱：《朱子晚年全論》（北京：中華書局，2000 年），頁 2。

〔註41〕見陳榮捷編著：《王陽明傳習錄詳註集評》（台北：學生書局，1998 年），135條。頁 171。

〔註42〕見陳榮捷編著：《王陽明傳習錄詳註集評》，（台北：學生書局，1998 年），頁 423。

昌認爲天上沒有不識字的神仙，而朱子亦認爲沒有不讀書的聖人，其實意思相似，何以朱子又反對其講法呢？第一個可能是，朱子眞如陽明所言，有所悔悟。但吾人認爲第二個可能性較大，即朱子認爲讀書不是只是識字、懂得說文解字，否則是訓詁之學，這乃朱子所謂的俗學。讀書在朱子學而言乃是窮格所以然之理，這意思在朱子早年到晚年一直信奉之，不當說成是晚年悔悟。且朱子談收斂的講法，也不是說朱子因而頓悟而認爲當內斂反省，而不再往外格物窮理的意思，因爲這乃是朱子中和新說成立後的工夫一貫立場，所謂的靜時涵養，動時省察，前者就是收斂的意思。故朱子並非晚年有所悔悟。再看一則陽明所選的朱子晚年定論，朱子〈答呂子約〉：

孟子言學問之道，惟在求其放心。而程子亦言心要在腔子裡。今一向耽著文字，令此心全體，都奔在冊子上。更不知有己，便是個無知覺不識痛癢之人。雖讀得書，亦何益於吾事邪？〔註43〕

朱子言讀書窮理，所窮之理也要關連到要與吾人身心性命上有所受用才好，因爲所窮格外物之理便是吾人的內心所具的性理。朱子以其系統進路註解《孟子》，故其所謂「求放心」之意思，是做工夫的開始，是讓心氣平靜，而爲涵養用敬、進學致知之先務，並非陽明所理解的求本心，求良知的意思。甚至朱子亦可以談本心義，但這是指心涵具理的時候而言，而不是以意志的方向就是天理的意思。

故都是一樣的本心之用語，在朱學與陽明學的脈絡裡是不同的。

故吾人認爲，整菴與陽明對於朱子晚年之定論而言，陽明雖然除卻了〈答何叔京〉之四書，乃爲朱子中年所著外，大部分亦是朱子晚年之論，〔註44〕但是在義理上，陽明把朱子曲解了，已不是朱子的晚年的意思。

至於整菴的書信批評除了《何叔京書》爲早年之外，其認爲陽明對於定本的意思之理解有誤。〔註45〕亦是說定本並非指所謂的《四書集註》與《四書或問》，亦非陽明所認爲朱子要改正《四書集註》與《四書或問》而來不及的意思。朱子有時雖文句小有修正，但大體而言方向不變，不是陽明所認爲的往心學方向靠攏的意思。故整菴之言，大體而言較爲正確。

〔註43〕同上註，頁 424。
〔註44〕「統計決爲早年中年者五，決爲晚年者十，似爲晚年者八，無史實可據者十一。以多數論，仍屬陽明。」同上註，頁 444～445。
〔註45〕見陳榮捷編著：《王陽明傳習錄詳註集評》（台北：學生書局，1998 年），頁 443。

整菴續云：

> 然又以爲獨於朱子之說有相牴悟，揆之於理，容有是耶？他說姑未
> 敢請，嘗讀《朱子文集》，其第三十二卷皆與張南軒答問書。內第四
> 書，亦自以爲「其於實體似益精明，因復取凡聖賢之書，以及近世
> 諸老先生之遺語，讀而驗之，則又無一不合。蓋平日所疑而未白者，
> 今皆不待安排，往往自見灑落處」。與執事之所以自序者，無一語不
> 相似也。書中發其所見，不爲不明，而卷末一書，提綱振領，尤爲
> 詳盡。竊以爲千聖相傳之心學，殆無以出此矣，不知何故，獨不爲
> 執事所取，無亦偶然也耶？若以此二書爲然，則《論孟集註》、《學
> 庸章句》、《或問》不容別有一般道理，雖或其間小有出入，自不妨
> 隨處辨也。如其以爲未合，則是執事精明之見，決與朱子異矣。凡
> 此三十餘條者，不過姑取之以證成高論，而所謂「先得我心之所同
> 然者」，安知不有毫釐之不同者，爲崇於其間，以成牴悟之大隙哉！
> 恐不可不詳推其所以然也。〔註46〕

整菴上一段以考據之方式來反駁陽明，而這一段以義理的方式來反對陽明。
其實陽明的〈朱子晚年定論〉的可靠性並不高，朱子晚年有這麼多書信，而
其只有錄到三十多封有悔悟的書信，以比例原則而言，亦是不足夠的。在此
整菴舉出答張敬夫的第四書及最末一書來反駁陽明。第四書裡談到有所悔悟
的言語，與陽明的〈朱子晚年定論〉之言語文字極爲相像。例如在《傳習錄》
文裡，錢德洪與袁慶麟所刻〈朱子晚年定論〉之刻本之跋裡提到：「朱子病目，
靜久忽悟聖學之淵微。乃大悔中年著述，誤己誤人。遍告同志。」〔註47〕此
義似乎說明朱子晚年眞如陽明所言，有所悔悟。但是整菴認爲朱子在答張敬
夫的第四書裡亦有悔悟的言語，但其後又跟著說：「而致知格物、居敬精義之
功，自是其有所施之矣。」〔註48〕整菴質疑，第四書裡朱子也有悔悟的話，
但其後之語，緊接著是格物窮理的工夫，表示朱子的學說沒有改變，所以裡
頭所談的悔悟的事，不是如同陽明所言的晚年朱子傾向於心學的意思，且何
以陽明不錄此書，如此豈不是對於朱子不公平嗎？

　　而又於《朱子文集》答張敬夫的最末一書裡，這乃是整菴爲了證成所謂

〔註46〕羅整菴：《困知記》（北京：中華書局，1990 年），頁 110～111。
〔註47〕同註 45，頁 421。
〔註48〕《朱熹集》（三）（成都：四川教育出版社，1996 年），頁 1373。

的朱子晚年的定論到底是為何而作的。南軒卒於西元 1180 年，〔註49〕時朱子五十一歲，以《朱子晚年全論》的作者李紱之分法而言，五十一歲開始便算晚年，亦是說與南軒之書信大部分是中早年，而當時最末一封書信裡談到:「諸說例蒙印可，……則性情之德、中和之妙皆有條而不紊矣。然人之一身，知覺運用莫非心之所為，……然方其靜也，事物未至，思慮未萌，而一性渾然，道義全具。」〔註50〕整菴問到何以不取此一書呢？其實這一書剛好是朱子的中和新說裡的「一說二書」裡的第二書，亦是朱子四十歲時回答張敬夫的書信，〔註51〕雖錄在文末，不代表是晚年的思想，故陽明可以回答何以不錄的原因，乃因為此書乃是中年的作品。

於是整菴書信愈寫，士氣愈振，認定所謂的朱子的《論孟集註》、《學庸章句》、《或問》都是定論，不容有其他道理。因為陽明把定本的意思理解錯了，又改為舊本，這乃陽明的疏失。故整菴認為陽明曲解朱子的意思，只是要把朱子學講成是陽明學，借朱子的權威來證成陽明學，這是在義理上一點都講不通的。

整菴續云:

> 又執事於朱子之後，特推草盧吳氏，以為見之尤真，而取其一說，以附於三十餘條之後。竊以草盧晚年所見端的與否，良未易知。蓋吾儒昭昭之云，釋氏亦每言之，毫釐之差，正在於此。即草盧所見果有合於吾之所謂昭昭者，安知非其四十年間，鑽研文義之效，殆所謂「真積力久而豁然貫通」者也？蓋雖以明道先生之高明純粹，又早獲親炙於濂溪，以發其吟風弄月之趣，亦必反諸《六經》而後得之。但其所稟，鄰於生知，聞一以知十，與他人極力於鑽研者不同耳，又安得以前日之鑽研文義為非，而以墮此科臼為悔？夫得魚

〔註49〕「二月二日，張栻卒，罷宴哭之，遣人祭奠。」見束景南:《朱子年譜長編》（上）（上海:華東師範大學出版社，2001 年），頁 648。

〔註50〕《朱熹集》（三）（成都:四川教育出版社，1996 年）頁 1403～1404。此乃十八書裡的第十八。

〔註51〕「與張欽夫諸說，例蒙印可一書，當在〈與湖南諸公書〉之後，亦己丑答也，其中亦多未定之論。如以心為主，即心體流行之見。」見王懋竑:《朱熹年譜》（北京:中華書局，1998 年），頁 311～312。在此年宗三批評王氏認為此非未定之論。見牟宗三:《心體與性體》（三）（台北:正中書局，1996 年），頁 153。但不管是未定之論還是已定之論，都可以說不是朱子的晚年的書信，故陽明不取是可以的。

忘筌，得兔忘蹄可也，矧魚兔之獲，而反追咎筌蹄以爲多事，其可
乎哉！然世之徒事鑽研，而不知反説約者，則不可不深有儆於斯言
也。抑草廬既有見夫所謂昭昭者，又以「不使有須臾之間斷」，爲庶
幾乎尊之之道，其亦然矣。而下文乃云：「於此有未能，則問於人，
學於已，而必欲其至。」夫其須臾之間間斷與否，豈他人之所能與？
且既知所以尊之之道在此，一有間斷則繼續之而已，又安得以爲「未
能」，而別有所謂學哉？是則見道固難，而體道尤難。道誠未易明，
而學誠不可不講，恐未可安於所見，而遂以爲極則也。〔註52〕

陽明認爲在朱子學之後的傳人，以元代的朱子學代表吳澄所見爲眞，吳氏之學
依全祖望的看法而言：「草廬出於雙峰，固朱學也，其後亦兼主陸學。蓋草廬又
師程氏紹開，程氏常築道一書院，思和會兩家。然草廬之著書，則終近於朱。」
〔註53〕亦是說吳澄的思想以朱子學爲主，但有和會兩家的傾向。於是陽明於〈朱
子晚年定論〉之結尾處以吳澄的思想作爲說明，陽明錄其文如下：

天之所以生人，人之所以爲人，以此德性也。……夫既以世儒記誦
詞章爲俗學矣。而其爲學，亦未離乎言語文學之末。此則嘉定以後，
朱門末學之敝，而未有能救之者也。夫所貴乎聖人之學，以能全天
之所以與我者爾。天之與我，德性是也，是爲仁義禮智之根株。是
爲形質血氣之主宰。舍此而他求，所學何學哉？〔註54〕

陽明據吳澄之言，認爲吳澄已有悔悟，而不再以朱子學爲主，有往心學的方
向發展之傾向。但其實以整菴觀點來看吳澄此書，亦可以持反對意見，即認
爲吳澄思想不見得如陽明所言。因爲吳澄的意思以朱子學而言應該還是解得
通。例如「天之生人，以此德性」，朱子也說性即理，即人所受之性，乃天地
之理，天地有元亨利貞，在人而爲仁義禮智，此亦德性也。朱子與心學的判
別點不在這裡。而吳澄又反對以記誦之學爲主，陽明認爲此是批評朱子的格
物窮理之學，但其實不見得如此，因爲朱子亦反對一內一外之學，〔註55〕於
內反對佛學，於外反對俗學的訓詁之學，而其格物窮理之學要合內外之道，
亦是窮究事物的所以然之理，例如天地生物之心爲何，例如有萬物何以比沒

〔註52〕 羅整菴：《困知記》（北京：中華書局，1990 年），頁 111。
〔註53〕 《黃宗羲全集》（六）（杭州：浙江古籍出版社，1992 年），頁 572。
〔註54〕 陳榮捷編著：《王陽明傳習錄詳註集評》（台北：學生書局，1998 年），頁 434。
〔註55〕 朱子反對的一內一外之學，乃是只重視內而不求於外，或是只求之於外，而
不知內省的二種學問。

有萬物來得好的這種所以然之理，而不是只求章句訓詁的學問，故陽明以此證明吳澄與朱子晚年有悔悟的意思，不見得較有說服力。

所以整菴認為吳澄不見得是陽明心學的意思，縱使是陽明心學的意思，這種心學的意思是否是儒學的正宗又不可知了，因為在整菴眼裡看來，心學可以言昭昭靈靈之心，而佛家亦如此言之，此與朱子判定心為虛靈明覺一樣，只見於心，而未見於性。在朱子學而言，性理之客觀真實性才是真理的判準，才是仁義禮智之所在，若只言心，而不言性，乃是求於內的蹈空之學，因為性理不只是在於內，況且其求之於內乃是心而不是性。

整菴的「昭昭」之語，依朱子學的義理而來，朱子嘗言：

> 某年十五六時，亦嘗留心於此。一日在病翁所會一僧，與之語。其僧只相應和了說，也不說是不是，卻與劉說，某也理會得箇昭昭靈靈底禪。……後赴同安任，時年二十四五矣，始見李先生。與他說，李先生只說不是。……且將聖人書來讀。讀來讀去，一日復一日，覺得聖賢言語漸漸有味。卻回頭看釋氏之說，漸漸破綻，罅漏百出！

〔註56〕

文中所謂的劉，當指朱子早年的老師劉屏山，其後亦歸於佛，〔註57〕故朱子後來不取，而以延平為正宗導師。而儒家也可以說個昭昭靈靈之心，即朱子學裡虛靈之心而不是性，如同佛家亦如此說，故朱子的發展認為，只談昭昭靈靈而不談性理之渾然與粲然者，皆為禪家，包括心學者亦是如此。朱子說這段文字其實亦在批評陸象山，這與整菴之批評陽明為禪是一樣的意思。

整菴又認為，縱使吳澄的確如陽明所言，真的悟入於心學，而其能如此，也是早年的下學工夫所致，才能達到豁然貫通之境域。〔註58〕而現在卻只要

〔註56〕《朱子語類・第104卷》，（台北：文津出版社，1986年），頁2620。
〔註57〕「初師屏山籍溪。籍溪學於文定，又好佛老；以文定之學為論治道則可，而道未至。然於佛老亦未有見。屏山少年能為舉業，官莆田，接塔下一僧，能入定數日。後乃見了老，歸家讀儒書，以為與佛合，故作〈聖傳論〉。其後屏山先亡，籍溪在。某自見於此道未有所得，乃見延平。」同上註，頁2619。
〔註58〕「元之大儒，稱許魯齋、吳草廬二人。魯齋始終尊信朱子，其學行皆平正篤實。遭逢世祖，致位通顯，雖未得盡行其志，然當其時而儒者之道不廢，虞伯生謂『魯齋實啓之』，可謂有功於斯文矣。草廬初年篤信朱子，其進甚銳。晚年所見，乃與陸象山合。其出處一節，自難例之魯齋。若夫一生惓惓焉羽翼聖經，終老不倦，其志亦可尚矣。」羅整菴：《困知記》（北京：中華書局，1990年），頁74。從整菴的這段記載看來，其覺得草廬晚年的確往象山學發展，其出處德行比不上許魯齋。但其學問之所以能如此，還是早年的努力用

這個境域而忘了教人要作格物窮理下學工夫，這是捨本逐末，陷人於失學而抄短線，不務實學。這就好像朱子談孔子的吾道一以貫之的話語，認爲只想要上達達到一貫之旨，如同只有線而沒有珠子可以穿之比喻，這種一貫是不務實的，是空頭的，是揠苗助長，必有所枯亡。同樣的整菴亦批評陽明可能與吳澄一樣，少時下了很多工夫，所以得以有現在的成就，而一旦有了成就反而忘了以前下學的辛苦，而教人有所謂的捷徑可以走，可謂誤人子弟。但陽明亦說其九死一生的工夫，不得已才說個致良知之教法，現在學者以爲容易，可能是批評其弟子重虛無之境。而陽明亦眞的實踐朱子的格物窮理之工夫而不得法，生了大病。但整菴認爲陽明好像都忘了，而只說最上乘工夫，王學的發展，王龍溪與羅近溪特別強調這種工夫，而爲劉蕺山批評爲虛懸而蕩與情識而肆。陽明在《傳習錄》裡常談到其後悔浪費了三十年的工夫，在整菴眼裡看來，這正是下學工夫，沒有這三十年的下學工夫，亦沒有現在陽明的高人之成就，但因此陽明強調心學之頓悟，反而開啓後學躐等的徒徑。這種工夫怎能輕易的教導學者呢？

在此之後，整菴續批評吳澄的書信裡的語病。吳澄認爲不使之有須臾之間斷，整菴肯定之，但其實陽明亦肯定之，其兩人的肯定之意思不一樣，亦不知吳澄的意思是心學的意思還是朱學的意思。陽明肯定之乃是認爲致良知的工夫就像存天理去人欲一樣，每天有灰塵就天天掃，讓良知能時時做主，而三月不違仁，不要有私欲萌於其中。而在朱子學而言，便是格物窮理，靜時涵養，動時省察的工夫，是讓心氣變化氣質，如此則心容易明白見理，此二者工夫不同，乃心即理與心了解理之進路不同。而整菴認爲工夫只在一處用，便是使之不間斷，反而心學或是吳澄之學才是支離之學。當然陽明可以回辯，接下來我們可參看陽明之答書。

二、第二次書信往復

陽明非常重視整菴的書信，其答書亦愼重而謹嚴，但義理系統還是不同。

（一）王陽明回信給整菴

陽明答書言：

功所致，而吳草廬與陽明一樣，得免忘蹄，不知感謝荃蹄的相助，反而還批評荃蹄之礙事。

夫「德之不修。學之不講」，孔子以爲憂。而世之學者，稍能傳習訓
詁，即皆自以爲知學。不復有所謂講學之求。可悲矣。夫道必體而
後見，非已見道而後加體道之功也。道必學而後明，非外講學而復
有所謂明道之事也。然世之講學者有二。有講之以身心者。有講之
以口耳者。講之以口耳，揣摸測度，求之影響者也。講之以身心，
行著習察，實有諸己者也。如此，則知孔門之學矣。〔註59〕

陽明在此先肯定讀書做學問之事不可無。但陽明當時的人，以爲所做的學問，
就是能解釋章句，能懂得訓詁之學就是學問了，若如此的話，陽明覺得這是
不夠的，因爲他認爲眞實的學問，是安身立命之學，是能講之於身心，能身
體力行，能讓德性有所增長的學問，而不只是訓詁之學，在此朱子學也是這
目標，朱子學言格物窮理不當只是訓詁之學。所以當陽明說有兩種學問，一
種是講之以身心，一種是講之以口耳，而若是暗諷朱子學爲講之於口耳的話，
這對朱子學是不公平的。其實陽明正是諷刺朱子學，因爲若不先有所感悟，
而空頭的格物窮理，這所得之理是可以指向身心性命嗎？〔註60〕有可能是泛
物之理的學問，與身心無相干。

　　之後陽明繼續批評朱子學。其認爲道必體而後見，非已見道而後加體道
之功也，不是如朱子學的意思，先知而後行的系統。以陽明學而言知便是行，
見道的同時便是體道，知行不分爲二。朱子學理論裡，因爲心不是理，所以
須先知得理，再加存養省察之功，如此意便容易依理而奉行，乃先知後行之
學問。雖然在朱子學而言，知與行的次序，知爲先，但在重要性而言，行比
較重要；而陽明心學，心即是理，在知道的同時，心之本身即存有即活動，
故必行道而後已。且講學便是明道，便是講安身立命之學，非口耳見聞之學，
也不是講學是屬知之事、明道屬行之事，知先行後，這是批評朱子。陽明學
認爲，在各個環節都是學問思辨的事，在朝在野，當官執政的任何一個環節
都是講學的時節，所謂的「三人行必有我師」的意思。

　　陽明書信裡續云：

〔註59〕陳榮捷編著：《王陽明傳習錄詳註集評》（台北：學生書局，1998年），第172
　　　　條，頁247。
〔註60〕「若只是那些儀節求得是當，便謂至善，即如今扮戲子，扮得許多溫清奉養
　　　　的儀節是當，亦可謂之至善矣。」參見《王陽明全集》（上）（上海：上海古
　　　　籍出版社，1997年），頁3。此陽明批評朱子學若沒有誠意做基礎，如同戲子
　　　　扮得好人，而心地可能極爲相反。

　　來教謂某「《大學古本》之復，以人之爲學但當求之於內，而程朱格
物之說不免求之於外，遂去朱子之分章，而削其所補之〈傳〉。非
敢然也。學豈有內外乎？《大學古本》乃孔門相傳舊本耳，朱子疑
其有所脫誤而改正補緝之，在某則謂其本無脫誤，悉從其舊而已矣；
失在於過信孔子則有之，非故去朱子之分章而削其〈傳〉也。夫學
貴得之心，求之於心而非也，雖其言之出於孔子，不敢以爲是也，
而況其未及孔子者乎！求之於心而是也，雖其言之出於庸常，不敢
以爲非也，而況其出於孔子者乎！且舊本之傳數千載矣，今讀其文
詞，既明白而可通；論其工夫，又易簡而可入，亦何所按據而斷其
此段之必在於彼，彼段之必在於此，與此之如何而缺，彼之如何而
誤，而遂改止補緝之？無乃重於背朱而輕於叛孔已乎！〔註61〕

朱子之《大學章句集注》，首先改古文之「親民」爲「新民」，此乃小程子就
如此認爲了，陽明認爲有把人民當對象而牧民之嫌疑。〔註62〕當然朱子、小
程子的改法亦非沒有根據，因爲《大學》經一章，傳十章，在傳解經的部分
裡，對於親民章之解釋，便是以「苟日新，日日新，又日新」、「作新民」來
解釋，吾人覺得這問題不大，朱子的改動亦可。

　　而朱子又補知本、知至之章，〔註63〕又於格物義上加個窮理的意思，又補

〔註61〕 陳榮捷編著：《王陽明傳習錄詳註集評》（台北：學生書局，1998 年），第 173
　　　　條，頁 248～249。

〔註62〕 陽明認爲「新民」當爲「親民」的理由如下：「愛問：『『在親民』朱子謂當作
　　　　新民。後章『作新民』之文似亦有據。先生以爲宜從舊本『作親民』，亦有所
　　　　據否』？先生曰，『『作新民』之『新』，是自新之民，與『在新民』之『新民』
　　　　不同。此豈足爲據？『作』字卻與『親』字相對。然非『親』字義。下面治
　　　　國平天下處，皆於『新』字無發明。如云『君子賢其賢而親其親。小人樂其
　　　　樂而利其利』。『如保赤子』。『民之所好好之。民之所惡惡之。此之謂民之父
　　　　母』之類，皆是『親』字意。『親民』猶孟子『親親仁民』之謂。親之即仁之
　　　　也。百姓不親，舜使契爲司徒，敬敷五教，所以親之也。堯典『克明峻德』
　　　　便是『明明德』。『以親九族』，至『平章協和』，便是『親民』，便是『明明德
　　　　於天下』。又如孔子言『修己以安百姓』。『修己』便是『明明德』。『安百姓』
　　　　便是『親民』。說親民便是兼教養意。說新民便覺偏了。」見《傳習錄》上
　　　　卷第一條。在此吾人認爲朱子與陽明的說法都有理據。

〔註63〕 朱子：《四書章句集註》（台北：鵝湖出版社，1984 年）之第四章釋本末後，
　　　　有個「此謂知本，此謂知之至也。」此可參見岑溢成：《大學義理疏解》（台
　　　　北：鵝湖出版社，1997 年），頁 64～66。程子認爲知本的衍文與朱子的認定
　　　　不同，因爲傳的第四章與第五章各有個「此謂知本」之語。又朱子依「此謂
　　　　知之至也」而判定當有格致補傳。

個敬字,故象山認爲「敬」是杜撰的。〔註64〕又朱子改動原本章節次序。〔註65〕除此之外,朱子以自己的意思加了個〈格致補傳〉,但陽明認爲《大學》古文,求之於心,沒有不通的,明白且易簡,故試圖恢復《大學》古本,而不採朱子之新本。〔註66〕從方法學上看來,朱子的〈格致補傳〉很有問題。

　　之後陽明談心同理同的問題。他認爲《大學古本》之恢復反而是尊信孔子,而不同於朱子。其實在陽明心學而言,縱使孔子言之,若反諸於自己良心有所不得,亦不相信之。此與朱子的相信讀書窮理、相信權威,有所不同。朱子、整菴學較相信古人古書,而陽明尊信本心。其實整菴本著朱子學,亦可有陽明學的說法與境界,但雖朱子學以仁義禮智爲判準,且此判準就在吾

〔註64〕其實朱子《大學章句》註明明德及誠意,均無敬字。唯於《大學或問》明以敬爲明德、新民之功。

〔註65〕「如《禮記》第四十二篇大學之第二,三章,(知本,誠意),朱子大學章句改爲第五,六章是也。」見陳榮捷編著:《王陽明傳習錄詳註集評》(台北:學生書局,1998年),頁156。

〔註66〕「蔡希淵問,『文公大學新本,先格致而後誠意工夫。似與首章次第相合。若如先生從舊本之說,即誠意反在格致之前。於此尚未釋然』。先生曰,『大學工夫即是明明德。明明德只是箇誠意。誠意的工夫只是格物致知。若以誠意爲主,去用格物致知的工夫,即工夫始有下落。即爲善去惡,無非是誠意的事。如新本先去窮格事物之理。即茫茫蕩蕩,都無著落處。須用添箇敬字,方才扯得向身心上來。然終是沒根源。若須添箇敬字,緣何孔門倒將一箇最要緊的字落了,直待千餘年後要人來補出?正謂以誠意爲主,即不須添敬字。所以舉出箇誠意來說。正是學問的大頭腦處。於此不察,眞所謂毫釐之差,千里之繆。大抵《中庸》工夫只是誠身。誠身之極便是至誠。《大學》工夫只是誠意。誠意之極便是至善。工夫總是一般。今說這裡補箇敬字,那裡補箇誠字,未免畫蛇添足』。」同上註,頁154～155。陽明批評朱子在《大學或問》裡以敬來解《大學》,似乎不是《大學》的原意。若在陽明而言,能誠意能致良知,則自然會敬,而不像朱子的敬時涵養,動時省察的工夫,又說敬貫動靜。如此恭敬工夫不是良知本身的作用,故陽明批評之。而陽明又批評朱子補個誠字,在陽明而言,良知呈現,意本身自然會誠,但以陽明看等朱子而言,工夫太過支離,因爲工夫除了小學之工夫外,還有大學後的工夫,先格物窮理,然後依《大學》的工夫入路,格物致知,誠意正心等等,工夫主要在於格物窮理與誠意兩者,所謂誠明兩進。比之於《中庸》之義理談到:「自誠明謂之性,自明誠謂之教,誠則明矣,明則誠矣」,又說「誠者天之道,誠之者,人之道也」,又說「誠則形,形則著,著則明」。大抵朱子學的工夫,以《大學》爲根據來解釋《中庸》,故雖《中庸》誠明兩方面言之,但在朱子而言,工夫入路很清楚,都是先知後行,先格物窮理然後意才能誠。至於誠則明部分,朱子認爲是聖人的事,天下沒有幾個聖人,都是一般人,所以工夫從格物開始,而後意才能誠,故陽明批評其要補個誠字,工夫支離。

人之心，但這要通過格物窮理而得，而格物窮理的工夫在讀書收穫最大。這也是讀書與否的問題。陽明學篤信本心，若本心與孔子之言有衝突時，最後的判準還是在本心，因爲孔子之所以成孔子之偉大也是在於其本心的時時呈現，讀書與否不是問題。朱子也曾譏笑過象山不讀書，批評其教學生不讀書，象山回辯說他常在讀書，但這不是本質的工夫，儒學是道德實踐之學，與讀書不見得有關，故象山教人先立其大，因爲讀書與誠意沒有必然關係。同樣地，陽明也說過成色分兩論，重在能讓心地純一，而不在事功之大。當然朱子學也並非只是讀書之學，其讀書窮理是要理解天地生物之所以然之理。

　　所以以陽明之尊信本心而言，縱使《大學》所言，眞有定本，且眞如朱子的〈格致補傳〉一樣，陽明反求乎心而不得，則亦不相信之。亦是說理學重讀書窮理，而尊古人（尊一個客觀性）——例如孔子，而心學認爲孔子之所以爲孔子在於能反身自得。當然朱子學也不是一味的以古代聖典爲判準，其學問的眞實判準還是據於心內的仁義禮智之性理，不過這仁義禮智卻不是反身就可以得到了，而是要在事物上一一窮格，甚至在書本上有所鑽研才能得到。朱子在註解《孟子》的〈知言養氣章〉裡這樣提到，認爲曾子境界高於子夏，因爲子夏篤信聖人，而曾子反求諸己。曾子的反求諸己，乃是知其天理與吾人之性理是同一個理，所以回到自身便可以求得。既然如此，何以要遍外物而窮格之呢？其逐外窮格之乃是要一一印證，物之所以然之理乃是天理，而吾人之心之理也是天理，內外一理。若只求於吾人之心乃頓悟之學。但若求於吾人之心，經過常久窮理才理解而非馬上頓悟呢？吾人認爲朱子可能會反對，其認爲這容易重內而遺外，不能反諸於人倫事物，其認爲這有點類似佛學。所以當該以內外一理，合內外之道，如此工夫便是要人格物窮理。而朱子也不至於只是篤信聖人罷了，從其言曾子反求諸己處可見，朱子反對只是在詞章上做考證，故其不是膚淺的章詞訓詁之學，其格物窮理所求爲事物所以然之理，也就是天理之正各萬物之性命的合目的性的這個「好」之理，天地生物之心就是天地生物才是好，不生物就不好，格就是格此理。

　　陽明書信裡續云：

> 來教謂「如必以學不資於外求，但當反觀內省以爲務，則正心誠意四字亦何不盡之有？何必於入門之際，便困以格物一段工夫也？」誠然，誠然！若語其要，則脩身二字亦足矣，何必又言正心？正心二字亦足矣，何必又言誠意？誠意二字亦足矣，何必又言致知，又

言格物？惟其工夫之詳密，而要之只是一事，此所以爲精一之學，此正不可不思者也。夫理無內外，性無內外，故學無內外。講習討論，未嘗非內也；反觀內省，未嘗遺外也。夫謂學必資於外求，是以己性有外也，是義外也，用智者也；謂反觀內省爲求之於內，是以己性爲有內也，是有我也，自私者也，是皆不知性無內外也。故曰：「精義入神以致用也，利用安身以崇德也」，「性之德也，合內外之道也」，此可以知格物之學矣。〔註67〕

陽明的心學思想已經先聲明，縱使《大學》之解法眞如朱子的註釋，但反諸於身心體驗上不合，還是不願意相信，其已經先爲自己的講法舖後路了，讓自己的講法先立於不敗之地。亦是說縱使在《大學》之說法上整菴、朱子是勝方，陽明心學還是能一併否定《大學》的正確性，認爲孔門、曾子未眞有體悟。先立定了這說法後，陽明開始他自己本人的《大學》解法。其認爲《大學》在傳十章之前，經一章已先說到了「壹是皆以修身爲本」，因此他認爲，八德目之所以工夫細致，乃是所爲一件事，乃都是修身之學，亦是說在陽明認爲心意知物只是一件事，此乃精一之學。當然如此言之是否回答了整菴的問題呢？所謂的《大學》裡「而後」二字之說法陽明之解法是否能說明？例如「知至而後意誠」，這是有工夫次序的。吾人認爲陽明還是沒有眞正回答到問題，但陽明先談其本心之學，可以完全否定掉《大學》的講法，其可爲自己學說先立於不敗之地。

　　之後陽明主要就「心外無物，心外無理」談其心學，因爲心即性即理，所以同樣的性外無物，性外無理。物都在明覺之感應之內，故無內外可以分別之，在此陽明所言的本心的意思，不能從對待的分別心上來看，而是一體呈現的良知明覺感應，明覺之即創造之，都是在本體界的意思，不是現象對待的意思，故不可言性有內外。陽明在此與明道的〈定性書〉之精神是一致的，所謂的「動亦定，靜亦定，無內外，無將迎。」心學與理學都贊揚明道，但其稱贊的方向不同，如同心學與理學都贊揚孔子、顏回，但取材亦不同，都以自己的學問系統來取材。陽明認爲，若以爲性有外，則是用智者，而不是道德實踐之契入，因爲是先有分別心而後有內外，而後以爲可以用智力達之，其實這有點批評朱子，陽明認爲朱子爲義外之說；但若以爲內省其心，

〔註67〕陳榮捷編著：《王陽明傳習錄詳註集評》（台北：學生書局，1998年），第174條，頁249～250。

而不知天地萬物亦與我一體，也是內省的對象，如此容易陷於我執，只關心自己，而不務人倫事物，這是自私的。故陽明就是以這種心學思想來詮釋他的《大學》義理。

陽明續云：

> 格物者，大學之實下手處，徹首徹尾，自始學至聖人，只此工夫而已，非但入門之際有此一段也。夫正心誠意，致知格物，皆所以修身，而格物者，其所以用力實可見之地。故格物者，格其心之物也，格其意之物也，格其知之物也；正心者，正其物之心也；誠意者，誠其物之意也；致知者，致其物之知也，此豈有內外彼此之分哉！理一而已，以其理之凝聚而言則謂之性，以其凝聚之主宰而言則謂之心，以其主宰之發動而言則謂之意，以其發動之明覺而言則謂之知，以其明覺之感應而言則謂之物。故就物而言謂之格，就知而言謂之致，就意而言謂之誠，就心而言謂之正。正者，正此也；誠者，誠此也；致者，致此也；格者，格此也，皆所謂窮理以盡性也。天下無性外之理，無性外之物，學之不明皆由世之儒者認理為外，認物為外，而不知義外之說。〔註68〕

在陽明而言，格物學說亦是誠意或是致良知的代名詞，故從常人到聖人都是同一個工夫，而不是如同朱子的大學入門的先行工夫，先格物，而後才誠意，兩者有所不同。故這時的陽明格物義便不是朱子學的格物義，而是「正事」的意思，在面對事事物物時，正其心，故面對事情時，事亦無不正。若有不正，便實下手做工夫，正其不正，以復其正。故陽明認為格物是致良知工夫日可見之地，也是它的實下手處。致良知在何處發見？在心上嗎？心體沖漠無朕，無工夫可用，亦不可見。其可見者，落在形下的物用上見，在意志面對外物時，以見致良知是否有進步，是否存乎天理。所以陽明言格物者，乃是面對事物時的心這時是否為正，意是否為正，知是否為正，因為陽明心學乃尊德性之學，人面對事物時必有個主體，這是人的心意知等功能，故不能離心而談一個物之理，而且這心知的功能也不重在虛靈明覺，而重在意志的道德實踐之能貫徹與否，如同孔子言的「我欲仁」的意思，是欲與不欲的問題，是求不求的問題，因為求則得之，而不是知不知的問題。陽明又言，誠

〔註68〕陳榮捷編著：《王陽明傳習錄詳註集評》（台北：學生書局，1998年），第174條，頁250。

意乃誠其物之意，乃是面對物時的意是否爲自欺呢？若如此言時，心與物一體呈現，不能說有能、所之別，因爲面對「所」時，亦是「能」之參與其中。於是陽明以其一以貫之的方式，大談心意知物、心性天等的定義。就性而言，乃天之所命，而就心而言，乃落於人身上而爲主宰之功能稱爲心，且心的意思重意志實踐義，這與孟子的盡心知性知天的意思是一致的，而非朱子的先知性理、然後心之量得以窮盡的意思。而陽明對意的定義，乃意志之發動貫徹而爲實踐者，面對是非對錯了然無疑，乃是良知的另一代名詞，或用四句教的講法，意以良知爲主。而對於物而言，乃良知之落於事情上，而成就了這事情，這是所謂的物，明覺之感應到那，就潤澤了事物到那，否則不誠無物，物爲死物。

陽明又說，現在良知學之所以不明，乃是世儒之認理爲外，其實正是批評朱子的思想，陽明認定朱子學乃心與理爲二，與陽明的心即理之學是大大的不同。故陽明稱朱子學爲義外之說，乃標準在於心外。雖然朱子學可以說其性理之仁義禮智亦在心內，雖可免於義外之批評，但是還是心與理爲二，在此吾人認爲是一個重道德與一個重道問學之不同系統所致，其是否能歸一呢？吾人後文詳之。

陽明續云：

> 凡執事所以致疑於格物之說者，必謂其是內非外也，必謂其專事於
> 反觀內省之爲而遺棄其講習討論之功，必謂其一意於綱領本源之約
> 而脫略於支條節目之詳也，必謂其沈溺於枯槁虛寂之偏而不盡於物
> 理人事之變也。審如是，豈但獲罪於聖門，獲罪於朱子，是邪說誣
> 民，叛道亂正，人得而誅之也，而況於執事之正直哉！審如是，世
> 之稍明訓詁，聞先哲之緒論者皆知其非也，而況執事之高明哉！凡
> 某之所謂格物，其於朱子九條之說皆包羅統括於其中，但爲之有要，
> 作用不同，正所謂毫釐之差耳。然毫釐之差，而千里之繆實起於此，
> 不可不辨。〔註69〕

陽明反駁整菴之批評，整菴認定陽明之學只務於內，而不知格物窮理於外，乃與禪學只明心見性是一樣的。其實禪學都不見得只務於內，而陽明學也不當只是如此。所以陽明辯駁說，其良知學難道反對講習之功嗎？良知與萬物

〔註69〕陳榮捷編著：《王陽明傳習錄詳註集評》（台北：學生書局，1998 年），第 175
　　　　條，頁 251～252。

一體呈現，良知不離事事物物，雖然良知學可談頓悟之可能性，但頓悟豈容易，所以良知學亦可拉長爲一輩子講求的學問，陽明晚年談的四句教就有這個意思。而陽明又說其良知學不略於支條節目之詳，這也是陽明批評象山之學粗些的意思，象山發明本心，而對於學問之末節事並未詳談，而陽明在工夫上與象山是一致的，亦認爲工夫有第一義工夫與第二義工夫，讓良知呈現是第一義，但並不因此否定漸教的工夫。但這與朱子學在大綱領上有所不同。陽明認爲朱子把第二義工夫的視爲第一義。雖然朱子之學先讀書、格物窮理，但所窮之理不是落在經驗上，而是所以然之性理，此性理乃是仁義禮智之理，乃是天地生物有其所以然的心，天地愛物，有其惻然之心，所以創生萬物，此與人的惻隱之心是一致的。這是朱子的哲學性格，故可見朱子學不是只談經驗知識。但與陽明學還是有別。

整菴又認爲陽明學有不盡人情事變之可能，但陽明講良知學亦是在事上磨練，不離萬事萬物，如同其弟子王龍溪認爲，「欲根潛藏，非對境不易發」，〔註70〕要找出自己的缺點也是在面對事事物物上來做，沒有面對外欲之誘，以爲自己沒有毛病，這是不切實的。於是陽明講出重話，認爲若其學問有整菴所講的缺點，可以說不是儒學，人人得而誅之，儒學本該不離人倫事物。

在此討論一個問題，陽明說其學問可以包括朱子九條，有如此可能嗎？其實陽明把其格物義轉爲面對事情時正其心，且在心即理的意思下，可以不否定朱子的九條之說，只是朱子學者反對陽明格物之定義與原先朱子的意思不同了。陽明認爲其思想義理與朱子學之意思，工夫之本末輕重不同，格物是正事，是先正其良知，而不是先窮事物經驗之理而悟先驗的所以然之理，而後才誠自家之意。所謂的知行合一與先知後行之步驟不同。陽明學與朱子學的工夫頭目不同，這是可見的。在此當該以本心呈現爲先，還是格物窮理爲先呢？陽明認爲若本心不呈現，何以知道要去窮理呢？例如孝子之心不呈現，何以會去找一些孝順父母的良方知識呢？〔註71〕陽明認爲，若是工夫之本末未分別清楚，則格物窮理，則格一些與身心性命無關之理，這是不切實際的。故可見陽明之學認爲要先頓悟本心，而後應事接物，可以不離現實之

〔註70〕《王龍溪全集》（台北：華文出版社，清・道光二年刻本影印），頁112～3。
〔註71〕陽明批評朱子的格物是空頭的格物，在意未誠以前，怎會認眞的去格物呢？朱子學的理論亦可反擊，其認爲當吾人先頓悟良知而後去及於萬事萬物，怎知這頓悟不是情肆在作祟呢？故陽明學與朱子學的工夫入路之方法似有不同，而且類似是詮釋學式的循環問題，到底是先從部分開始還是全體開始呢？

人倫、經驗知識。而朱子學剛好相反，其從經驗之知下手，但不止於經驗之知，而是要窮格到先驗之理。朱子學亦可以反問陽明，例如鳶之飛之理，火之熱之理，何需良知呈現之後窮格呢？若以陽明的看待學問方式，對於人倫事理可以收攝，而自然之理反而會不重視。此問題整菴後文亦問到，吾人後文詳之。吾人在此認爲，朱子、陽明學問都在合會知識與道德，但方向不同，也是體證儒學義理之不同、興趣之不同所致。

陽明續云：

> 其爲〈朱子晚年定論〉，蓋亦不得已而然。中間年歲早晚，誠有所未考，雖不必盡出於晚年，固多出於晚年者矣；然大意在委曲調停，以明此學爲重。平生於朱子之說如神明蓍龜，一旦與之背馳，心誠有所未忍，故不得已而爲此。「知我者謂我心憂，不知我者謂我何求」，蓋不忍牴牾朱子者，其本心也，不得已而與之牴牾者，道固如是，「不直則道不見」也。執事所謂「決與朱子異」者，僕敢自欺其心哉？夫道，天下之公道也；學，天下之公學也；非朱子可得而私也，非孔子可得而私也；天下之公也，公言之而已矣。……執事今所教，反覆數百言，皆似未悉鄙人格物之說。〔註72〕

陽明在此承認其〈朱子晚年定論〉之考究的確有些疏失，於是陽明明講其所要的意圖，亦是說其寫〈朱子晚年定論〉是否有仔細考察研究，這不是陽明眞正所想要的，其眞正意圖，乃覺的朱子之思想是錯誤的，又不想得罪於朱子，〔註73〕所以才出此下策。整菴書信裡說陽明之學「決與朱子異」也，陽明肯認，但是還是肯定自己而否定朱子學。陽明以楊墨之學，還有佛老之學做爲譬喻，何以陽明用辭如此強烈，批評得如此厲害呢？此乃陽明認爲錯用朱子學的工夫會遺害於天下後世，其自己就曾經吃過這樣的虧，乃其格竹子不得之病痛。陽明後學的泰州學派之羅近溪亦曾有同樣的病痛。〔註74〕

接著陽明又說，整菴之所以有書信之疑懷，乃是對於陽明所說的格物之學有所誤解，若了解，便當該沒有問題。但縱觀整菴後來的答書，亦是不能了解陽明的格物思想。從這裡看來，陽明思想，活潑而易簡，文字乃是表達

〔註72〕陳榮捷編著：《王陽明傳習錄詳註集評》（台北：學生書局，1998 年），第 176 條，頁 253。。

〔註73〕在此當該說陽明欣賞朱子的爲人、爲學態度，但不信其學問義理、工夫方向。

〔註74〕參見拙作，蔡家和：〈從羅近溪分別體仁與制欲之工夫進路見心學與理學之不同〉《華梵人文學報》（台北：華梵大學，2003 年，7 月），第一期，頁 73～74。

概念，而且不該爲文字概念所拘束，故陽明文字總是活潑流轉，這也是心學的優點，但也常是心學的缺失，由于良知不易把握，容易流爲放肆；相對於整菴之學，整菴較爲老實而平樸，對於文字之義理考究甚是用心，但常無法理解陽明的文字。其守著朱子學的思想，並沒有錯解，而且能堅守之，亦是難能可貴，有困知勉行而悟入之氣象。其不同於朱子的理氣論不在此論述內。

（二）整菴第二次答書

整菴還是不同意陽明的講法，亦不甚了解陽明的格物義涵，其回書作出三點質疑：

> 「物者，意之用也。格者，正也，正其不正以歸於正也。」此執事格物之訓也。向蒙惠教，有云：「格物者，格其心之物也，格其意之物也，格其知之物也。正心者，正其物之心也。誠意者，誠其物之意也。致知者，致其物之知也。」自有《大學》以來，無此議論，……夫謂「格其心之物，格其意之物，格其知之物」，凡其爲物也三。謂「正其物之心，誠其物之意，致其物之知」，其爲物也一而已矣。就三物而論，以程子格物之訓推之，猶可通也；以執事格物之訓推之，不可通也。就一物而論，則所謂物者果何物耶？如必以爲「意之用」，雖極安排之巧，終無可通之日。此愚之所不能無疑者一也。〔註75〕

陽明對於《大學》的心學式的解釋，整菴看了不能無疑。整菴質疑，若以陽明之訓解，格物不過是誠意、致良知的代名詞，何以格物者要格三個物，而正心等只要正一個物便可。此可見整菴還是沒有懂陽明的心學思想，因爲他已經沿習朱子學習慣了。而整菴再問，就三物而言，所謂的格其心、意、知之物，程子之說可以解釋得通，因爲今日格一物，明日格一物，多多益善，然後才能豁然貫通。而其認爲陽明的格物卻不可通。其實陽明的格物乃是正事之謂，格心之物，乃是正其心這件事，正其意、知這件事，沒有什麼不可通的，且心、意、知其實代表著同一概念。而整菴又問，就其一物而言，乃是所謂的「正心者，正其物之心也，誠意者，誠其物其意也，致知者，致其物之知也。」這句話，陽明心學的解釋當該如下，正心乃是端正面對物時的這個心，誠意乃是誠懇其面對事情時的這個意，致知亦是一樣。若如此並沒有解釋不通，也沒有違背陽明的「物者，意之用」的意思，所謂的物乃事情

〔註75〕羅整菴：《困知記》(北京：中華書局，1990年)，頁112～113。

之謂，意志所對的對象就是一件事情。而且物者也是心的對象、也是知的對象，若如此理解，則陽明之學都可以回答整菴，可惜整菴寫這封信時，陽明去世了，整菴來不及寄，但也留下來，以供後世參考、評判。

整菴書信裡提到第二個質疑：

> 又執事嘗謂，「意在於事親，即事親是一物。意在於事君，即事君是一物」。諸如此類，不妨說得行矣。有如《論語》「川上」之嘆，《中庸》「鳶飛魚躍」之旨，皆聖賢吃緊為人處，學者如未能深達其義，未可謂之知學也。試以吾意著於川之流，鳶之飛，魚之躍，若之何「正其不正以歸于正」耶？此愚之所不能無疑者二也。〔註76〕

在此整菴先肯定陽明「意在於事親，則事親為一物」之語，又肯定「正其不正以歸於正」之格物方式，先肯定兩個前提，然後得出矛盾，所謂的歸謬証法。〔註77〕最後的矛盾在那呢？整菴本著朱子學，認為理不只在心內，也在心外，整菴特就心外之理來否定陽明的心外無物。故整菴說川之流、鳶之飛等等之理，在《中庸》而言，本是言上下一理，而在朱子學的解釋裡，以聖人之境界比配天地之理，亦是上下一理的意思。但若在陽明心學系統裡，物如果是對象，格物是正事，又如何正其鳶之飛之理呢？鳶飛之理本身便是正的了，也不用人來正。在此有三種解釋，所謂整菴、朱子與陽明可各據一辭。在整菴而言，天地之理與氣是為至善無惡，不需要人來改變。在朱子而言，天地之理有善而無惡，〔註78〕天地之氣有參差不齊之時，故這時人可以贊天地之化育，這時可以說正其不正以歸於正。不過這還不是陽明心學的意思，陽明心學的意思，格物之正事方式，乃是先正吾人之心，心正了，面對事物便能以標準之則處之，事物便正。而陽明之學面對整菴的質疑（即鳶之理哪要人來正呢？）當該如何回答呢？其實這問題有點類似陽明弟子問所謂的山中的花沒有人去感知時，這時如何可說「心外無物」之語。吾人認為陽明將如此回答：「此心無私欲之蔽便是天理。」理不能外於心，當心術不正時，所見的鳶飛、魚躍，見不到其理，只有私欲的呈現。故正其不正的說法乃先正其心，然後事物之理得其正，如此亦不違反陽明的心外無物之語。當然整菴

〔註76〕 羅整菴：《困知記》(北京：中華書局，1990 年)，頁 113。

〔註77〕 且吾人認為，何以整菴的歸謬証法不成功，乃在其事先肯定陽明的話語沒有直貫到底，在其中又加進了朱子的意思，以致不成功。邏輯本當有其真理性。

〔註78〕 見朱子：《易本義・大有卦》(台北：世界書局，1972 年) 大象傳朱子注解，頁 16：「天命有善而無惡。」

不會滿意於陽明的解釋，因為整菴認為，事物之理縱使沒有人去覺知，還是存在的，這也是整菴朱子學之更尊重天道之學問性格所致。

整菴提出第三個質疑：

> 又執事答人論學書有云：「吾心之良知，即所謂天理也。致吾心良知之天理於事事物物，則事事物物皆得其理矣。致吾心之良知者，致知也。事事物物各得其理者，格物也。」審如所言，則《大學》當云「格物在致知」，不當云「致知在格物」；當云「知至而後物格」，不當云「物格而後知至」矣。且既言「精察此心之天理，以致其本然之良知」，又言「正惟致其良知，以精察此心之天理」。然則天理也，良知也，果一乎，果非一乎？察也，致也，果孰先乎，孰後乎？此愚之所不能無疑者三也。〔註79〕

在陽明學而言，格物、致知、誠意等名詞，都是一套的，所以可以互用，而陽明認為這都是修身的另一種說法，所以陽明先前沒有對於整菴所說的物格而後知至的而後兩字做說明，縱使整菴是對的即使《大學》須依朱子及整菴之說，但陽明之說合于孟子，甚至合於孔子、曾子之說，則陽明之論仍可成立。而如今整菴又提了一次，而且對於格物與致知之先後問題還是一再的質疑，而且肯定朱子的先格物後致知之工夫次序。所以其問陽明工夫到底是先察還是先致。在陽明而言，其實是一回事，所以先後之對調是沒有問題的；但在整菴本著朱子的《大學》之順序，一定是先察（格物）而後致（致知）的順序。又整菴所質疑的陽明的天理之意思，陽明的天理乃是由心之意志所給出的法則的意思，與朱子學不同，在此整菴沒有契入陽明的意思。

三、結語：對於整菴陽明書信與心學理學之異同做一反省

吾人唸到《明儒學案》時，總見有兩大系統不斷在其中起作用，歸本而言，便是朱陸之爭，當陽明學出現時，也可以說是王學與朱子學之爭，例如王陽明與整菴的論辯。在此吾人談一個問題，到底朱子學與陽明學其不同點之癥結點在那呢？若找不出這個點，其思想之異同之可否解決便成問題了。

若說把判準放在合於孔孟之學與否，朱子學很明顯的處於下風，常以自己的意思來詮釋孔孟之學，不見得合於孔孟的意思。但是若說學問是在談道德實

〔註79〕羅整菴：《困知記》(北京：中華書局，1990年)，頁113。

踐，先不管孔孟如何說，而就人的切近處談道德，道德是什麼，朱子、陽明學
何者較能合於道德這個問題來看，吾人再做一反省。首先道德的起源問題，是
依於人的不安不忍之心，還是依於天理呢？本心雖亦是天理，但以顯本心爲先，
抑是以知天理爲先？道德本是人所有的，與天無關，但眞的與天無關嗎？人之
所以要有道德，豈不是先天時、在上天之創生人時便付予這種要求。在此脈絡
下吾人主要是談朱子學與陽明學，暫時不管西方哲學所談的道德之起源是先天
還是後天的問題。依心學而言，道德乃是人的不安不忍之心，但這心也是上天
所賦予的，故心即理，理即心，天道性命相通。而依於朱子學而言，朱子談天
理，故對於這問題而言，這時重點不在此，因爲兩者認爲道德都是稟自於天。
而一個談心即理，或說理即心，但一個是心去理解天理，這時成了工夫的不同
了，問題已不在道德之起源是主觀性還是客觀性的問題，而在於工夫之進路，
如何去證成這超越的天理之問題。如此朱子學與陽明學成了一個重智與重意志
之爭，也是人如何去合於超越的天理的問題。在心學而言，人要合於天理，乃
在良知的呈現，若能呈現可以讓人從私心解放出來，而爲公正之心；但在朱子
學而言，天理乃是天地之本有，〔註80〕不由心而來，心的功能在於能否願意依
從理。可見陽明學重意志，朱子學重心知，但問題還是沒有解決。若把標準放
在何爲道德，朱子學與陽明學所言，何者較契於我們一般所認爲的道德實踐。
而道德是什麼呢？道德愚夫愚婦可以行焉，不用太多了解，如此言之，陽明占
上風。另外從生活上來談，良知呈現不見得容易，做不道德之事若能良知呈現，
一下子斷除惡習，這是好的，但現實上這豈容易，現實上總是要養成好習慣，
這是就人之習氣而說，要對治習氣，良知總不能呈現，而要依於漸教工夫，現
實上大多數人的惡習都是慢慢改的。在此陽明學與朱子學都有所見，但朱子學
合於現實的處境，但陽明的頓教還是可以拉長爲讀書居敬之工夫，而爲漸教，
但朱子講不到陽明的頓教工夫。

　　現在我們再就人之道德性之稟受於天這一點上來談，從上天所受之命，
有理命有氣命，就理命而言，若是道德實踐，便是心即理，而朱子的理不活
動，談不上這個意思。但若就氣命而言，人除了受有理之外，還有氣，氣是

〔註80〕吾人在此可以問一個問題，何以整菴、朱子學，可以談一個天地本有之理，
　　　　其憑什麼這樣談，亦是問其理據在於何處？如同陽明所言，天地沒有我的良
　　　　知，誰去仰它的高。天地沒有人的話，天地是盲目的碰撞或是合於目的都是
　　　　不可知的。故從上說下來的宇宙論，若不點出盡心、致良知作根據，是難免
　　　　被評爲獨斷的。

自然界非自由界，所以要化氣必是漸教，而陽明就理來談，而且理要活動，所以是頓教，當然其頓教也可以拉長而爲漸教。而這將成了道德的第一義與第二義之問題，用羅近溪的話，是體仁與制欲之間的不同，即是說理與氣一個就漸，一個就頓而言，到底何者重要？朱子也認爲理重要，只是其理不能活動而爲心。就像羅近溪所言，良知呈現，便能制欲，反之，制欲不見得能體仁。而朱子的理不活動而成了第二義，其自己當然不願承認自己言的工夫爲第二義，這又回到，道德到底是意志重要，還是認知重要的問題。道德都是易簡的，而不需要了解太多，若如此仍是陽明學以意志去契合天理來得方向正確。

　　而再從另一點上來談，此點吾人於第三章談明道時已稍談過，即要判陽明朱子學時，道德之判準用在自律與他律上來談時，陽明爲心學爲自律，當然此上文所言，陽明所言能自律的良知亦稟於天，這豈不是他律嗎？這他律是依於心而起，心即理，還是自律。故心學，或是心即理之學，如同牟宗三之判準而言，都是自律之學。而朱子之學爲他律，乃心依一個先於心而存在的性理而行，這便成了他律。故這種講法還是天理是否能活動的問題，天理能活動，心便是理，理依心而起，性亦依心而起，性不首出；天理不能活動，性理必須先在而爲心所遵守，這是朱子學所依於客觀性之性理的意思。

　　上文吾人認爲陽明學重意志，而朱子學重心知，但這種講法還不究竟，因爲就朱子學而言，到底心知重要還是性理重要，朱子學當該認爲性理重要，縱使其認爲心知也重要，但還是比不上性理的重要，心是主觀根據，須依理而行方可，理是客觀根據。且性理是超越的實存，而縱使沒有人的存在，沒有心知去覺知天理，天理還是在，此亦可說陽明與朱子的不同，乃在於朱子尊天理，而陽明尊人，從人心去證成天理。朱子學言性理可以不依於人心而有，縱使人心不存在，但天命之性還是落在其他事物身上，永恒而實存著。故朱子學與陽明學可以說是互補之學，一個重人之自覺，一個重超越之天理。但依於先秦儒之判準而言，陽明較合理。而且朱子何以能離開人的覺知講個不依人而有的客觀天理呢？故吾人認爲還是朱子與陽明之間的會通有其困難，陽明學更是正宗。但朱子學的型態也開出了一個新的宗派，亦是其偉大處。

第五章　整菴的辨佛思想

　　本章討論整菴對於佛氏的評論及看法。整菴批評佛教不遺餘力，與明道、朱子一樣，大力闢佛。整菴依朱子學的判準，把心學學者視爲禪，故在此吾人亦將討論心學與禪學之異同。整菴對於佛教之批評，於宋明儒者裡，算是較爲深入，而爲高攀龍所讚賞，黃宗羲於此亦受其影響。吾人於此章論及所謂的儒佛之分判點，看宋明儒者如何辨佛，宋明儒者之辨佛的觀點，整菴幾乎都談到了，而且有其深入的見解，但他主要還是依於朱子學的觀點辨佛。其較朱子學更爲深入，乃其對佛學的深入鑽研，在其《困知記》所討論的佛書亦較其他諸子爲多，〔註1〕探討亦較深入。故本節以儒佛之判別點作爲分節的依據，而此儒佛之判別點幾乎也可以說是整菴所認爲的儒佛之判別點，因爲這些講法整菴幾乎都論及到了。

一、以義利之辨區別儒釋

　　以義利之辨辨佛，在宋明儒學裡早有先例，如象山與明道都有這種看法，而整菴認爲這種判法是粗迹，講不到根本，佛教學者是不可能因此屈服的。當然整菴對於明道相當的尊重，故他所說以義利之辨來辨佛之不足這種講法主要是批評象山，而非明道，因爲明道還有其他的判法，而整菴深信服之，此於下一節談之。至於象山的判法，不只整菴認爲其判法太表面了，而且認定象山本人便是禪學，所謂的陽儒陰釋，而且比之告子有過之而無不及，因

〔註1〕　「高景逸先生曰：『先生於禪學尤極探討，發其所以不同之故。自唐以來，排斥佛氏，未有若是之明且悉者。』」沈善洪主編：《黃宗羲全集》（八）（杭州：浙江古籍出版社，1992 年），頁 410。

爲整菴認爲象山的心思比告子來的靈活多了，〔註2〕所以整菴之時代任務，如同孟子之闢邪說一般，整菴不只要闢佛，還要批評心學，以象山爲禪，是朱子之說，整菴順此而更詳之。在整菴眼裡心學者根本就是禪學。

而至於以義利之辨的義理來判儒佛，整菴有如下的看法：

> 《雍語》有云：「佛之廣大高明，吾聖人已有之。而聖人之中庸精微，佛又何嘗有邪！」又曰：「中庸精微，即是此心感應發用之妙，而廣大高明，則心之體也。」據此言，則是佛氏心體與吾聖人無異矣。及答周衝問儒釋之辨，則曰：「聖人之學，至大至公。釋者之學，至私至小。大小，公私足以辨之矣。」夫既許之以「廣大高明」矣，何爲又有「至私至小」之議哉？蓋佛氏之「廣大高明」，即本覺之境界也，此正是元明悟處，其所謂「聰明聖知達天德」者即此，是以概之聖人而不疑。殊不知天德乃帝降之衷，非本覺也。本覺何有於中乎？不中故小，不中故私。狹小偏私，蓋先儒之所以議佛氏者，舍此則無以爲儒佛之辨，故不得不援之耳。〔註3〕

在此整菴批評甘泉，認爲其本人便是禪學者，故讚佛學廣大高明。在此吾人認爲甘泉說佛是廣大高明，其實非其爲禪學而不自覺脫口把實話說出，而是認爲佛學亦有其高明的部分，但不及聖人來的高明，在此，吾人認爲整菴不需要見縫插針，把甘泉講得無一是處。但從這一段裡，還有另一個意思，即整菴認爲以至私、至小來判儒佛，〔註4〕這是從迹上判，佛家也會不服氣的。

〔註2〕 「心性理氣諸說，乃《記》中大節目，吾弟所見皆合，何慰如之！然心性之辨既明，則象山之學術居然可見，顧乃疑吾言爲『已甚』，何也？象山之學，吾見得分明是禪，弟則以爲『似禪』。似之爲言，彷彿之謂也。以余觀之，佛氏有見於心，無見於性，象山亦然。其所謂至道，皆不出乎靈覺之妙，初不見其有少異也，豈直彷彿云乎！據象山所見，自不合攻禪，緣當時多以禪學目之，不容不自解爾。釋氏之自私自利，固與吾儒不同。然此只是就形迹上斷，他病根所在，不曾說得。蓋以靈覺爲至道，乃其病根，所以異於吾儒者，實在於此。而此二字正是象山受用處，如何自肯拈出？余所謂『陽避其名而陰用其實』，誠有見乎此也。」見羅整菴：《困知記》，頁113～114。在此批評象山爲禪，而因爲其爲禪，故不敢把儒佛之眞實區別——所謂性理者講出，而只是在迹上作表面工作的分判。而且其批評禪者之自私自利乃是因爲當時儒者都批評佛，爲了讓別人不致於懷疑象山本人爲禪，所以他也假裝闢佛，而只闢其表面，不敢深入。整菴認爲象山不是不知儒佛不同之本質，而是他本人就是禪，故不願深入地講。

〔註3〕 羅整菴：《困知記》（北京：中華書局，1990年），頁97。

〔註4〕 雖然整菴認爲不當只是從迹上判儒佛，但從迹上判並非完全錯誤，整菴本人

整菴認為一定要從體上來判，不要到發用處上來判，有了如是體便會有如是用，在體上判明了，在用上必也會有同樣結果。亦是說何以佛氏有如此之迹呢？乃只知本覺，而不知中體，故落於私小，這是在體上判。

　　整菴認為以義利之辨來判儒佛如此而言是粗迹，而在此可以問，如此真是粗迹，而判不出個所以然嗎？吾人認為整菴是對的，因為若說釋氏重貪欲，為的是求得解脫，而出發心都是為求私人的福德、功德，這種講法佛家亦不會承認。因為以小乘佛學的義理而言，其為得解脫、涅槃；可是到了大乘佛學，其認為解脫、涅槃如何得之呢？以不得得，若有所為、有所執著，反而無法證空義而得解脫，又將執著而輪迴受苦，故一味的說釋氏只為福德，這樣在迹上判，無法令人心服口服。又大乘佛教強調不捨眾生，此不能說是自私自利。故整菴提出還要再找出更深一層的儒佛區別，而不是只在迹上判，如此講不到重點，亦將淪為片面之辭。而整菴認為儒佛之別的真正的重點在於所謂的中與大本，或說是天德，其實便是天理的意思，所以整菴本著小程子的「釋氏本心，聖人本天」的判法，還有朱子的「至虛而實實」的判法，即佛氏只能談到虛，而儒家除了談虛之外，還可以談個實事實理，或是說所謂的心性之別，因為性理稟於天，這是實事實理，與心的虛靈是不同的。以整菴看來，佛家只談及心，而不能談及性，心性之判與本心、本天之判是一樣的意思，與虛實之辨的判法也是同樣意思，只是側重的面向不同罷了，此意吾人於後文再論。

　　有時也從自私自利上來說明，其言：「杲〈示真如道人〉有云：『今生雖未悟，亦種得般若種子在性地上，世世不落惡趣，生生不失人身，不生邪見，家不入魔軍類。』又〈答呂舍人書〉有云：『若依此做工夫，雖不悟徹，亦能分別邪正，不為邪魔所障，亦種得般若種子深。縱今生不了，來生出頭，現成受用，亦不費力，亦不被惡念奪將去。臨命終時，亦能轉業，況一念相應邪！』又〈答湯丞相書〉有云：『若存心在上面，縱今生未了，亦種得種子深。臨命終時，亦不被惡業所障，墮諸惡趣，換卻殼漏子，轉頭來亦昧我底不得。』此等說話，只是誘人信嚮，豈可為憑？人情大抵多貪，都不曾見箇道理，貪今生受用未了，又要貪來生受用，安得不為其所惑也！《易》曰：『原始反終，故知死生之說。』生死輪迴，決無此理，萬有一焉，只是妖妄。為學而不能無疑於此，則亦何以窮理為哉！」同上註，頁 60～61。此意思批評佛之以利益引誘人，非吾人之義利之辨所能容。且整菴以朱子的理一分殊來批評佛氏的輪迴之說，只有理一分殊，沒有所謂的輪迴的講法，此亦可參見《胡宏集》（北京：中華書局，1987 年），頁 333。又同註 3，頁 61～62 頁，第 19 條，整菴談梁武帝談功德部分，亦是認為佛氏之自私自利，以利來引誘人之貪欲，人即有貪之毒，又如何可以成佛，以此破佛氏。可參看之，不再引原文。

二、虛而實的判教

虛實之辨，其實也是心性之辨的另一種講法，因爲在朱子或整菴的意思而言，虛指的是心的虛靈明覺之功用，而實指的是性理乃實事實理。故佛家說虛，朱子認爲儒家的系統亦可說虛，但佛家卻談不上一毫實，朱子如此辨儒佛之異同，亦甚明白。佛教只有虛而無實理，而心學學者——例如陽明、象山等，都將成了朱子學眼中的禪學。除了至虛而實實之判準外，朱子認爲只要是談境界的，都容易流爲佛老，因爲聖人只有下學而上達的紮實工夫，這也是所謂的工夫的實，有時聖人之學也談境界，如《中庸》以聖人境界比配天道，但這種境界是依下學上達之紮實工夫而來，若沒有實實在在的做紮根工作，便想一下子講最高境界，這將爲朱子所斥，亦以禪學目之。但佛學義理而言也不是一味的只談最高境界，禪宗才是如此，原始佛教並非如此，這一點朱子也看到了，所以朱子說，佛教到了禪學而大壞。〔註5〕而上文言朱子學因著「至虛而實實」之判準，於是把心學視爲禪，例如象山在朱子眼中乃爲禪，但是象山自己對於佛學的判準，也有虛實之辨，象山說：「千虛不搏一實。」指的是佛教的境界雖廣大如同虛空，但是沒有一個是實事實理，都是如幻如化。既然象山反對佛學，〔註6〕何以又被朱子視爲禪學呢？吾人認爲，朱子此說並不合理。以心爲虛而比配到禪學的明心見性之說的這種判法，不見得有說服力。象山雖是心學，但心的功能不見得只如同朱子學的意思之虛靈明覺義，不能把心視爲只有虛的部分，心還有實的部分，當本心呈現（非朱子義的心依理而行的意思），此心便是實事實理，心即理，意志之貫徹便是實理。故可見以心性之辨來判儒佛還是有缺點，而以虛實之辨來判儒佛較好些，但是要講明一點，所謂的實的意義不是只如同朱子言的性爲實的意思，因爲依心學而言，本心便是實。

〔註5〕 顧涇陽言：「朱子云：『佛學至禪學而大壞。』只此一語，五宗俱應下拜。」《黃宗義全集・東林學案一》（八）（杭州：浙江古籍出版社，1990 年），頁 744。亦是說禪學講頓悟的部分，而不下紮實工夫，比起原始佛教而不如。事實上原始佛教的確不是談頓悟之學，例如《雜阿含》裡認爲，人要求解脫，要修四禪、四定、四無色定，到滅境定，而且以出家爲最快解脫也要七次人天往返，乃是說要在天道與人道之間投胎七次以上，不像禪宗的明心見性，這麼快速。而且原始佛教談四諦時，談苦集滅道，而看這苦如何生成，如何還滅，這是循序漸進而成，故言「色滅道迹」，指的是修解脫道時的工夫也是漸教之循序而成。

〔註6〕 又象山批評其弟子楊慈湖，批評其說一，而象山不說一。這裡所謂的一指的是楊敬仲把儒佛視爲一，而象山視儒佛爲不同。故可見象山亦反對佛學。

　　若熟悉了朱子學的判別儒佛之方式，對於整菴學的批評佛教的判別方式便可熟悉。但若整菴的判別儒佛方式基本上並沒有超出朱子學，又何以說整菴對於佛學有其精到處？其精到處乃是宋明儒者常看不起佛學，於是不深入理解，有些是怕讀進去了之後，爲佛學所迷而回不到儒學，於是也不敢習佛。而整菴在此能進入其中，而且能深入，算是宋明儒者之佼佼者，而且其不從迹上判儒佛，而於義理的眞精神上來判，較有說服力。但根本而言，其判儒佛的方式還是朱子學的脈絡下的意思，並無更進於朱子的地方。在此我們看整菴從虛實、心性之辨上如何辨儒佛，其言曰：

> 胡敬齋力攻禪學，蓋有志於闢聖道者也，但於禪學本末似乎未嘗深究，動以想像二字斷之，安能得其心服耶！蓋吾儒之有得者，固是實見，禪學之有得者，亦是實見，但所見者不同，是非得失，遂於此乎判爾。彼之所見，乃虛靈知覺之妙，亦自分明脫灑，未可以想像疑之。然其一見之餘，萬事皆畢，卷舒作用，無不自由，是以猖狂妄行，而終不可與入堯舜之道也。愚所謂「有見於心，無見於性」，當爲不易之論。使誠有見乎性命之理，自不至於猖狂妄行矣。蓋心性至爲難明，是以多誤。謂之兩物又非兩物，謂之一物又非一物。除卻心即無性，除卻性即無心，惟就一物中分剖得兩物出來，方可謂之知性。學未至於知性，天下之言未易知也。〔註7〕

此乃批評胡敬齋雖攻擊禪學，但其未能深入佛學，講不出重點，如此豈能讓佛學者心服口服，於是整菴把他認爲眞實的判別點講出來，所謂的心性之辨，即佛氏只見於心，而不見於性。在此而言，整菴的判準是否正確呢？其實整菴在此特別用的是禪學而不是佛學的字眼，其本著朱子學的意思，說佛學到了禪學而大壞，而佛學本不同於儒學，而且不可入於堯舜之道，但禪學更壞，屬佛學裡的下下乘者。所以說若整菴所批評的只是禪學，或許錯誤還不算大，因爲禪宗自拈花微笑以來的正眼法藏，慧能得之，而以明心見性之頓悟法門爲本，故說禪學本心，可以說還算正確。但是若是因此而把禪學擴大爲佛學，認爲佛學都是本心，這就不正確了。因爲佛教之學認爲，從所謂的十八界——六根、六塵與六識裡，分別出主體與客觀，佛家不是只談主體，還有談客體的部分，雖然說主要工夫而言的確是就主體而言，然儒家言工夫也是就主體而談，連朱子學也不能例外，故不能說佛學只本心而不重視客體性。故整

〔註7〕　羅整菴：《困知記》（北京：中華書局，1990年），頁39～40。

菴認爲禪學本心，這是對的，但若說佛學都是本著心而不重客觀性，這是錯的。因爲整菴認爲眞正的標準不在主體性上而在具有客觀性的性理上，而禪學又等同於佛學，禪學本心故佛學也本心，則佛學不知有個客觀的性理之準則。但佛學亦可談個所謂的客觀性，故不可說佛教只本著主體性，因爲儒家可以說個客觀的性理，而佛家也可以說個客觀的空理，亦是說佛氏之所以能不執著，乃是因爲客觀道理本身而言，便是變異不恒定，沒有一個定性，若如此，心還執著於變異之事物上，一旦事物改變，心將產生痛苦，故佛家亦談及其客觀性的意思，不可說佛氏只本心，當然甚至說禪學亦是如此亦可，則整菴所認爲的禪學本心，亦將不正確，因爲禪學照理而言，也不當違反三法印裡的「諸行無常」的意思，無常便是空，空是事物的道理，也有其客觀性。故只就主客觀上談儒佛之判別是不夠的，因爲佛學也可以談個客觀性的空理。而眞正的判別點在於，雖儒佛都言理，而儒家談實事實理，佛家談空理，而儒家的實事實理依心學學者而言，乃是本心自覺，在此便有覺情而活潑有生氣，否則只是一般的物理、自然之理，與身心無關。而佛教的客觀事物之空理與主觀的心之理是一樣的，都是因緣所生，沒有一個實可言，心也是刹那生滅，變異不恒定，故心學與佛學有所不同。但何以同一個對象而言，會有兩種儒佛不同的看法呢？（即實理與空理）佛教的因緣法，亦是眞理，無因無緣而生，儒家亦不會肯認，故因緣法儒家亦不敢否定之，但佛學眞理只談了一半，另一半的實事實理沒有談到。

再回到所謂的整菴之批評胡敬齋的部分，何以整菴批評他呢？乃整菴認爲胡氏斷定佛教所言的虛靈部分是出於想像，整菴認爲佛教談虛的部分不是出於想像，而是眞理的一部分而非全部。整菴所認定的眞理而言，乃是理氣論，或說落於人倫事物而言，乃是心性論，佛氏談心的部分，整菴認爲是正確的，這非出於想像，而錯在談不上性理，心的虛靈部分無誤，整菴這方式同於朱子，好處在於可以不用完全反對佛學，而把佛學吸納爲儒學下的一支，但不及儒學之全體廣大便是。因爲一旦佛氏的義理被全盤否定，反彈性將更大，而且佛學也不是一無可取。

而整菴說佛教所見爲實的實義與朱子說至虛而實實的實義有何不同？朱子所謂的實本指性理之實，乃實事實理的意思；而整菴說佛氏之見爲實見，整菴把佛氏視爲心學，而只見心而不見性，乃是指在心氣上之所見爲實，這實不是性理，而是說在談心而言的講法是對的，所差者乃性理講不到，至於

心之虛靈部分，整菴認爲佛氏亦是對的。

　　前面所云，整菴以心性之辨來判儒佛，於是把心學視爲佛，對心學者不公平。若以「至虛而實實」之義理來辨儒佛，同樣的把心學視爲虛學。但若所謂的實事實理而言指的是儒，虛者爲釋，而心學在心即理之下亦是實學，則虛實之辨之判法並沒有錯。所以說若談性理，此可以區別儒佛，因爲在儒者方面，朱子學談的性理釋氏不談，而心學者的心即性即理下的實事實理，佛氏亦不談。佛學對於性的看法，其認爲性者是本性、本質的意思，所以其談性時，必說性空，不只性空，性相皆空，都沒有一個固定的本質，所謂的無自性的意思。在此整菴對於佛氏的性空的意思，理解得很清楚，其舉經書言：

> 其曰：「天地非大也，毫髮非小也，晝非明也，夜非晦也，往非古也，此非今也，它日非後也。『鳶飛戾天』，非鳶也。『魚躍于淵』，非魚也。」《金剛經》所謂「如來說世界，即非世界，是名世界。說三十二相，即是非相，是名三十二相。」即其義也。〔註8〕

整菴在此所引的經文，清楚而明白的顯示了大乘空義，前者是禪學者的偈語，後者是《金剛經》原文，《金剛經》乃《大般若經》第九會的經文，本旨在闡明大乘空義，亦是教人不可執著的意思。因爲緣起性空，而一切事物都是因緣所生，沒有這些因緣，便沒有這些事物，事物依因緣而來，因緣散了，便產生不出這些事情來，故事物沒有一個定性，因爲因緣不一定非聚合而成不可。所以《金剛經》原文談「如來說世界，即非世界」，表示世界乃因緣聚合而生，若沒有這個因緣，是否有世界是不得而知的，世界沒有世界的本質，因爲世界是因緣所生，沒有其必然性。而後文的「是名世界」，乃是說世界是但爲假名的意思，不可執爲實有，執爲定性。若了解了緣起性空，於意識上亦能不起執著。而同樣的，禪宗偈語也是這意思，天地沒有天地的本質，天地不一定是大的，沒有本質，或許在其它世界的天地是小的，這視因緣而定。但在儒學者認爲天地固然沒有一定要大，但天地必有其天地之理，有氣者便有理，而且天地之理是實事實理，這是不可混擾的。故儒者在此必定反對佛教，而整菴在此依朱子學把佛學判釋於其下，這是一種方式，其方法乃認爲釋教談虛的部分吾儒也有，至於談實的部分，此乃佛氏所無。

　　吾人認爲，若光是虛實之辨，而不管儒家所言的這「實」是指心還是性

───────────

〔註8〕　羅整菴：《困知記》（北京：中華書局，1990年），頁79。

時，這判法是有效的。因爲佛教認爲：「因緣所生法，我說即是空。」〔註9〕
萬物都是因緣所生，因緣解散了，這些東西就不存在了，沒有一個非要如此
的本質決定著這東西非存在不可。任何的法都是因緣所生，所以可以說法是
空性。但吾人認爲因緣法本身不能是空。雖然偈語的意思是說法是因緣所生，
所以沒有非如此不可的必然性，緣起而聚，緣散而滅，故沒有一個定性，亦
是說法是空的意思。但是萬物都是因緣所生這意思本身卻是定性，不可改變
的，若沒有定性，若也是空的話，則有時可以用因緣法來看待事物，有時可
以不用因緣法看待，如此則不通。如此佛家將陷入無窮後退之境。這眞正的
問題出在，佛教要合會二經的說法，其一爲小乘《阿含經》（把四阿含視爲一
經），其二爲大乘般若經。前者肯定三法印、四法印，因緣生等等的觀念，但
後者談大乘空義而不可執著的意思，當然《阿含經》也談到空的變異性的意
思了。但若一切法都沒有自性而不可執著，則緣起法本身亦不可執著，也不
是有本質的眞理了，因爲緣起法本身也是空，若是有時緣起法可以派上用場，
有時不行，則佛教以緣起空性貫徹一切法將成了問題。

而上文吾人認爲虛實之辨用以判儒佛是有效的，乃是在不分別所謂的實
指的是心還是性的情況下有效，一旦說這實的意思只是性理，而不能是心時，
便將無效，而且視心學與佛無異，無法分判出心學者與佛家之不同，整菴便
是如此的看待之，且這是依於朱子學而來，朱子學說虛實，分別指虛爲心、
指實爲性，整菴也是如此認爲，其言：

> 人心道心之辨，只在毫釐之間。道心，此心也，人心，亦此心也。
> 一心而二名，非聖人強分別也，體之靜正有常，而用之變化不測也，
> 須兩下見得分明方是。盡心之學，佛氏之於吾儒，所以似是而實非
> 者，有見於人心，無見於道心耳。〔註10〕

整菴總結而言，對於儒佛之不同用一兩句話評斷之，乃佛氏只見於心，而不
見於性。另一種講法，乃佛氏見於人心，而不見道心。人心、道心之意思，
吾人於第二章心性論一節已談到，人心、道心雖都指心，但是人心是氣，而
道心是指心能依於性理而行，故雖指心，但重點在於性。整菴的人心、道心
之定義雖小有別於朱子，但是眞實義理而言，朱子與整菴之判別儒佛是一致
的。其認爲，佛氏只見到心的虛靈部分，便成富有，而以爲窺見全體，但其

〔註9〕 龍樹：《中論》偈頌。
〔註10〕 羅整菴：《困知記》（北京：中華書局，1990 年），頁 78～79。

實真正的客觀實在性的性理還未體會到，〔註11〕若只依於心，而心又不格物窮理而依於性理，則心只有主觀性，還沒有到公的境界。而前文認為以公私、義利之辨來判儒佛是在迹上判，非體上判，在體上判便要講到性理這本根，依於性理便能公，便是為義；若依於心，而心又不格物而得其客觀性，則心為私、為利。故體上講明，迹上便必能跟從，而這體便是性理，其認為儒氏講不上這性理之客觀性。

依於心性之辨，故整菴有這樣的判釋：

> 《傳習錄》有云：「吾心之良知，即所謂天理也。」又云：「道心者，良知之謂也。」又云：「良知即是未發之中。」《雍語》有云：「學、問、思、辨、篤行，所以存養其知覺。」又有：「問『仁者以天地萬物為一體』。答曰：『人能存得這一點生意，便是與天地萬物為一體。』又問：『所謂生者即活動之意否，即所謂虛靈知覺否？』曰：『然。』」又曰：「性即人之生意。」此皆以知覺為性之明驗也。〔註12〕

宋明理學從二程兄弟開始，思想進路不同，於是開出了兩大不同系統，觀看宋明理學，主要是心學與理學兩大系統作用於其中。一般而言心學重主體自覺，理學重客觀天理，但心學雖重主體性，但其主體一自覺便能是普遍而客觀的，而理學卻把重主體性的心學與佛學（特別是禪學）的明心見性視為同一。程朱理學所重視的客觀性與普遍性在於性理，個體的心不具客觀普遍性，除非是天地之心。而客觀的性理雖生而有之，但隨著人的軀體之死而結束，因為朱子認為心沒有永恆性，心只有虛靈的作用，可以認知理，心願意依從於理，這時才有普遍性，故還是重天理的系統。而心學雖重主體性，但是心又即是理，心是本心，有其恆常性，故雖出於主體，又有普遍性。但心學所

〔註11〕「《楞伽》四卷並無一理字，註中卻多用理字訓釋其說，蓋本他經之文爾。嘗見《楞嚴》有云：『理則頓悟乘悟併稍。』《圓覺》有云：『一者理障，礙正知見；二者事障，續諸生死。』事、理二障，在《楞伽》但謂之惑障、智障爾，非逃儒歸佛者，誰能易之？雖其所用理字不過指知覺而言，初非吾儒所謂性命之理，然言之便足以亂真，不可不辨。」同上註，頁54。在此整菴認為佛經雖有談及理的意思，但其理不是儒家所言的性理、性命之理，而只是空理罷了。還是緣起性空的意思，沒有本質決定的意思。故其不是真見理，而是以知覺為理，此與朱子之反對以覺訓仁的意思是一樣的，覺是虛靈明覺，是心的功能，還不到性理的層次。至於佛教所談的理、事，可以用現象與本體的意思談之，只是這本體的意思是以空為體的意思，而不是有個實體的意思。

〔註12〕羅整菴：《困知記》（北京：中華書局，1990年），頁54。

重視的主觀性卻被朱子學誤判爲禪學，雖然心學者可以言心即性即天，但朱學者認爲這所謂的性是起於心，故還是以知覺言性，而不是眞實的性理，陽明學與甘泉亦是在此判準下被判爲禪學。而既然只有性理在朱子學而言才有普遍性，則這普遍性之如何取得呢？唯有透過格物窮理而來。故下節談之格物窮理的工夫之判準。

三、以理一分殊 〔註13〕 及格物說作爲儒佛之分判

整菴認爲性理才是儒佛之分界點，雖然佛學也談空理，但整菴認定其爲認知覺爲性，認知覺爲理，故以理來判儒佛，整菴認爲是最恰當的。既然以理來判儒佛，理如何視之呢？理不是一個亮晶晶的光景擺在那裡，而是不同的事物，因其氣之不同，而有著不同的理，所謂的理一分殊的意思。故要契合理、了解理便要即於事物一一且逐步的格物窮理，而不是一下子可以頓悟性理。整菴有如是的看法：

> 所謂理一者，須就分殊上見得來，方是眞切。佛家所見，亦成一片，緣始終不知有分殊，此其所以似是而非也。其亦嘗有言，「不可籠統眞如，顢肝佛性。」大要以警夫頑空者爾，於分殊之義，初無干涉也。其既以事爲障，又以理爲障，直欲掃除二障乃爲至道，安得不能籠統、顢肝乎？陳白沙謂林緝熙曰：「斯理無一處不到，無一息不運，得此把柄入手，更有何事！」其說甚詳。末乃云：「自茲以往，更有分殊處合要理會。」夫猶未嘗理會分殊，而先已「得此把柄」，愚恐其未免於籠統顢肝也。況其理會分殊工夫，求之所以自學，所以教人，皆無實事可見，得非欲稍自別於禪學，而姑爲是言邪？湛元明爲作改葬墓碑，并「合要理會」一句亦不用，其平日之心傳口授，必有在矣。〔註14〕

在此整菴批評佛學之不懂理一分殊的道理，他認爲佛教所理解的理一是錯的，縱使佛教之理解理一是對的，即理解爲實事實理之外，還要對於分殊有所了解才可，否則落入頓教的講法，或是儒家心學的講法。當然心學的講法

〔註13〕 此理一分殊之判別法亦可說是體用論上的判別，首先佛學不言體，既不言其體，於其用上便不見得有其規律與有秩序性。故從體上來看，或是用上來看，佛氏皆不合於整菴的理一分殊之判準。

〔註14〕 羅整菴：《困知記》（北京：中華書局，1990 年），頁 41～42。

在整菴看來，其所理解的理一還是錯的，即認知覺爲性，而非眞的見性，之所以如此，乃心學者與禪學者不務求知識，而且工夫不紮實，不做下學上達的漸教工夫，這工夫指的是格物窮理的工夫，工夫慢慢積累，到最後才能豁然貫通。若不能安於本份，而一下子想跳到理解天理層次，這是虛浮而不實在的，這是所謂的「籠統眞如，顢頇佛性。」是虛妄的。但佛教眞是如此嗎？其實在此評禪宗的頓悟成佛，不格物窮理還可，但若因此批評佛教都是如此或許就有問題了。佛教的大乘般若空義裡談到所謂的三智義，所謂的一切智、道種智、一切種智之說法。一切智是就阿羅漢可以概略的理解所謂的空，而對於現象的差別，或是假名施設，或是方便法門，不能懂得善巧，這是只達到所謂的一切智的層次。而菩薩要救眾生，能因病施藥，依不同眾生的需要，而能開出不同的方便法門，隨緣眾生，故其智慧達到道種智層次，但其對於空義不是完全透徹了解。〔註 15〕只有到了佛的境界，可以了解一切智，及道種智，這時稱爲一切種智，乃知空義，亦知其差別相。〔註 16〕而整菴在此批評佛學不懂分殊，不格物窮理，此有所偏差。但縱使佛教能了解一切種智，在整菴眼裡還是不合格的，因爲在理一之理解上有所差錯，而在分殊上便亦有差錯，如同源流上有所濁，則在下游處亦將成問題，因爲理是實理不是空理。而心學又如何呢？整菴如何論斷呢？心學在理解天理上而言，依整菴的意思還是與佛學無異，例如甘泉、白沙，其工夫進路是先從分殊處格物窮理起呢？還是先頓悟而後面對事事物物便能取得關鍵把柄呢？這也是陽明與朱子的格物義之論辯的問題，到底先誠意還是先格物的問題，吾人於第四章已處理了。以整菴看來，心學者當然是後者。整菴也依此做判教，只要不依從於漸教的格物窮理工夫便是禪學，先體悟天理的頓教系統也是禪學。因爲整菴認爲，先秦儒者不教人先頓悟本心，整菴有如是言：

> 《論語》首篇，首以學爲言，然未嘗明言所學者何事。蓋當時門弟子皆已知所從事，不待言也，但要加時習之功爾。自今觀之，「子以四教：文、行、忠、信。」夫子之所以教，非學者之所學乎？是知學文，修行皆要時時習之，而忠、信其本，尤不可須臾失焉者也。《註》

〔註 15〕 其實這是《大般若經》的講法，依理而言，菩薩是當該理解空義的，否則還不如阿羅漢。

〔註 16〕 此可參見牟宗三：《佛性與般若》（上）（台北：學生書局，1977 年）頁 18～40，第一章第二節，所謂的三智義。

所謂「效先覺之所爲，亦不出四者之外。」若如陸象山之説，只一
箇「求放心」便了，然則聖門之學與釋氏又何異乎！〔註17〕

依於讀書窮理之判準，則整菴判象山爲禪，若依象山本人而言當然反對，象
山也非不讀書，但其認爲重點不在此，而在於能否有義利之辨以立大本，因
爲根基若不辨清楚，則以後爲王、爲霸將爲兩途而分開，故重點在於立大本，
而大本既立，則工夫便時時保任住，不使其有灰塵之污染，而格物窮理之事
反爲次要的事。眞正重點在意志是否常能首出而呈現，工夫就在此，而不在
彼。但整菴認爲若如此則不合於先秦儒學，例如孔子講「文行忠信」，又説「德
之不修，學之不講，……是吾憂也」（《論語·述而》）。雖孔子有這些博學以
文的話語，但何者爲第一義，何者爲第二義，這要辨明的，因爲孔子也説，「行
有餘力，則以學文」，則學文爲末節之事，而朱子的解釋認爲學文之事亦很重
要，可見朱子的格物窮理之學，與孔子的義理還是有差距，即認第二義爲第
一義，把次要的格物之學，視爲第一義。故整菴依於格物窮理之學，判心學
與禪學爲等同，而且認爲此二學派只重內心，而不往外開發，亦不能開務成
物。因爲天理不只在吾人之心爲而性，也在物之身上，在物之身上爲理，性
即理，外物之理與吾人之性是同一個天理。

而佛學注重主體之心，注重內在精神之超脱，在內在之要求上，依於原
始佛教的講法，要求得解脱有兩種方式，一種是心得解脱，一種是慧得解脱，
兩種解脱得其一種便證得阿羅漢果，二種解脱都得到稱爲俱解脱。當然有心
解脱的話，並非完全在慧解脱上完全不懂，而是多少能相應一些，反之亦然。
心解脱是針對情緒上，能不受貪、怒、痴等情緒影響，故佛學要在情緒上有
所排除，使情緒不因識心的分別好壞，而執好去壞，因爲縱是執其所謂善的
還是執著，還是受輪迴之苦，識心對於此不當有所攀緣。而整菴認爲佛教如
此看法亦是妄念，因爲其不懂理一分殊的道理，其不格物窮理，而不知所謂
的情也是天性，既然是天性、天命所爲，便不能無欲，其有這樣批評：

> 李習之雖嘗闢佛，然陷於其説而不自知。〈復性書〉有云：「情者，
> 妄也，邪也。曰邪與妄，則無所因矣。妄情滅息，本性清明，周流
> 六虛，所以謂之能復其性也。」觀乎此言，何以異於佛氏！其亦嘗
> 從禪師問道，得非有取其微旨，而姑闢其粗迹，以無失爲聖人之徒

邪？且其書三篇，皆及死生之說，尤可見其意之所主。〔註18〕

此段意思看出何以整菴把情與欲視爲天性之必然，而不視爲惡，即是說情亦出於天理，屬於理氣論環節裡氣的環節，只要不放縱，不過與不及，情也是人生之必然，不能如同佛教之灰身滅智之做法。但其實佛學也不是如此，《雜阿含》常言「眼見色矣」或說即於六入處，或反問難道盲眼人是在修行嗎？〔註19〕表示佛學亦不是要人灰身滅智。故可見整菴對於佛教有誤解，佛教亦不是一味的排斥情欲，而是排斥情欲的攀緣與執著。同樣的，整菴也是如此，其視情爲天性，情是定理，故若能格物窮理而有所知，便可知理與氣都是天理之一，不可一味否定之，只是要節制之，而不是一味的否定之，因爲此乃天性，有此氣便有此理。

整菴所批評的佛學不當如是，李習之對於情的看法當該也不是整菴所批評的意思，因爲這樣定義不見得是取自於佛學、禪學，這是因爲對於情之定義之不同所致，例如周濂溪說無欲，這也是對於情欲的定義不同所致，不能說濂溪爲禪。同樣的，縱使佛教言情也不是說不能有一絲毫情緒，而是說不該有執著的情緒，這合於明道的「聖人之常，以其情順萬物而無情」的意思。此乃對於情的定義不同所致，如同孟子說寡欲，而濂溪說無欲，乃是對於欲的定義不同，孟子言欲採中性義，而濂溪採貶義。而同樣的整菴對於情的意思採中性的意思，而李習之的意思採貶義，朱子言「存天理去人欲」時的欲字亦採貶義，此乃定義之不同，而不可說李習之要人絕情去欲，不吃不看，這種看法對佛學的理解有誤。

既然整菴以理一分殊之義理、以格物工夫作爲儒佛之別之判準，而格物者，內外一理，故窮理不只是窮究吾人身心性命之理，而且要窮究天地之理，如水之流濕、火之就躁都有其一定之理，這些都要窮究，不可只是一味的求之於內，例如以整菴之認定而言，心學學者，與禪學者，只重視這主觀性，求之於內，整菴認爲此非堯舜之道，其言曰：

> 「格物，莫若察之於身，其得之尤切。」程子有是言矣。至其答門
> 人之問，則又以爲，「求之情性固切於身，然一草一木亦皆有理，不
> 可不察。」蓋方是時，禪學盛行，學者往往溺於明心見性之說，其

〔註18〕 羅整菴：《困知記》（北京：中華書局，1990年），頁73～74。
〔註19〕 見《雜阿含・282經》。表示佛教亦不是要人滅情感，不吃不看。參見印順編：《雜阿含經論會編》（上）（新竹：正聞出版社，1994年），頁378～379。

於天地萬物之理，不復置思，故常陷於一偏，蔽於一己，而終不可
與入堯舜之道。二程切有憂之，於是表章《大學》之書，發明格物
之旨，欲令學者物我兼照，內外俱融，彼此交盡，正所以深救其失，
而納之於大中。良工苦心，知之者誠亦鮮矣。〔註20〕

這一段認為，二程因禪學太盛，而表章《大學》，發揚儒學精神，發明格物之
旨，而且格物之旨，不只求於自身，一草一木亦當求之。例如以前伏羲之聖
人，取象作八卦，於是近取諸身，遠取諸物，這亦是一種格物窮理，而今人
覺得如此太麻煩，根源乃來自於禪學的明心見性之頓悟之學為始作俑者，而
且其只見於內而不明天地之理，心學亦不格物窮理，故在整菴眼裡亦是陽儒
陰釋，非儒學之正宗。

　　整菴以理一分殊做為判準，故會有格物窮理之要求，若不做格物之漸教
工夫便是禪。且格物不分內外，因為內外一理，若只求諸於主體，而不外求
事物，亦是禪。而且格物的方式一定是漸教，不能是頓教，若是頓教，整菴
認為這是受了禪學的明心見性之說或是心學的先悟天理之說所影響，這都不
是儒學之正宗。當然佛學不是只有頓教之說，《六祖壇經》裡描寫神秀亦是主
張漸修，但不是主流。回視原始佛教，佛教之修行，要經過很多階段，如四
禪、四定等等，還要有七次的人天往返，故佛教不都是頓教，亦有漸教。但
以整菴、朱子學的看法而言，儒家的下學上達、格物窮理之義理，都是一步
一腳印紮實的作工夫，沒有頓教可言，頓悟不是禪學就是心學，而且心學與
禪學為同一類。〔註21〕雖然整菴亦知道，佛學非都是談頓悟，但是儒學以朱
子學之判準而言，絕不談頓悟，無論如何，以格物窮理之判準而言，談頓悟
者必非正宗朱子學認定的儒學。而且根據整菴《困知記》而言，所謂困知者，
乃困知勉行、困而知之的意思，非生而知也，也是朱子學的下學而上達的意
思，故不是一下子可達到聖人境界，或一下子就可以頓悟。〔註22〕由此可見

〔註20〕羅整菴：《困知記》，頁3。

〔註21〕「『幽明之故』，『死生之說』，『鬼神之情狀』，未有物格、知至而不能通乎此
　　　　者也。佛氏以山河大地為幻，以生死為輪迴，以天堂地獄為報應，是其知之
　　　　所未徹者亦多矣，安在其為見性！世顧有尊用『格此物』、『致此知』之緒論，
　　　　以陰售其明心之說者，是成何等見識耶！佛氏之幸，吾聖門之不幸也。」見
　　　　羅整菴：《困知記》（北京：中華書局，1990年），頁4。此以格物窮理作為判
　　　　準，視心學不格物窮理，等同於禪學。

〔註22〕「近世以來，談道者所在成群，而有得者曾未一二見，其故何耶？患在欲速
　　　　而助長耳。孔子云：『欲速則不達。』孟子云：『助之長者，揠苗者也，非徒

整菴對對頓悟的說法起反感。例如整菴言：

> 呆〈答呂舍人〉書有云：「心無所之。老鼠入牛角，便見倒斷也。」
> 倒斷即是悟處，心無所之是做工夫處。其做工夫只是看話頭便是，如
> 「狗子無佛性」，「鋸解秤錘」，「栢樹子」，「竹篦子」，「麻三斤」，「乾
> 屎橛」之類，皆所謂話頭也。余於「栢樹子」話偶嘗驗過，是以知之
> 然。向者一悟之後，佛家書但過目便迎刃而解。若吾聖賢之微詞奧旨
> 竟不能通，後來用工久之，始知其所以然者。蓋佛氏以知覺爲性，所
> 以一悟便見得箇虛空境界。《證道歌》所謂：「了了見，無一物，亦無
> 人，亦無佛」是也。渠千言萬語，只是說這箇境界，悟者安有不省！
> 若吾儒之所謂性，乃「帝降之衷」，至精之理，細入於絲毫秒忽，無
> 一非實，與彼虛空境界判然不同，所以決無頓悟之理。世有學禪而未
> 至者，略見些光影便要將兩家之說和合而爲一。彌縫雖巧，敗闕處不
> 可勝言，弄得來儒不儒，佛不佛，心勞日拙，畢竟何益之有！〔註23〕

在此一段言說裡，整菴把儒佛之分別處的重點講出來，而且是本著朱子學的分
判點，但不見得是正確，因爲前言吾人言，若依於朱子學之分判儒佛，則心學
亦爲禪學，此對於心學不公平。整菴在此亦是如此，其舉禪學者之書信，認爲
「心無所之」是禪學者做工夫處，當然心無所向這是儒佛之共法，整菴在此亦
不做批評，如明道認爲「心有所向便是欲」，若無所向便是無欲。佛教亦認爲工
夫做到如此才是不執著、不攀緣，此是儒佛之共法，還分別不出儒佛。至於老
鼠入牛角之講法，此是佛學義理，以儒學看來，鼠入牛角，在現實上是不可能
的，因爲沒有這道理。但以佛學看來，此在邏輯上是不矛盾的，是可以想像的，
不矛盾就有可能性，雖這可能性不是現實經驗上的可能性，但以佛學認爲，人
在世上的經驗極其有限，因爲要依於六識而感觸到外物，六識的感官是相當有
限的。或許其它世界的牛角有孔，可以入也說不定，此皆視因緣環境而定，故
佛氏言空性，牛角沒有其本質，沒有絕不能入的本質。而要懂得這空性，只有
悟入，因爲空理不是依累積格物之知而得，要悟全悟，故禪宗特喜言頓悟之學。
而整菴批評佛學之所以喜言頓悟，乃是因爲其不知天理爲何，若知天理爲何必

無益，而又害之。』程子云：『若急迫求之，則是私己而已。終不足以得之也。』
此皆切至之言，吾子盍試加循省？倘微有此病，宜速除之。」同上註，頁 163
～164。此乃暗批心學的頓悟之學乃走捷徑而不切實際。
〔註23〕同上註，頁 61。

依格物窮理而下學上達，而不以頓悟為工夫。以漸修為工夫乃對治禪學以知覺為性之講法，其以虛空為悟入處，但儒學格物致知之旨是實事實理，不是悟入虛空，虛空在朱子學而言是屬於心的虛靈明覺部分，故整菴認為佛教雖言性，但不是儒學之天理的意思，而是錯認知覺為性，以此做為判準，心學亦是以知覺為性，因為心學只談心而不談及性理，或說心學言的性理亦是依心而有，但整菴要的性理的意思乃縱使沒有人去知覺，天地之理還是存在，這是客觀實存，而不是如同心學所言的天理由心來體證的意思。

綜上所言，整菴以天理做為判準，而天理分殊於不同的氣上，故要於不同事物上一一窮理，而且一步步做下學的工夫，不可言頓悟，亦不可只重內而輕外，這都成了整菴的儒佛之不同的判準。下節吾人討論，以作用見性的看法評佛教是否恰當，即是討論佛學是否只有心的虛靈明覺意思。

四、以作用見性評佛教是否恰當

整菴、朱子學認定佛學論性乃視作用為性，或是以知覺為性，或是同於告子的生之謂性的傳統。所以作用見性乃在作用的不執著下所證實的性，例如挑水砍柴無非妙道，在挑水也可以，砍柴也可以，即於任何事物都可以不執著，沒有一定要如此或不如此，而且能安於當下，亦不會執著於現實或是不會執著於一定不能挑水或砍柴，在此證實有個空性，但這空性以整菴朱子學認為，這不是性理，而是空理，而空理是以虛靈為體。故整菴認為佛學除了有作用見性的意思外，亦認為其以知覺為性，因為心的知覺作用才是虛靈的，性理卻是實事實理，不可言虛。整菴有如是認定：

> 佛氏之所謂性，覺而已矣。其所謂覺，不出乎聞見知覺而已矣。然
> 又有謂「法離見聞覺知」者，豈見聞知覺之外別有所謂覺邪？良由
> 迷悟之不同爾。〔註24〕

前文吾人認為，整菴以佛氏之性為覺，這頂多在明心見性的禪學系統裡講得通，若依於般若大乘空義的意思，性的意思便是本質的意思。而佛家不談事物有定體、有其本質，此乃所謂性空的意思。整菴認為禪學不離言覺悟，所以認定其所謂的明心見性所見之性為空理，而空理之虛靈是依心之知覺而有，所以整菴、朱子學有如此之判法，即佛氏以知覺為性。但佛學又言法離

〔註24〕羅整菴：《困知記》（北京：中華書局，1990 年），頁 47。

見聞覺知，如何解釋呢？法是所謂的現象萬有，現象萬有常是依主、客體之接觸產生意識而有。故佛教的中道觀，亦可說法不離聞見覺知，亦可說法不是聞見覺知。因為不離聞見覺知之法，乃一般吾人六根所體會之法，要覺知法必依於六根而起，不可離於聞見覺知；但法的本性是空性，故法不可只依聞見而有，依聞見而產生的意識，容易因分別而攀緣，分別心盛者，喜歡美而憎惡醜，但這都是執著，所以整菴認為其所謂的法離聞見覺知的意思如下：

> 其謂「法離見聞覺知」者何？懼其著也。佛以離情遣著，然後可以入道，故欲人於見聞知覺，一切離之。離之云者，非不見不聞無知無覺也，不著於見聞知覺而已矣。《金剛經》所謂「心不住法而行布施，應無所住而生清淨心」，即其義也。然則佛氏之所謂性，不亦明甚矣乎！彼明以知覺為性，始終不知性之為理，乃欲強合於吾儒以為一道，如之何其可合也！〔註25〕

對於見聞覺知的看法，何以要離見聞覺知呢？乃是不可執著的意思，故整菴認為佛氏亦不是要人不見不聞，而是在見聞中不生攀緣的意思，故可見整菴前文認為佛氏要人滅情，這種講法是錯的，而是可見可聞，可以有情緒，但不因此而有攀緣性的情緒產生的意思。而何以法不離見聞知覺，又說法離見聞知覺呢？這乃佛教的中道義，不落有無兩邊，真如之法難以形容，只能遮撥的形容之，不是這個，不是那個，至於是什麼，言語常用不上，因為言語依概念而有，概念便是限定，容易讓人誤為實體而執定。這一段所言的法指的是因緣所生法，因緣所生法便是空的意思。佛教的因緣法有其經驗的面向，故法不離見聞覺知，法不是憑空而有，而是要在因緣下所產生，在人的主體性與客體之相接觸而有，故法不離人的主體知覺，或說空性不離知覺而有，空性亦不離萬有，所謂的即物言空，而非滅物而後體空的意思；但空性要有明朗的智慧才可得知，故不是聞見之知，沒有證空的智慧便執著於聞見之知而無法看清緣起法的相續之流。狹義的法乃是意識所對的對象，而廣義的法的意思，指任何存在、現象，故法要有主體、客體，還要主客相接觸時所產生的意識，所以說法離聞見覺知，若法不離於聞見覺知，便是有自性，有執著，如此不是空的意思。而若能依於因緣法，而不著於因緣法，以佛學的術語言之，便是如的意思，是指能見證且貫穿深刻的緣起法的意思。

　　依於此，整菴便認為所謂的法離聞見覺知只是要人不執著，而悟空性，

─────────────

〔註25〕羅整菴：《困知記》（北京：中華書局，1990年），頁48～49。

這種講法所理解的佛學是對的。故整菴認為，空性不過是聞見覺知而無著的意思，這意思與儒學談的心的作用，所謂虛靈明覺的意思相近，這是本自朱子的意思而來。在此我們可以討論一個問題，即整菴、朱子學把作用見性、以知覺為性及告子的生之謂性的意思用以比配佛學所言的性是否恰當？首先佛學言的性是本質的意思，此在《般若經》便如此言之，所謂的「相亦離相，性亦離性。」〔註26〕但再細論之，此物之本質是從何而有呢？本來緣起性空，一切物都無自性，何以又執而有所謂本質呢？不管執此物為有自性或是無自性，都是意識之執著或不執著所造成，故所謂的法不離聞見覺知這是對的，法不是憑空而有，而是因緣所生，總是要有主體、客體、意識，時空等，才有這些法的覺知。故整菴說佛學以知覺為性，改為性不離覺知，如此的定義的更恰切些。但是朱子便把這以知覺為性的意思，比配到告子的生之謂性的意思，這意思講得通嗎？告子言性，以生與性互訓，以生言性即就存在說性，生命存在中所有的，如自然欲望，生理本能，便是性，故其以食色為性。告子言性是就中性的材質義而言，〔註27〕故其可以言性無善惡，與孟子的性善義不同。而佛教所言的性不離知覺的意思，與告子的中性材質的意思相近嗎？吾人認為有其相近處，也有其不同的地方。其相近處，乃佛氏的性空，表示著沒有一個固定不變的本質所決定，與告子的性無善惡義，性只是中性材質義，即性可以做成善、也可以做成惡這意思是相類的，因為只有材質而沒有本質的決定是善是惡，是這或是那。但是至於不同處，告子以生訓性，生者乃是有生命的存在，要維持生命，便有低等的欲求，所謂的食色之性；但佛氏所謂的性，雖然不離聞見而有，但這性是依於人的主體的決定判斷而歸給對象，這是一種執定，故談緣起性空時，指的是對象沒有一個固定的本質所決定非如此不可的意思。在此整菴把告子與佛學比配在一起，但其間還是有所不同，不同者乃告子就有機體言性，而佛氏認為無機體亦可言性，所謂無自性，縱使桌子無機體的存在，亦沒有一個非如此不可的決定性本質，所謂性空的意思。在此整菴依於朱子學故有所錯認，其有這樣的看法：

> 程子嘗言：「仁者，渾然與物同體」，佛家亦有「心佛眾生，渾然齊
> 致」之語，何其相似也？究而言之，其相遠奚啻燕、越哉！唐相裴

〔註26〕《大正藏・第七冊》（台北：新文豐出版有限公司，2000 年）般若部三，第五會，頁 867。

〔註27〕牟宗三：《圓善論》（台北：學生書局，1996 年），頁 2。

休，深於禪學者也，嘗序《圓覺經疏》，首兩句云：「夫血氣之屬必
有知，凡有知者必同體。」此即「心佛眾生，渾然齊致」之謂也。
蓋其所謂齊同，不出乎知覺而已矣。且天地之間，萬物之眾，有有
知者，有無知者，謂有知者爲同體，則無知者非異體乎？有同有異，
是二本也。蓋以知覺爲性，其窒礙必至此。若吾儒所見，則凡賦形
於兩間者，同一陰陽之氣以成形，同一陰陽之理以爲性，有知無知，
無非出於一本。故此身雖小，萬物雖多，其血氣之流通，脈絡之聯
屬，元無絲毫空闕之處，無須臾間斷之時，此其所以爲渾然也。然
則所謂同體者，亦豈待於採攬牽合以爲同哉？夫程子之言，至言也，
但恐讀者看得不仔細，或認從知覺上去，則是援儒以助佛，非吾道
之幸矣。〔註28〕

在此整菴爲明道的〈識仁篇〉辯護，有人認爲〈識仁篇〉的意思與佛學類似，
但是整菴認爲其二者完全不同，整菴認爲例如心學者便把明道的意思解釋爲
以知覺爲仁，而自以爲傳承自明道之正統。其實明道的義理，以整菴觀之，
渾然與物同體須在識仁之後，而識仁乃是格物窮理的意思。若如上蔡依著明
道的意思而言以覺訓仁，整菴認爲上蔡走偏了，且朱子於〈仁說〉處嘗闢之。
以朱子、整菴學而言，上蔡不但把明道的義理曲解了，而且是往佛學方向發
展，乃因爲朱子把佛教言性的意思，視爲談作用知覺的意思，故只要談知覺
作用痛癢方面，在朱子學而言，都是談心的虛靈，而還不到性理層次。前文
吾人談過明道視「生之謂性」之詮釋方式與朱子學不同，明道的生之謂性之
義理，乃是《易經》之生生之大德的意思，一切存在都依於乾道變化，而各
正性命，所謂的性命之正都來自天道的意思。而朱子學視生之謂性的傳統與
佛學是相類似的，明道並無這種看法。又整菴因著朱子把告子的生之謂性與
佛學的認知覺爲性等同，故認爲若佛學以知覺爲性，則無知覺者豈無性了，
此豈非二本？當然佛教喜談不二法門，緣起法貫徹一切，或說空理貫徹一切，
而整菴卻說佛教二本，此乃出於誤解。因爲其視禪學的明心見性，乃是要有
知覺以上才有心，有知覺才有性。且又把告子的生之謂性的生字，定義爲有
知覺以上，故石頭等無生物便無性，這出於整菴執定於朱子學所造成的誤解，
對於佛學不公平，且對於心學者亦不公平。〔註29〕

〔註28〕 羅整菴：《困知記》，頁 55～56。
〔註29〕 「朱子固嘗以告子目象山矣，蓋以力制其心之同也。然僕嘗細推之，不能無

當然整菴認爲其視佛學以知覺爲性,有足夠的證據,其言:

> 南陽慧忠破南方宗旨云:「若以見聞覺知是佛性者,《淨名》不應云『法離見聞覺知。』若行見聞覺知,是則見聞覺知,非求法也。」南僧因問:「『《法華》了義,開佛知見』,此復何爲?」忠曰:「他云『開佛知見』,尚不言菩薩二乘,豈以眾生癡倒,便成佛之知見邪?」汾洲無業有云:「見聞覺知之性,與太虛齊壽,不生不滅。一切境界,本自空寂,無一法可得。迷者不了,即爲境惑。一爲境惑,流轉無窮。」此二人皆禪林之傑出者,其言皆見於《傳燈錄》,何若是之不同邪?蓋無業是本分人,說本分話。慧忠則所謂神出鬼沒以逞其伎倆者也。彼見南方以見聞覺知爲性,便對其人捏出一般說話,務要高他一著,使之莫測。〔註30〕

在此整菴舉了二位禪學大師,以證佛學以知覺爲性的意思。其認爲無業是老實人,所以說話可信,其言見聞覺知之性,不生不滅,與太虛同壽。而整菴理解爲佛氏以覺知爲性。其實無業的意思本自般若思想,《中論》裡亦談不來不去的八不中道,〔註31〕法本來不離聞見覺知,因爲法是因緣法,因緣法與經驗的因果性脫不了關係。但慧忠又說法離聞見覺知,且以《淨名經》爲證。而法是否離聞見覺知呢?其實說法不離聞見與法離聞見都是對的,此乃所謂的中道觀,非一非異,不落兩邊。法本來不離聞見覺知,但也不著於聞見覺知,因爲一旦執於聞見,則無法看出緣起性空的意思了,當然前文我們看出了整菴亦知道所謂的法離聞見覺知,乃是要其不執著的意思。此乃合於《金剛經》的意思,所謂的「般若非般若,是名般若。」即知道般若無自性,乃因緣所生,都是後天的因緣聚合所造作出來,非有個先天本質以決定般若,

---

別。告子之不動心,其心死,其時未有佛氏,但以燭理未明,而墮於意見之偏,高論以爲『學焉而流者』是也。然其爲說,初無以動人,其害終小。象山之不動心,其心活,蓋誠有得於頓悟之妙,從源頭便是佛氏『本來面目』,夫豈末流之失乎!其人雖遠,其說方行,所以陷溺人心而蓁蕪正路者,固君子之所深慮,未可容易放過也,請更詳之。」同上註,頁131。在此雖然整菴認爲象山之學與告子不同,但其不同只是程度上的不同,其內容學說是一致的。而且其認爲象山思想與佛學之思想靈活,比告子有過之而無不及,此乃其不同處,乃象山之巧思高於告子。也是整菴自以爲的時代任務,即傳承孟子以闢楊墨、告子爲本務,而朱子、整菴闢象山、佛學,任務更困難。

〔註30〕 羅整菴:《困知記》(北京:中華書局,1990年),頁57。《淨名經》指《維摩詰經》。

〔註31〕 見韓廷傑釋譯:《中論》(高雄:佛光山宗務委員會,1997年),頁19。

此才是眞般若。亦可說般若的眞不是本質的眞，而是假名施設，約定俗成，因緣所生成的意思。故般若妙智不離因緣法，但般若之妙智也是不著於因緣法，否則乃是視因緣法有定性，故慧忠之思想並非神出鬼沒而逞其伎倆，而是《般若經》與《中論》之義理的發揮，且禪宗合於大乘空義，禪宗之六祖慧能亦是從《金剛經》「應無所住而生其心」處體悟，〔註32〕其思想合於般若空義。故可見整菴對於佛教之作用見性、以知覺爲性的意思，有其正確、也有不正確的理解，例如把它理解爲生之謂性的意思就有所差謬；而其正確性，仍空性的意思類於中性材質義。除此之外，整菴認爲佛學之不能言實事實理，只談虛空，這也是正確的。

　　整菴在此把佛性與心學所談的心性等同，認爲其異於朱子學所談之性理。整菴以《論語》作爲比喻：

> 昔有儒生悟禪者，嘗作一頌云：「斷除煩惱重增病，趨向眞如亦是邪。隨順世緣無罣礙，涅槃生死是空華。」宗杲取之。嘗見杲示人有「水上葫蘆」一言，凡屢出。此頌第三句即「水上葫蘆」之謂也。佛家道理眞是如此。《論語》有云：「君子之於天下也，無適也，無莫也，義之與比。」使吾夫子當時若欠卻「義之與比」一語，則所謂「無適無莫」者，何以異於「水上葫蘆」也哉！〔註33〕

因爲心學學者談心即理的講法，整菴認爲這是依心言理，而不是眞實的性理。依朱子學而言，心是用以知覺理，而本身不是理，朱子、整菴學乃是要證成一個客觀實在的性理，這理不依於心而有。例如心學言的心即理，乃是由人道證成天道；而《中庸》言天命之謂性，乃是由天道下貫到人道，如此主客觀可以圓滿起來。但整菴、朱子學所言的理不依於心而有，天地之理，永恒而客觀，不因人的存在而有。若依於心學詮釋下的《中庸》，以誠道的道德實踐證成天理，或是天理、誠道而下貫到人的思誠之道，此天人相貫而一致。但是朱子學的看法，天道的有無不依於人而存在與否，若依於心學詮解下的《中庸》，一旦人類沒有了，天道之性要落於誰呢？以朱子學而言，縱使人道沒有了，天道還是客觀地恒存著。故朱子學講一個客觀之理，此理不依於心而有，而人道之可貴在於可依心而認識天理，故可見朱子、整菴學是所謂重

〔註32〕 慧能捨達摩以來的《楞伽》傳心，而以般若思想爲宗，直言明心見性，見性成佛之思想。

〔註33〕 同註30，頁63。

天道論者。

　　整菴於此段引文裡認爲心學與佛學無異，故引《論語》裡的「義之與比」的意思來批評心學與佛學。其認爲義之與比的意思，乃此「義」是天理、性理，與物理一致，而不是依心而有，心的功能只能覺知它，而不能改變它。吾人於第四章整菴與陽明辯論處曾談過，整菴所認爲的義之與比的意思，乃是物物各有其理，物物各有一太極，存在有其存在之理，吾人之所以如此處事而不如彼，乃是因爲事物本身就是當該如此做，不是只依於人，縱使人不存在了，事物的道理還是如此，故義之與比的意思，乃是人要依於客觀的道理而行，而不是人的本心呈現，便見道理的意思，此意思與明道的服牛乘馬的意思相類，不是人要馬這樣做，而是馬的天性爲如此，故吾人順此理而讓馬這樣做，若不順於馬的天性，要馬耕田，勢必有所不行。故整菴依此而解釋程子的意思：

> 孟子曰：「孩提之童，無不知愛其親也，及其長也，無不知敬其兄也。」以此實良知良能之說，其義甚明。蓋知能乃人心之妙用，愛敬乃人心之天理也。以其不待思慮而自知此，故謂之良。近時有以良知爲天理者，然則愛敬果何物乎？程子嘗釋知覺二字之義云：「知是知此事，覺是覺此理。」又言：「佛氏之云覺，甚底是覺斯道，甚底是覺斯民？」正斥其認知覺爲性之謬爾。夫以二子之言，明白精切如此，而近時異說之興，聽者曾莫之能辨，則亦何以講學爲哉！〔註34〕

二程的思想義理系統不同，如同心學與理學之不同，但在整菴的眼裡只有一程，而且是取消大程子，而以伊川思想解釋明道學（天道的圓融性例外）。若說整菴視二程有不同，乃程度上的小有未合，而不是義理上的質上的差距。故整菴舉小程子言的「知是知此事，覺是覺此理」〔註35〕的意思來證明心學者不合於二程。而「佛氏之云覺，甚底是覺斯道？甚底是覺斯理？」亦是伊川先生的話。〔註36〕但伊川先生的義理，其不合於心學思想，自然可見。心

〔註34〕 羅整菴：《困知記》，頁70。

〔註35〕 「志學，至從心所欲不踰矩，只是一理。先自人事做，做來做去，就上自長。如事父孝，事君忠，初時也只忠孝，後來便知所以孝，所以忠，移動不得。四十不惑，是於人事間不惑。五十，知皆自天命來。伊川說『以先知覺後知，以先覺覺後覺，知是知此事，覺是覺此理』，亦此意。」見《朱子語類・卷23論語五》（二）（台北：文津出版社，1986年），頁554～555。伊川朱子乃同一系，故其言知此事，覺此理，乃是主體去覺知對象。但此非明道的意思。

〔註36〕 《二程集》（上）（台北：漢京文化事業有限公司，1983年），頁142。此言上

學者與理學者，視儒佛之不同，乃實事實理與空理之不同。而心學者與理學者雖都視理爲實事實理，但理學者認性爲理，心不是理；而心學者視心爲理。其所不同者於此。整菴順著伊川、朱子學之思想，故其對於知覺的意思不同於明道、上蔡的以覺訓仁的意思，整菴有著這樣的看法：

> 然人之知識，不容有二。孟子本意，但以不慮而知者名之曰良，非
> 謂別有一知也。今以知惻隱，知羞惡，知恭敬，知是非爲良知；知
> 視，知聽，知言，知動爲知覺。是果有二知乎？〔註37〕

此答歐陽德之書信，歐陽德乃陽明後學江右學派之學者，劉蕺山、黃宗羲認爲江右學派得陽明之眞傳，亦指歐陽南野這些人，而非只指聶雙江言歸寂的那一派。整菴回書於歐陽德時，陽明已下世，歐陽德接續陽明而與整菴論辯。整菴以朱子學的角度告知歐陽南野，所謂的知只有一種，乃是知覺的意思，但看知覺用在何處？因知覺只有一種，故心學與佛學談覺是同一型態。但看知覺用在痛癢上，或是用在性理上。而吾人認爲宋明儒者談德性之知、天德良知，與聞見之知之不同，此不是二種知嗎？〔註38〕但是以整菴、朱子學的立場而言，其認爲天德良知的知與聞見之知的知，都是知覺的作用，視其用在聞見或是用在仁義禮智之性理上的不同而言。整菴、朱子學，其把知識或是性理視爲客體、對象，與心學的實踐下的德性本身便有靈知的意思不同，這也是朱子學的理論之概念分別太甚所造成，〔註39〕其視主客爲二，主體去覺知客體，或是主體是合於客體。而整菴學要轉向，要轉回明道，但礙於朱子學理義的主客之區分，故只轉回一半，轉不上明道的義理，或是心學的進路。例如我們舉「知是知此事，覺是覺此理」這意思，此乃伊川的見解，而非明道的意思，整菴還是理解爲主體去覺知客觀的意思，〔註40〕但明道對於覺知的意思不是如此，上蔡言以覺訓仁，本著明道的不痿痺爲仁的意思，明道於〈識仁篇〉是這樣談的：

面標明伊川兩字，斷定爲伊川語。

〔註37〕羅整菴：《困知記》（北京：中華書局，1990年），頁118。

〔註38〕當然心學者對於良知與知識可以說一，也可以說二，說二乃德性之知不同於知識，說一乃有良知便有知覺，否則麻木而爲不仁。

〔註39〕當然朱子學亦是教人實踐之學，但是其理論之講法，以主客之分開，人與天分開，人不是天，不同於明道要的人道便是天道本身的實踐進路。

〔註40〕當然分解進路的表示方式，並非一定不能是實踐的，可以用分解的方式來解析實踐之不可言說境界的可能。但以程朱學的分解進路，把活潑而有生命的理講死了，理成了不活動，若說這是實踐進路也是寡頭式的實踐進路。

> 學者須先識仁。仁者，渾然與物同體。義、禮、知、信皆仁也。識
> 得此理，以誠敬存之而已，不須防檢，不須窮索。若心懈則有防，
> 心苟不懈，何防之有？理有未得，故須窮索。存久自明，安待窮索？
> 此道與物無對，大不足以名之，天地之用皆我之用。孟子言：「萬物
> 皆備於我」，須反身而誠，乃為大樂。若反身未誠，則猶是二物有對，
> 以己合彼，終未有之，又安得樂？〔註41〕

明道以與物同體為仁，而朱子於〈仁說〉處，反對與物同體為仁，朱子認為仁
者能與萬物一體，但與萬物一體不是仁。明道的與物同體是怎樣的意思呢？吾
人認為當該與下文的反身而誠，乃為同體這意思一起觀看，這也是明道的一本
論的意思，若非一本，以人合天，以己合彼，以主體去覺知客觀都是概念言說
的進路，人終究不是天，不是真正的實踐的進路。所以明道說天人本一，不必
言合，人是天地之化育，也不用言贊，此都是圓融的實踐的進路，人與天地為
同一，而不是主客體的對列，認知式的談儒學之工夫義。若如此依明道的看法
來斷定的話，乃終為二物，講法不圓融，也不是實踐下的肯認的意思。故明道
與伊川對於覺知的意思，終究不同，亦是宋明二大儒學的詮釋進路。

再回到上文談《論語》義與之比的文意，整菴認為這義是性理，是在物
本身上，但這不合於孟子的講法，孟子言長者義乎？還是長之者義乎？亦是
說明這義利之辨之義與否乃是由我本心意志自己給出，而不是標準在於對象
上，而整菴便是認定此乃在對象上，縱使沒有人的覺知，這道德理想的性理
還是在物之身上，所謂的物物各具一太極的意思，所以要格物窮理以知之。
但若如此解，以孟子的意思斷之，便是告子的義外思想，因為此事件義或不
義不由吾人的自由意志給出，而是把標準置於外，如同長者義的意思乃凡是
長者便當該敬的意思，但孟子的意思是若吾人的道德良心不呈現，縱使長者
出現於我們面前，還是沒有道德行為可言。可見整菴、朱子學的義理，不能
合於《論語》、《孟子》之義理。

整菴、朱子學的主客對列，以人去合於性理的意思不是孔孟思想的實踐
進路，同樣的其定義知覺的方式，以主體去覺知客體的意思，亦不能合於孔
孟言仁及本心的義理。故本節之小結認為，朱子以知覺為性、作用見性的方
式評論佛學，有其相應處，而也有其不相應處。例如以告子的生之謂性比配
之便不相應，而以知覺為性的方式來評斷心學，幾乎都是錯的。

〔註41〕《二程集》（上）（台北：漢京文化事業有限公司，1983 年），頁 16～17。

五、本心與本天之判

　　前文吾人談以虛實之辨來判儒佛是講得通的，但不該把心學理論視為虛學而等同於佛學。且虛實之辨在整菴、朱子而言，也是所謂的心性之辨。當然人的心與性都稟自於天，心稟自於天道中的氣，而性稟自於理，都是稟自於天，所以整菴認為情也是天性之一，而不該滅情斷欲。而整菴又依於伊川的講法言「釋氏本心，聖人本天」，以此來辨儒佛。當然心氣也是稟於天，但是就天命之性而言，是心（氣心）重要還是理重要，或說是性重要還是心重要呢？這類似於孟子的問題，所謂性者當以何者為優先呢？以食色之性還是義理之性呢？當然是義理之性為重，故整菴的本天之講法，講的是性理，也是天理之意思；而本心的意思，談的是心氣的意思，而心不是性，心也不是天，天特指性理，這是依於程朱學而言的。而整菴嘗有如是之言：

> 程子嘗言：「聖人本天，佛氏本心。」此乃灼然之見，萬世不易之論，
> 儒佛異同，實判於此。是故「天敘有典」，吾則從而惇之；「天秩有
> 禮」，吾則從而庸之；「天命有德」，則從而章之；「天討有罪」，則從
> 而刑之；「克綏厥猷」，本於上帝之降衷；「脩道之教」，本於天命之
> 在我。所謂「聖人本天」者，如此其深切著明也。〔註42〕

「聖人本天」乃小程子之言，「天討有罪」等乃大程子之言，整菴依於朱子，把明道的思想伊川化（天道之理氣圓融例外），而視二程成為只有一程，而且一程是小程子，而不是大程子。而大程子也談天，小程子也談天，其差別點在那呢？小程子言的心不是天，心不是性，心不是天理，心只能認知天理，故其有本心與本天之判以判儒佛；而依於大程子的一本論而言，心便是天（盡心便是知性、知天），故大程子不會以本心與本天之不同來判儒佛，雖然佛氏的確不談及實事實理，而不知天理，但若以本心與本天之判，就會與整菴的判法一樣，把儒家心學者亦判為佛學，對於心學者不公平。在此劉蕺山有這樣的講法，其言：

> 釋氏之學本心，吾儒之學亦本心，但吾儒自心而推之意與知，其工
> 夫實地卻在格物，所以心與天通。釋氏言心便言覺，合下遺卻意，
> 無意則無知，無知則無物。其所謂覺，亦只是虛空圓寂之覺，與吾
> 儒體物之知不同；其所謂心，亦只是虛空圓寂之心，與吾儒盡物之

〔註42〕羅整菴：《困知記》（北京：中華書局，1990 年），頁 80。

心不同。象山言心，本未嘗差，到慈湖言無意，分明是禪家機軸一
盤托出。〔註43〕

蕺山認爲，雖然佛學本心，而吾儒之正宗者心學亦本心。有何不同呢？心學
言的本心，天道性命相通，心即理，故雖言本心，但也是本天的意思；而佛
氏言心只言覺，而忘了好善惡惡的意，此便是人之爲人的本質，且能上契合
於天者便是善的意志，這也是陽明認爲的《大學》工夫誠意而已矣的意思，
也是劉蕺山所言的「意根最微，誠體本天」的意思。所以佛氏言心，與儒家
言心不同，儒家言盡心便能知性知天，而天理乃是佛家所以爲障者。蕺山又
認爲儒家的工夫在格物，乃是指不離於天地萬物的意思，而不是朱子的窮理
的意思，蕺山本著淮南格物之說，認爲格物乃是格於事物之本末先後的意思，
何者爲先，何者爲後，何者重要，何者次要，止至善是最終目的，也是最重
要的，但要從修身做起。故蕺山的格物說不是朱子的格物義，也與佛家說法
有所分別，因爲這物是實事實理，而不是虛空。而最後蕺山批評慈湖之無意
之說，其認爲慈湖已落於禪學，且陷象山於不義，而象山似乎也體會到其與
弟子慈湖之不同，其言：「我不說一，楊敬仲說一。」〔註44〕又說：「楊敬仲
不可說他有禪，只是尚有氣習未盡。」〔註45〕首先象山何以不說一，象山本
著孟子的一本論，照理當說一，但其之所以不說一，乃是指不把儒家、佛家
會通而爲一，而其弟子有此傾向，但也不可說慈湖是禪，而是其習氣有禪的
影響，其學說之流弊容易爲禪。而蕺山的意思，便是要說明儒家之心學者乃
與佛學不同，其本心者亦爲本天的意思，故與禪學不同，但非所有打著心學
口號者都爲蕺山所欣賞，如慈湖、龍溪、近溪等人，蕺山認爲這些人守不住
師說而有流爲禪的傾向。當然蕺山如此判別已比朱子學更進一步且更爲合
理，依朱子學而言，甚至象山、陽明都爲禪，但蕺山不會如此判定。

前文吾人談整菴言的心性之辨，而性之根源又如何呢？性之根於天，故
佛學不言人有本質決定的性善，除此之外，天理亦爲佛學所不言者。佛不言
天理，亦以爲障，當說惟我獨尊時，〔註46〕是不知天理者，不知人的限制。

〔註43〕《黃宗羲全集・卷六十二蕺山學案》（八）（杭州：浙江古籍出版社，1992年），
頁893。

〔註44〕《陸象山全集》（台北：世界書局，1990年），頁300。

〔註45〕同上註，頁290。

〔註46〕「天上天下，唯我獨尊，是無辭讓之心也。」《黃宗羲全集》（八）（杭州：浙
江古籍出版社，1992年），頁410。在此黃宗羲以其失本心批評之，但吾人認

而心學學者是如此嗎？心學學者依心而言天理，良知呈現與天理合一，故不會有如此之話語。黃宗羲亦是本著陽明心學者，故其知心學學者不會如此狂妄自大。整菴亦有如此之批評，其言：

張子曰：「釋氏不知天命，而以心法起滅天地，以小緣大，以末緣本，其不能窮而謂之幻妄，真所謂疑冰者歟！」此言與程子「本心」之見相合，又推到釋氏窮處，非深知其學之本末，安能及此？〔註47〕

從上面黃宗羲之語亦可知釋氏之不談天理，因爲天理的意思表示事事物物都有定理，佛氏不談本質、定理，而且以心法因緣天地、以一切爲虛幻。故張載亦批評其以小緣大，不能窮事物之理，誣世界爲妄，這如同疑冰之談。以儒學觀點觀之，是不知天命者，不知在人力之外，有其人力所達不到的地方。以儒學觀之，佛教以人見之微以論天地，便是妄自尊大，〔註48〕而且不知天命，不知有人力所達不到的地方，以儒學言之，此人力之所不能窮盡處便是天命。儒學想要把佛學包括進來，認爲佛學只談虛空，而儒家還個天命之實事實理，故虛之部分，儒家也不否定，而實之部分，佛家不能肯定，如此言之，則佛學可被包函於儒學之下；但佛學也想把儒家包函進來，想把儒家納之於其下，其認爲儒家言的天命，只到佛教談的天的層次，屬上三道（所謂天、人、阿修羅），故佛氏認爲儒家還沒有出三界六道，但這種講法是不正確的，因爲不同的系統，其規則便不同，儒家系統言的天是系統之全部，而不可視爲佛家系統之六道內的天。不同的系統不可隨意的比配，因爲基準點就有所不同了。

而儒家認爲佛氏之不知天命，妄自尊大，不知於人力之外有個天理，不懂得敬天命，而這天命也是釋氏所不知且談不上的，因爲佛氏言空，認爲沒有實事實理，更何況天理。從這個意思來看心學對於天命的看法，心學難道也如同整菴所言，等同於佛氏，而不知天命嗎？心學當然不會自認如此，心學學者也畏天命，但這天命是從人的道德的自覺所體會的天命，但天命當該有離於人的道德自覺之外者吧！亦是說天命之範圍大於人的道德範圍，例如縱使人做好事，都不見得能得好報，故要敬畏天之明威。若如此推論的話，心學者還沒有肯定理學者所言的離於心而獨存的客觀實在之理，不知天命，因而也是禪學了

爲也是佛學之自大，而不知自身的限制，是不知天理者。

〔註47〕　羅整菴：《困知記》（北京：中華書局，1990 年），頁 64。

〔註48〕　《易傳》的謙卦象傳言：「天道禍盈而福謙。」儒家知天命、畏天命，不會講唯我獨尊的話語。

嗎？吾人認為不是，因為依心學之心即理系統，天理是在人的道德實踐下肯認，心與理內涵上是一樣，但天理的範圍或外延又常大於人倫的範圍，這似乎要肯定程朱的心之外的性理的意思。但心學者認為，心即理，雖然天理的範圍常大於心的範圍，例如天道可以創生萬物，而人只能做小小的道德創生。此天人之不同乃是量上的不同，在內容上是一樣的。如同麻雀雖小，但其與人一樣都有五臟，只在能力上不如人。故心學者如此可以免於理學者譏為禪學的批評，且心學若受到理學者這種質疑，心學者亦可以同樣的反問，何以程朱理學言性即理，性之太極人人本具，何以天道可以生化萬物，而人不能，故理學者也有著同樣的問題之困難。或許理學家可以言此乃因為氣的限制所造成，但若依理學之工夫而言，學者做工夫以至聖人，便沒有氣之障礙，其氣乃通體透明，而不會障理，但難道理學學者言的聖人就可以生天生地嗎？故理學家不當有如此之質疑，因為自己同樣面臨著這樣的問題，當然解決的方式，還是吾人上文所言，天人內涵是一樣的，但人的外延與能力之範圍不如天道一樣的廣大。同樣地，不當視心學與佛學一樣，不知天命。

故吾人於此小節認為，以「釋氏本心，聖人本天」之判別點這意思一定要解釋清楚，否則若依整菴的判別方式，把心學都視為禪；而蕺山亦可說「釋氏本心，聖人本天」，但其所謂的心學而言，本心亦本天，不會把心學學者視為禪，故其判法便較整菴學來得合理。

六、結　語

吾人認為，雖然高攀龍讚賞羅整菴在宋明理學裡對於佛學的理解之地位，但是整菴基本而言對於佛學之判別還是本著朱子學，並沒有踰越朱子學，而且對於佛學有一些誤解。例如認為佛學不言分殊，縱使佛學言了分殊，也不是依天理而分殊，故整菴批評之。但佛學認為要理會分殊，只是與整菴的意思不同罷了。又例如整菴認為佛教要滅情的看法，亦是有認知的錯誤；還有其認為佛學以生釋性，故把告子的生之謂性之傳統與佛氏的作用見性等同之，依於此便認為佛學二本，不能一以貫之，不能以一個原則貫穿所有原則。因為若生者為性，則無生物便無性。這都是對於佛學的誤解。當然整菴對於佛學也有其相當程度相應的理解，算是宋明理學家中之佼佼者。但不出於朱子對於佛氏的理解。

而吾人本章所談整菴對於儒佛的判準，有那些可以成立的呢？第二節所談的以義利之辨來辨佛，整菴都自覺不足，而且是從迹上來判，整菴認為不

能服釋氏之心，於是從其本上來判，以虛實來判，或說以心性之辨來判，而性者又稟之於天，故也可以說是本心與本天之判，吾人認爲這個判法較爲實際，而可以分別出儒佛之不同。但依著此判法，於是整菴把心學者視爲禪學，吾人認爲對心學學者不公平，而要依於劉蕺山的意思來分判，雖心學學者本於心，但此心通於天，乃意根與天通的意思，故心學學者不當爲禪。除此之外，整菴本著朱子學，以理一分殊之實事實理爲佛學所談不到，要體悟理一分殊便要格物窮理，這是佛學所達不到者，也是心學所達不到者，至少不是心學義理的第一義。但吾人認爲格物窮理這工夫也是迹上的判法，因爲於本體上有何種體悟，便會對應出不同的工夫。例如於本體上認爲理一分殊，而工夫便是在分殊上作工夫，以了解天理之不同面向，所謂下學而上達者也。但理一分殊之工夫是程朱學的特色，心學對於格物義亦不採格物窮理之說，故此從迹上判儒佛還不如從天理上來判較爲實際。至於作用見性之說法，對於佛學之評論有其一半的眞理性，因佛學從因緣上來談，亦是經驗論上的依於氣、依於因果之學，故可說其以知覺爲性，但只講對了一半，因爲禪宗才談明心見性，佛學談性原是談本質的意思，《維摩詰經》的不二法門便是認爲一切法都是空，都爲緣起法所貫穿，既然如此便沒有一個非如此不可的決定性的本質可言。故因而說佛學是生之謂性之傳統只講對了一半，乃以中性之材質的意思談之這是對的，故可以沒有本質上的非如此不可之決定的本性。但亦錯了一半，因爲佛學認爲生與無生都可以談性，不可說佛學以知覺爲性、以生爲性，而等同於告子。而此判準用在心學上，幾乎都是錯的，因心學本著性善而談天理，良知天理有其不變的本質，甚至以變動爲本質，如黃宗羲所言的「心無本體，工夫所至便是本體」，亦是肯定本體的意思。故縱上所言，整菴只在虛實之辨上是正確的，但這虛實之辨還要說清楚，即把心學也列爲實才是正確的，若依於整菴視心學爲虛，此乃不當之類比。

最後，吾人從此章之論述中得到一個心得，即羅欽順當該不是唯氣論者，因爲若其是唯氣論者，其自己又如何辨佛呢？其自己又陷入於自己所批評的對象之窠臼裡。因爲其認爲佛學只講到氣的層次，而不到理的層次，若整菴也是唯氣論的話，其自己也是禪學而該自我批判。至於其理論是否受到佛學的影響呢？例如說佛教說不二法門，眞妄貫穿在因緣所生法之下，依此，整菴認爲，儒家的理氣論因而要收攝爲一個統一原則呢？吾人認爲有此可能，但還要再深入研究，此非吾人本論文所及，待日後再深入探討。

第六章　晚明學者對於整菴學的理解

　　本章於論文結束之前談兩個問題。第一，整菴之學是否有天人不一的可能性。第二，整菴之學對於後世學術的影響。關於第二點，礙於筆者的學力，無法盡舉，只舉其中特別明顯的一兩點，特別是對於劉蕺山、黃宗羲的影響。

一、整菴學是否有天人不一的理論困難

　　整菴學撫平了理氣之間的鴻溝，反而天人之間出現裂痕，天人之間理氣心性因此不是一一對應。要解決這問題，吾人認為，或回到明道，或回到朱子學，因為此二人的各自系統裡，雖型態不同，但天人為一，黃宗羲亦沒有批評此二人有天人不一的毛病。而整菴於天道論企圖回到明道義理，而心性論還是朱子學，且朱子學與明道學明顯有距離，故有這毛病產生。對於朱子學而言，天道論的理與氣下貫而為人的心與性，天道有時理弱氣強，故存在上有惡的可能，從存在上有惡，亦可說天理有善有惡，同樣的人的心不是性，人也常為惡，故天人之間善也對應，惡也對應，一一對應。而整菴之學，吾人於前文認為，整菴自認其思想亦是天人一理之義理，但這是就本源處言，即天生萬物之起始點，人還沒有受污染之前，或是人做工夫以復本體而做到聖人的境界時，人與天為一，只在聖人或是赤子之心這一點上合一，其他處，天人不一。例如天道論而言，以整菴學看來，天道只有善而沒有惡，而人道便是效法著天道的一氣流行之精神，但常無法達到。何以看出整菴之學認為天道論只有善而沒有惡呢？[註1] 從整菴之盛贊〈先天圖〉處可看出，因為此

〔註 1〕　天道無惡的問題，吾人已於第二章天道論部分論証過了。

乃自然而然，不待安排，不假造作，一氣之流行，以流行爲體，此乃天理之
表現，亦爲至善之展現。且「先天」的意思，乃非人力所能安排，人力除了
聖人外不能達於此，故天人之間有所不同。我們可以先看整菴對於心性論與
天道論的看法，便可見其二者是否一一對應了，先看心性之說，整菴認爲：

> 蓋心性至爲難明，是以多誤。謂之兩物又非兩物，謂之一物又非一
> 物。除卻心即無性，除卻性即無心，惟就一物中分剖得兩物出來，
> 方可謂之知性。學未至於知性，天下之言未易知也。〔註2〕

整菴對於心與性的看法是視爲一物還是兩物呢？當然以整菴的思想而言，說
一物說兩物都說得通，所謂的一物，乃是指心與性不相離。但以整菴的理氣
論的看法而言，縱使沒有人心的存在，性理落於其他事物，還是有其必然之
理，天理不因人的存在與否而影響其客觀恒存性，即天理若無落於人心上，
天理還是會落於其他動物或其他事物上。在此整菴的意思乃是承繼著伊川思
想而言，所謂的「在物爲理，在人爲性」，故天命之性落於人特稱爲性，因爲
人有心，可以把性理照亮，而物不能，這同於《大學》裡所謂的「明明德」
的意思，明德是性，可以明明德者，人心也，而動物氣昏不能有，無機物也
不能有。所以說整菴認心性爲一物，這時性的定義乃是不離心而言之。而整
菴又說心性爲兩物，即是說心與性是兩種不同的存在，心屬氣，可以虛靈明
覺的認知性理，但心不是性，心只有個別性而無客觀性，人的氣質之不同，
心氣也跟著不同，未格物前還沒有達到性天的客觀實在性的層級。故就常人
而言，心性爲不一致的兩個存在物。

　　此乃整菴對於心性論的看法，至於就整菴的天道論而言，於第二章處，
吾人分析，整菴的理氣論，不可說理氣爲二物，因爲理氣要一致，有如是理
便有如是氣。與心性論裡的心性有時可以說爲二物，或是心與性常可以不相
一致的看法不同。故可見整菴天人之間有所不同。從另一段話可見整菴所見
的天與人之間有距離：

〔註2〕　羅整菴：《困知記》(北京：中華書局，1990 年)，頁 40。又：「人心道心之辨，
　　　　只在毫釐之間。道心，此心也，人心，亦此心也。一心而二名，非聖人強分
　　　　別也，體之靜正有常，而用之變化不測也，須兩下見得分明方是。盡心之學，
　　　　佛氏之於吾儒，所以似是而實非者，有見於人心，無見於道心耳。」同書，
　　　　頁 78～79。整菴認爲道心與人心之分別是自然而有的，亦是說心性必須分別。
　　　　但在理氣論上而言，一性不可兩名，不可言氣質之性與義理之性之別，或說
　　　　不可言理氣爲二物之別，可見整菴的理氣論與心性論不一致。

張子曰：「合性與知覺，有心之名。」蓋兼人心道心而言也。……張
說可疑，乃在上三句，末句則明有所本，初非臆見，自不容不尊信
也。〔註3〕

整菴在此認為，張載談人心與道心時，以「合性與知覺有心之名」的意思談
心是很恰當的。至於張子之小有未合不是在這意思上，而是在於前三句，而
前三句是什麼呢？張子言：

由太虛有天之名，由氣化有道之名，合虛與氣有性之名，合性與知
覺有心之名。〔註4〕

亦是說「合虛與氣有性之名」的合虛與氣之言有問題。因為就天道論而言，
理氣一致，言氣便知理在其中，不用言合，言合表示不知理氣原本是一的意
思。而在心性論可以言合，於理氣論上不可言合，正表示著整菴思想天人之
間的不一致。但整菴還是想要談天人一致，想以理一分殊之精神貫徹天與人，
亦是說在天道而言，理一分殊，在人道而言也是理一分殊，如此天人一致。
但其理論卻無法證成真正的天人一致性，〔註5〕因為若天人一致指的是天人之
間一一對應的話，其理論無法證成一一對應。

在此可看一段整菴言天人一理的話語，整菴認為：

天人一理，而其分不同。「人生而靜」，此理固在於人，分則屬於天
也。「感物而動」，此理固出乎天，分則屬乎人矣。君子必慎其獨，
其以此夫！〔註6〕

整菴言天人一理，此意思是依於朱子學而來，也是上下一理的意思。天理落
於人身而為性，天理與吾人之性理是同一個理，都是仁義禮智之理，甚至萬
物之理與吾人之理也是根源於同一太極，所謂的「乾道變化，各正性命」的
意思。但整菴又說雖然天人一理，但其分不同，也就是說天與人雖都根於太

〔註3〕 羅整菴：《困知記》，頁101。又：「張子《正蒙》『由太虛有天之名』數語，亦
是將理氣看作二物，其求之不為不深，但語涉牽合，殆非性命自然之理也。」
同書，頁30。在此看出整菴批評張子的理氣論不一致。

〔註4〕 《周張全書》（上）（台北：廣文書局，1979年），頁319。

〔註5〕 整菴企圖以理一分殊通貫天與人，即天也是理一分殊，人也是如此。但吾人認
為這種通貫方式並不成功，以致於天人之間還是不一。因為就天而談理一分
殊，這已是人去看待天的方式，以天視天，則天只能說理一，而不能說分殊，
因為人與物在天的眼中是同一物。故分殊的部分是人的觀點上來談，而不是天
本身。故以整菴學而言，天是理一，人是分殊，天人還是有不一致的可能。

〔註6〕 羅整菴：《困知記》（北京：中華書局，1990年），頁8。

極，但在天理而言，與落在人身上而言，其分位不同。此不同，吾人認爲正是天道論與心性論之不同。就整菴的天道論而言，是以理觀理，故不從對待分別上看，但就人的心性論而言，人有分別心，從對待上而審視事物，故天人之間有層次上的不同。而且君子要效法天道而做工夫以復本體，而非言人便是天道的意思。

又整菴認爲性（道心）與情（人心）有所區別，所以他說：「『人心有覺，道體無爲』。熟味此兩言，亦可以見心性之別矣。」〔註 7〕在整菴學的天道論裡，整菴明言批評薛瑄的「理無爲而氣有迹」的講法，因爲若如此言的話，有無之間隙大矣。但在此處，整菴對於「道體無爲，人心有覺」之有無之間隙卻不反對，可見整菴在理氣論上認爲理氣要一一對應，而天人可以不一一對應，故整菴的天道論與心性論的確不同。但在聖人處心性論與天道論卻是相同的，其言：「聖人性之，心即理，理即心，本體常自湛然，了無動靜之別。常人所以膠膠擾擾，曾無須臾之定貼者，心役於物而迷其性也。」〔註 8〕整菴認爲，就常人的心性論上而言心不是性，但做工夫到聖人境界時，此時如同聖人生而有之，心即理，理即心，只有在聖人的心與性是合一的，這種合一，如同天道論的理氣合一一般，故可見整菴的心性論可說一，也可說不一，於是整菴的心性論裡又要區分聖人與常人之不同，〔註 9〕或說要區分天道與人道之不同。所以要依工夫論以格物、力行，讓心合於理，如同天道一樣自然，這是一種尊天的思想，而非尊人的思想，〔註 10〕天人之間非一一對應。

吾人認爲，整菴之學之所以會有如此情況產生，如同黃宗羲所認爲的，其天道論往明道方向走，而心性論還是朱子學，故天人不一致，因爲明道與朱子學便是不同的義理系統，黃宗羲認爲：

> 朱子雖言心統性情，畢竟以未發屬之性，已發屬之心，即以言心性者言理氣，故理氣不能合一。先生之言理氣不同於朱子，而言心性

〔註 7〕 同上註，頁 24。
〔註 8〕 同上註，頁 22。
〔註 9〕 「視聽思慮動作皆天也，人但於其中要識得真與妄爾。動以天之謂真，動以人之謂妄。天人本無二，人只緣有此形體，與天便隔一層，除卻形體渾是天也。然形體如何除得？但克去有我之私，便是除也。」同上註，頁 31～32。亦是說常人要做工夫以復本體，而天道本身不用做工夫就是本體，天人不同。
〔註 10〕 整菴思想非尊人的思想是就與朱子學比較而言，並非完全不重視人道之可貴，而是較朱子學來的不重視一些。同樣的其重視天道論便較朱子學來的重視些。

則於朱子同，故不能自一其說耳。〔註11〕

黃宗羲認爲朱子學的問題在於理氣不能合一，但其心性亦不能合一，兩者都不一，故天人一致。但整菴學在心性論上同於朱子，但在理氣論上修正朱子，以致於整菴學被批評爲天人不一，至少天人之間不是黃宗羲所要求的一一對應的意思。整菴學乃尊天之學，天人不一是其理論的毛病，若想解決之，或是回到明道，或是回到朱子，其二人都無天人不一的毛病。〔註12〕而整菴的思想剛好介於兩者之間。若歸回到明道還是能保留著尊天的思想，但明道思想亦重視人道，故若完全回到明道必須往心學的方式來靠攏才可，所謂的心即理的思想型態；或是回到朱子學，朱子學沒有天人不一的毛病，且朱子學也是尊天道論者，雖沒有整菴那麼的極端尊天，但還是重天道論者，因爲不管人的存在與否，天理還是互古恒存。當然朱子學有其理義的不圓融處，例如理氣間有鴻溝，或是天道有惡的可能性。也就是說以黃宗羲的意思看來，要避免整菴的天人不一，雖可往明道或朱子學的意思回復，但回復到朱子學，理氣還是有空隙，爲黃宗羲所不欣賞。而黃宗羲的理氣論本著整菴學，其又如何避免天人不一的毛病呢？其實黃宗羲的心性論不同於朱子，故可免於整菴的毛病。

而黃宗羲之所以如此批評整菴，乃因其師劉蕺山已言之，〔註13〕劉蕺山認爲所謂性者心之性，〔註14〕心性之比配如同天道的「理者氣之理」之理氣一致，如此言之，天人一一對應，所以天人不會二之。黃宗羲於評論整菴處有同於其師的話語，其言：

> 雖然，心性之難明，不自先生始也。夫心祇有動靜而已，寂然不動，
> 感而遂通，動靜之謂也。情貫於動靜，性亦貫於動靜，故喜怒哀樂，
> 不論已發未發，皆情也，其中和則性也。今以喜怒哀樂未發之中爲

〔註11〕《黃宗羲全集》（八）（杭州：浙江古籍出版社，1992年），頁409。

〔註12〕吾人在此可以問，何以非要言天人合一不可呢？天人不一何以不好？因天人爲一，則爲一個原則，若有兩個原則，由誰做主呢？由天道作主還是人道爲尊呢？故理論的歸一較兩個則來的好。

〔註13〕「謂理即是氣之理，是矣。獨不曰性即是心之性乎？」同註11，冊七，頁18。

〔註14〕「先儒心與性對，先生曰『性者心之性』；性與情對，先生曰『情者性之情』；心統性情，先生曰『心之性情』。」《劉宗周全集》（五）（台北：中央研究院中國文哲研究所，1996年），頁481。亦可參見李明輝：〈劉蕺山對朱子理氣論的批判〉《漢學研究》（台北：中央圖書館，2001年，12月）19卷，第二期，頁27。第十七條與第二十條。

性，已發之和爲情，勢不得不先性而後心矣。性先心後，不得不有
罅隙可尋矣。惻隱、羞惡、辭讓、是非，心也。仁義禮智，指此心
之即性也。非先有仁義禮智之性，而後發之爲惻隱、羞惡、辭讓、
是非之心也。凡人見孺子入井而怵惕，呼蹴而不屑，此性之見於動
者也。即當其靜，而性之爲怵惕不屑者，未嘗不在也。凡動靜者，
皆心之所爲也，是故性者心之性。舍明覺自然、自有條理之心，而
別求所謂性，亦猶舍屈伸往來之氣，而別求所謂理矣。〔註15〕

在此黃宗羲認爲整菴以性發爲情的講法，性必先於情而存在，性先於情的話，
則如同黃宗羲、劉蕺山之批評朱子的天道論一般，理先氣後之不合理。雖然
朱子學不是理生出氣的系統，但是縱使朱子的「理先」的意思是談理的優越
性，以整菴、黃宗羲的看法而言，理氣還是不一致，因爲理是優越的，而氣
是現實的，則理氣不一致，此爲整菴、黃宗羲之思想所不容。黃宗羲在心性
論上，本著其師劉蕺山的思想認爲，整菴雖在天道論批評朱子，而在心性論
上卻犯著同樣的毛病，即心可以不即於性，心性有距離、有鴻溝。當然整菴
學本著朱子學的理氣不離不雜的意思，故不會認爲性發爲情時只有情而沒有
性，情性也是不離，但黃宗羲何以還批評之呢？黃宗羲認爲性是心之性，心
性之間還是一致無間，否則心性有距離、有鴻溝。當然黃宗羲思想與其師一
樣，本著心學的傳統，其回到明道思想是完全回到明道的義理，不像整菴回
到明道的思想只有天道論的部分回到明道，心即理的部分還講不到明道的義
理。而明道的義理或是黃宗羲的心即理之學認爲，性是依心而有，有著良知
的自覺，才知道天命所賦予我者是要吾人實踐道德，此乃本著孟子的盡心知
性知天的意思，與陽明心學的意思是一樣的。而整菴本著朱子學，性先心而
有，縱使天地不存在，人不存在，性理還是亙古恒存。以朱子學的系統而言，
心要以性做爲標準，且性先心而有。前文吾人認爲朱子學的心與性不離不雜，
何以現在又批評朱子學的性先於心而有？其實心性不離這也是對的，因爲在
天爲理，天理還沒有落於人身上時稱爲理，不稱爲性，一旦落於人身上則爲
性，這時便有心，心性不離。但性未落於人之前，天理就存在了，這天理也
是性的根源，此先於心而存在。此與陽明認爲的良知爲乾坤萬有之基不同，
陽明認爲沒有人的良知，誰去仰天的高、俯地的深，亦是說性理不可離良知
而先有。當然陽明認爲沒有人去體會天地時，天地之物還是在，但沒有人的

〔註15〕《黃宗羲全集》（八）（杭州：浙江古籍出版社，1992年），頁409。

良知之潤澤，物是死物。故可見朱子學的心性論不同於心學的心性論，而且可以看出朱子學是重天道論者，不管心存在與否，性理都是客觀恒存。

在此衡之以唐君毅先生評整菴天人合一的意思，與黃宗羲的意思，到底兩人對於整菴的天人為一還是不一的見解孰為優勝呢？於導論中時，吾人認為整菴言的天人一理的一的意思與黃宗羲要的一的意思不同，故兩者意思皆可取。黃宗羲本著心學的思想，尊天亦尊人，故天人之間取一一對應的意思。而反觀唐先生為整菴學的辯護，其認為就整菴學的心性論與天道論而言，本是天人為一，但就宇宙論而觀之，與就人份位上來觀之，會有不同。這意思完全是整菴學的意思，所謂的「其份不同」的意思。前文吾人談過，整菴學雖言天人為一，但何以又就其分位之不同而言從天的觀點看與人的觀點看不同呢？也就是說前者的講法是以理觀理，從這觀點看，人亦一物爾，人物不需刻意去分別，天道也不刻意揀別；但後者以人觀理，所以有層級的高低。整菴又如何可以站在天理的觀點，為天理來代言呢？天理本身之區分或是不區分的方式，照理講，整菴沒有資格去代言的。若如此言，亦是說唐君毅先生幫整菴講話，有些不妥。亦是說天人一理的意思，吾人覺得黃宗羲的定義較為殊勝。亦是說以黃宗羲的心即理之學下言天人合一，天理是在吾人的道德呈顯時所體會，但現實上的客觀知識下所決定的天理是什麼不作判斷，黃宗羲在實踐的層次下以人的道德努力去契合天理，這合於先秦儒學。而朱子、整菴學，心不即理，心與理為二，縱使沒有人心存在亦有理，如此不從人心之意志方向以契合天理，又如何談縱使人心不在天理還在這意思呢？而這時沒有人心的天理又是個什麼樣子呢？縱使真的有個不依從人心而體驗出的天理，又誰可以代言呢？代言了又誰肯相信呢？故吾人認為天人合一與否之爭，黃宗羲的心即理思想及天人一一對應的意思較為優勝。

依於上文之討論，吾人認為，在整菴思想裡，天人不一，乃是指天與人之間不能一一對應。整菴學的理論解決了理氣間的鴻溝，所謂的理想與現實合一，但是另一方面又產生了天人不一的問題，亦是說理想與現實之際的問題始終還是要解決。何以天人不一呢？在天而言有地震、風害的產生，而人的惻隱不喜歡，這是天地的一氣之流行，但為人惻隱、羞惡一氣流行之情所不悅；或是說天地至善，而人為不善，天人不一。此意思吾人於第二章性與理的鴻溝章節裡談過，這裡放在天人脈絡裡。亦是說整菴可以撫平性與理間的鴻溝，但逃不掉天人的鴻溝，這理想、現實的問題總是如影隨形的困擾著哲學家。整菴的意思

是，不管人的喜歡與否，天地之一氣之流行都當該爲人的至善標準。且只有尊天，只有人去合天的可能，而這去合天的可能，乃生而有之，非後天所能增加，格物只是復其性善之初。例如在人還未格物以前，其性發而爲情，則有過與不及，而不是惻隱之情，所以這時不喜歡地震、不喜歡生離死別，常以個人的好惡去看待事物，所以這時候有天人不一的情況，主要是人不知天而妄發濫情，只要生而不要死，還不是天地的大公無私的境界。只有聖人，所謂已格物窮理而豁然貫通者，才能與天地合德，日月合明，四時合其吉凶，這是所謂的天人合一，而不是一般人可以德合天地。但是《易傳》又說：「鼓萬物而不與聖人同憂」，何以聖人已格物窮理還是與天地不同呢？一個對於災難會不忍，一個不會不忍。或許以整菴而言，聖人總是悲天憫人，總是會擔憂，而知道理之當然，而不會執著於此，所謂聖人之情以體萬物而無情，故聖人與天地相似；或是說《中庸》、《易傳》系統與整菴的宇宙論系統看法不一，因爲所謂的「天行健，君子以自強不息」，一方面是人法天，一方面也是天爲人的價值實踐下所體證的天道，所以天亦法人。而整菴只有人法天的一面而已。〔註16〕整菴認爲，惻隱之情是格物窮理後的結果，物格後則性所發都是中節之情，這是聖人才有，一般人沒有，但孟子說一般人乍見孺子入井都有惻隱之情的，何以不同呢？這是因爲整菴乃朱子學，朱子學本來就不是正統的孟子學。以上是整菴可以回答其天人不一的可能性。故其亦可說天人爲一，所謂的一是人法天的尊天思想，也只有在聖人這點上才是天人爲一。

　　整菴思想之所以發生天人不一的情況產生，主要而言，因爲其撫平了理氣之鴻溝，但理氣間的距離之問題，其實代表著哲學的大問題，如理想與現實之距離，或是自由與自然間的距離。其撫平了其中之一，但在天人之間，還是不能眞實撫平而產生問題。至於朱子學也是有問題，其問題是在理氣論之的理想、現實不能一致，而沒有天人之間不一致的問題。至於明道與黃宗羲而言，天道之至善，人的道德實踐也是至善，何以又有後出的惡產生呢？例如明道認爲，源頭不是二物相對而流出，而到了末流卻成了兩物。亦是說源頭要以天理觀之，末流要以人道觀之，天人還是爲二，這也將成了問題。亦是說既然明道思想可以說明心即理的意思，以道德心契入天道，但不道德

〔註16〕 整菴不喜歡談人的贊天地之化育，故只有人法天的可能。或許有人認爲整菴也重人道，但吾人的意思是整菴的重人道義理沒有朱子學來得更重視。且人道之可貴，亦是復於性天之本源。

時的惡又如何解釋將成了問題。例如康德的思想，其解釋自由與自然的鴻溝問題，以自然的合目的性原則解釋之，認爲有目的論的想法是人的主觀合理性的想法，至於客觀世界是否眞的如此，則不可知。若康德的思想以黃宗羲義理衡定之，必定是天人不一。而康德也只能止於天人不一，因爲現實的天的決定判斷是什麼不爲吾人所知，只是人的反省判斷如此視天。以上的講法代表著理想與現實、自由與自然間的問題，此總是哲學上的大問題，也將不斷的刺激著思想家以解決之，但似乎不是那麼容易解決。

二、晚明學者對於整菴學的肯定與反對

此節裡吾人主要談整菴之學對於劉蕺山與黃宗羲的影響，而黃宗羲思想大部分是本著其師的思想而來，故吾人以黃宗羲爲例，談黃宗羲時，劉蕺山的意思便也包括在其中。而劉蕺山黃宗羲師徒兩人除了受整菴思想的影響外，又受了陽明心學的影響，故其思想不是完全整菴學化，而是接受了一部分後而有所轉化。此節分爲二個小節，前一小節談整菴學對於黃宗羲佛學之判教的影響，後一小節談整菴對於黃宗羲理氣論的影響。

（一）黃宗羲對於整菴辨佛思想的肯定與反對

黃宗羲於《明儒學案》談到羅近溪之學時，批評其雖非禪學，而近於禪。於是黃宗羲把儒佛之眞實判別點講出，因爲若判別標準有誤，則所判的結果便大異其趣。歷來的思想家對於儒佛之辨有著不同的講法，於是何者爲禪、何人陽儒陰釋常流於各說各話。例如本文第五章裡，吾人談到，以整菴、朱子學之辨佛的判準而言，心學學者皆爲禪；而以劉蕺山的判法而言，陽明、象山不爲禪，而是陽明末流學者爲禪。但是陽明末流者依其自己的判法必不認爲自己是禪，〔註17〕這又將流爲見仁見智了。在此黃宗羲的心學之辨佛方式，吾人認爲其較整菴之學的判法來的合理，雖其較整菴合理，但多少還是受了整菴學的影響。黃宗羲認爲：

> 夫儒釋之辨，眞在毫釐，今言其偏於內而不可以治天下國家，又言其只是自私自利，又言只消在迹上斷，終是判斷不下。以義論之，此流行之體，儒者悟得，釋氏亦悟得。然悟此之後，復大有事，始

〔註17〕例如羅近溪與王龍溪，劉蕺山評之爲近於禪，而當代新儒家牟宗三先生認爲是正宗心學之化境的講法而不爲禪，兩人的判法便有所不同。

究竟得流行。今觀流行之中，何以不散漫無紀，何以萬殊而一本，主宰歷然？釋氏更不深造，則其流行者亦歸之野馬塵埃之聚散而已。故吾謂釋氏是學焉而未至者也，其所見固未嘗有差，蓋離流行亦無所爲主宰耳。〔註18〕

黃宗羲認爲，若說佛氏偏於內，這是迹上的判法，其實佛學也可以說客體之空理，或客體之分殊，故佛氏可以不離三千世間法。宋明理學者，例如明道認爲佛學不可以治天下國家，雖然佛學以出離爲主，心不止於天下國家，但天下國家也是其法之一，不見得治理得不好。縱使佛氏眞如明道所言，無心於天下國家，這也是迹上的講法，還不是體上的講法，體上講明了，各種形迹處便無所遁逃。故黃宗羲認爲要講到體才會爲佛氏所信服。這種講法，吾人於第五章談整菴的辨佛思想裡談到，整菴視義利之辨等講法來辨佛爲粗迹，不足以爲人信服，故可見黃宗羲之辨佛思想受了整菴的影響，而判教的理論愈來愈精當。當然除了整菴學外，劉蕺山、黃宗羲之所以如此辨佛，也受了朱子、伊川學的影響，例如伊川所云的「釋氏本心，聖人本天」的意思爲劉蕺山所繼承，但有所轉化，把聖人本天的意思轉爲聖人本天也本心，此乃心即理的意思。因爲黃宗羲、劉蕺山爲心學的傳統，較能公平的看待心學，而不是一味的把心學學者都視爲禪學。亦是說黃宗羲與整菴在辨佛上算是宋明儒者較爲精細者，且黃宗羲多少受了整菴學的影響，但黃宗羲比整菴更進一步，因爲他是肯定陽明的心即理之義理，所以不會如同整菴一般，因爲判準的不當而把心學者視爲禪學。

黃宗羲對於整菴辨佛思想的轉化有著如此的看法，他認爲：

先生以釋氏有見於明覺自然，謂之知心，不識所謂天地萬物之理，謂之不知性。義以爲，釋氏親親仁民愛物，無有差等，是無惻隱之心也；取與不辨，而行乞布施，是無羞惡之心也；天上天下，唯我獨尊，是無辭讓之心也；無善無惡，是無是非之心也。其不知性者，由於不知心爾。然則其所知者，亦心之光影，而非實也。高景逸先生曰：「先生於禪學尤極探討，發其所以不同之故。自唐以來，排斥佛氏，未有若是之明且悉者。」鳴呼，先生之功偉矣！〔註19〕

〔註18〕 《黃宗羲全集・第三十四卷泰州學案三》（八）（杭州：浙江古籍出版社，1992年），頁4。

〔註19〕 《黃宗羲全集・第47卷諸儒學案中一》（八）（杭州：浙江古籍出版社，1992

黃宗羲引高攀龍的話，讚賞整菴對於佛學的研究有其精到之處，而黃宗羲在
此也受了整菴的影響，凡是迹上的判教之話語，黃宗羲皆不取。但在讚賞之
餘，黃宗羲講出了更進一步的判教之判準。因爲整菴學認爲佛氏只見於心而
不見於性，若依此而判，陽明心學亦爲禪，黃宗羲認爲這種講法不妥，於是
黃宗羲質疑整菴的講法，其質疑整菴所認定的「釋氏之學有見於心」的意思。
這種質疑有點類似於明道本來說佛氏之學可以用來敬以直內，但其義以方外
有誤，故可見其敬以直內之敬心亦非眞實良心的意思，而是利那生滅之心。
黃宗羲認爲眞實而言的心是心即理的天德良心，而不是緣起性空的生滅心，
故佛氏亦不見於心，若說佛氏見於心，於是心學學者都是禪，這對心學學者
不公平。而且黃宗羲亦暗批整菴不懂儒學之正宗者──心學的傳統。由此亦
可看出朱子學所言的心不是本心的意思，而是氣心，不合於儒學正宗之講法，
反而類於佛學。

　　當然黃宗羲的思想是承自於其師劉蕺山而來，而蕺山肯定心即理的義
理。故可見黃宗羲的辨佛思想受了整菴學與陽明學的影響，雖受整菴學的影
響，但不止於整菴學，進而言心即理之思想，故能較整菴學的判別方式更爲
客觀而合理。

　　接下來吾人談黃宗羲理氣論之思想所承繼於整菴思想的部分。

（二）黃宗羲對於整菴理氣論的肯定與反對

　　黃宗羲認爲整菴之言理氣最爲諦當，當然這也是繼承於其師劉蕺山的看
法。乃是說整菴言的天道論最爲正確。當吾人談黃宗羲之理氣論受整菴影響
的同時，也可以說黃宗羲的思想受了明道的思想所影響，因爲整菴的理氣論
的講法便是要回到明道言的天道論之渾淪圓融的境界。所以黃宗羲有著這樣
的話語，所謂理與氣者乃「一物而兩名，非兩物而一體。」亦是說其本著整
菴的意思，進而批評朱子學的理氣論視理氣爲二物，而有理先氣後的想法，
或是理氣不一致的講法。劉蕺山認定朱子學的理氣論的講法爲理先氣後，當
然朱子學的理先氣後只是理的優越性罷了，而不是先有理後有氣，這是劉蕺
山與黃宗羲的錯認，縱使黃宗羲理解了朱子學的理氣論是有間的合一的意
思，〔註 20〕其還是不滿朱子學的理氣不一致的意思，這顯示了黃宗羲之思想
受了整菴學的影響。有時黃宗羲爲了強調理氣之一致性，而進一步認爲天地

年），頁 409～410。
〔註20〕此「有間的合一」的定義可參考本論文的導論部分。

之間「只有氣，更無理。」當然黃宗羲肯定了整菴的理氣論思想，而整菴學
的理氣論思想吾人於第二章裡談到，非視理氣爲一物，而是理氣要一致的意
思，故黃宗羲的一些險語，也當該如整菴的方式理解之，而不是唯氣論。

此外，黃宗羲的《明儒學案》裡載著其自己的一些評語，其中散發著理
氣一致論的思想，可視爲整菴學天道論的承繼，黃宗羲於評論薛瑄思想處言：

> 義竊謂：理爲氣之理，無氣則無理，若無飛鳥而有日光，亦可無日
> 光而有飛鳥，不可爲喻。〔註21〕

薛瑄反對朱子的鏡與照之比喻以喻理氣，而以日光與飛鳥之譬替代之。但以
黃宗羲之承於整菴的理氣一致論的看法衡定之，薛瑄的比喻是失敗的，此與
整菴於《困知記》中批評薛瑄言的「理無爲而氣有迹」的思想如出一轍，整
菴認爲若如此而言，理與氣之有無之間的間隙太大。如今黃宗羲又本著整菴
學的理氣論，對於飛鳥與日光之譬喻予以批評。因爲這種譬喻的方式，顯現
不出理氣不離的意思，而且也顯現不出理氣一致的意思。飛鳥與日光是爲二
物也，有時可以只有飛鳥，有時可以只有日光，則理氣可相離，此非整菴與
黃宗羲的理氣論所能容。黃宗羲言：

> 蓋以大德敦化者言之，氣無窮盡，理無窮盡，不特理無聚散，氣亦
> 無聚散也。以小德川流者言之，日新不已，不以已往之氣爲方來之
> 氣，亦不以已往之理爲方來之理，不特氣有聚散，理亦有聚散也。
>
> 〔註22〕

在此黃宗羲的大德敦化與小德川流之言，雖言自於《中庸》，但實來自於整菴
的用法。而且「大德」與「小德」的用法，實指理一與分殊。黃宗羲於評論
羅近溪處嘗言：

> 蓋生生之機，洋溢天地間，是其流行之體也。自流行而至畫一，有
> 川流便有敦化，故儒者於流行見其畫一，方謂之知性。若徒見氣機
> 之鼓盪，而玩弄不已，猶在陰陽邊事，先生未免有一間之未達也。
>
> 〔註23〕

此用川流與敦化之用語，或用流行與畫一的用語，其實是一致的，其批評近溪
之近禪，若只談流行而不知畫一，如同只知分殊而不知理一，這是在氣化上的

〔註21〕《黃宗羲全集》（七）（杭州：浙江古籍出版社，1992 年），頁 121。
〔註22〕同上註，頁 121。
〔註23〕同上註，冊八，頁 4。

事，還不到儒佛之判別點，所謂天理的部分。故黃宗羲於上文言，若言大德敦化，則理無聚散，氣亦無聚散，理無窮盡，氣亦如是。此乃在於理一的層次上談的，這時理與氣一致，理爲太極，氣爲天地之氣之一氣流行，還未到分殊層次，所以說理氣都無聚散。若是就小德川流而言，氣爲分殊，而理亦隨著氣而一載一浮而跟著分殊。黃宗羲在此理氣論上，完全接受整菴的圓融一致性，但心即理的理之活動義除外。此可見於整菴的相似言論，整菴言：

> 「游氣紛擾，合而成質者，生人物之萬殊。陰陽兩端，循環不已者，
> 立天地之大義。」《中庸》有兩言盡之，曰：「小德川流，大德敦化。」
> 〔註24〕

前者之言爲張載的《正蒙》之語，〔註25〕整菴以其一本的精神，用了小德與大德的話語貫徹之，若覺得還不夠精簡，說穿了就是理一分殊的意思，而理一分殊的意思在黃宗羲的用語爲一本萬殊，其用語不同，義理上卻一致。在此把整菴與黃宗羲的思想作比較，可看出整菴對於黃宗羲理氣論的影響。

　　但黃宗羲不是完全接受整菴的思想，因爲其還受了陽明心即理的義理之影響，故整菴與黃宗羲的理氣論還是有不同。整菴順著朱子學言性即理，黃宗羲順其師及陽明學言心即理，亦是理可以下貫而爲心的意思，而整菴學講不到此。從整菴對於周子的批評可知。整菴批評周子解〈太極圖〉裡的「妙合而凝」的看法，認爲這種說法乃視理氣爲二，因爲理氣本爲二物，而後才可言相合。但黃宗羲有著不同的看法，其認爲：

> 惟是朱子謂「無極即是無形，太極即是有理，在無物之前而未嘗不
> 立于有物之後，在陰陽之外而未嘗不行于陰陽之中」，此朱子自以「理
> 先氣後」之說解周子，亦未得周子之意也。羅整菴《困知記》謂：「無
> 極之眞，二五之精，妙合而凝」三語不能無疑，凡物必兩而後可以
> 言合，太極與陰陽果二物乎？其爲物也果二，則方其未合之先各安
> 在邪？朱子終身認理氣爲二物，其原蓋出于此。不知此三語正明理
> 氣不可相離，故加「妙合」以形容之，猶《中庸》言「體物而不可
> 遺」也。〔註26〕

〔註24〕 羅整菴：《困知記》（北京：中華書局，1990年），頁30。
〔註25〕 見《周張全書》（台北：廣文書局，1979年），頁324。
〔註26〕 《黃宗羲全集》（三）（杭州：浙江古籍出版社，1992年），宋元學案012卷，
　　　　濂溪學案（下），黃宗羲按語，頁616～617。

黃宗羲認爲整菴解錯了周子的意思了。他認爲周子的「妙合而凝」乃《中庸》的體物而不遺的意思，所以周子用「妙合」的字眼，非一般理解的「合」的意思，也非如朱子而言的，理先氣後，而後又可以相合。黃宗羲認爲，若說有誤是誤在朱子而不在周子。黃宗羲依於陽明的心即理的意思，又本著整菴的理氣一致的意思，故黃宗羲的意思乃心性理氣一致而一體流行、一滾而出。同樣的，其認爲周子的太極圖說的意思亦是此意。故可見黃宗羲的天道論思想雖受了整菴學的影響，但並非全盤接受。黃宗羲的意思來自於其師劉蕺山，蕺山認爲整菴學的天人不一，而且心不即理。天人不一與心不即理的意思是兩種意思，不太相同。因爲朱子學可以言心不即理，但朱子學不見得天人不一。整菴學的天人不一的思想或是心不即理的思想都爲蕺山所反對。在天人爲一的意思裡，蕺山雖本著整菴的天道論，但在心性論上便不依於整菴，因爲整菴言的心性爲二物，可以不一致，而蕺山認爲心是性之心，性是心之性，心性一致如同理氣一致一般。至於心即理的意思，蕺山認爲整菴、朱子學都講不上心即理這意思，乃其系統義理之有誤。

三、結　語

本章吾人認爲整菴於天人合一的問題上，的確有天人不一的傾向，天人之間無法一一對應，主要是整菴爲了修正朱子學的天道論，而心性論並未跟著修正之，以致天人不一，在此黃宗羲的批評是對的。而關於整菴學對後世影響，吾人限於筆力，無法列舉全部，主要以晚明之劉蕺山與黃宗羲師徒爲主，其影響此二人亦皆只有一半的影響力，例如儒佛之辨的影響，整菴判心學爲佛，而劉蕺山並不如此認爲，故雖在辨佛之功力與仔細程度上，整菴影響了劉、黃二人，但在心學是否爲禪的論題上，劉、黃二人受了心學影響，而不以整菴的觀點爲準。至於整菴的天道論思想亦影響了劉、黃二人，但亦是影響其一半，因爲劉、黃二人本著陽明的心即理思想，除了認定理氣圓融一致之外，天人之際亦是圓融一致，反而類於明道思想，而整菴學不可能談心即理的義理，其認爲此乃禪學而排斥之。但無論如何，整菴的思想對這兩人有一定程度的影響性。以上是本章之結論之大略。

第七章　回顧與反省

　　本章末後語部分，吾人首先總結的回視全文，並以簡短的話語概論前面章節。第二部分，談整菴學的意義與限制，視整菴學的時代貢獻。接下來談吾人論文所完成的創新部分，及對整菴學的新的闡發。於最末小節談吾人對於整菴學未來的展望及更進一步的研究。

一、全文之回顧

　　審視吾人此論文，總結而言，第一章乃寫作的動機、目的與方法等。第二章談整菴的理氣論，整菴以理氣一致的思想修正朱子學，而企圖回到明道的理氣圓融一致之義理；於心性論處，整菴視道心爲性，而朱子視道心爲心之原於性命之正，重在心義而不在性義，故小有差別，此乃整菴避免淪爲心學、禪學的呼籲。第三章談整菴與明道思想的異同，乃於天道論之理氣圓融性上有取於明道，但於心即理義上不同於明道，以致於工夫論上還是停留於朱子學，而非明道之學。第四章，吾人認爲朱子、整菴學與陽明學兩者不同。一者尊天道論；一者重心的自覺性，陽明言心即理，縱使言天道也是不離吾人的良知之知覺下的天道。心學與理學之思想可以互補，不可會通，而朱子學之儒學經典詮釋不合於孔孟的思想。第五章處吾人談整菴的儒佛之辨的判準，以虛實的判準爲得宜，但此是在不可視心學爲虛學之前提下而可如此言之，在此整菴稍有偏差。第六章認爲整菴學確實有天人不一的可能性。且黃宗羲、劉蕺山接受了整菴的天道論及佛學的部分思想，進而轉化整菴的思想，其思想更爲客觀公正。

二、整菴學的意義與限制

（一）整菴學的限制

吾人於第六章處依黃宗羲之批判，判定整菴學有天人不一之毛病，主要在於整菴學在天道論上的鴻溝，撫平了朱子學以來的理氣不一致問題，理想與現實之間，可以沒有距離，但這是哲學上的大問題，而整菴以類於獨斷的定義式的方式，把理氣視爲一致，雖對於朱子學的理氣不一致的解決方式有所補充，而且更能貫徹重天道論者的立場，即尊天之立場，但此鴻溝總是滅於東而生於西，於是天人之間產生裂痕，天人不一的結果，即原則之精簡歸一性又要落空，天是天，人是人，又成爲二本的原則。此天人不一的毛病乃是朱子學所未有的。

整菴思想之所以產生這問題，乃是爲了解決天道論的理氣之鴻溝所致，以致於天人不一致。理論上的天人不一致，亦產生了連帶的問題，即整菴思想如何從天道論推到心性論，這是也是以氣之流行爲主的思想的難題。這問題有點類似以下之問題，即人稟自於天地之善，何以爲惡呢？或是說如同《中庸》所衍生的問題，道也者，不可須臾離也，可離非道也。人又何以能離開天地之善而爲對待的存有，而可以爲惡呢？羅整菴的回答將是，這惡是後起的，如同一池春水本是平靜的，但就突然起個風給吹皺了，這其實也講到底了，不能再往前探了。但於論文中，吾人反對整菴的尊天講法，因爲天道是如何還是對著人而言的天道，故整菴何以能先講天道的本體是理性的、是有秩序的，如何等等，吾人認爲當該先從心學開始，然後上推天道，天道也是在吾人的良知感發下所證成的天道，若如此似乎可以避免整菴學的難題，即天道論如何推到心性論的難題。

至於第二個限制，乃因整菴之學承繼著朱子學，而無法回到心學之傳統，非心即理之學。在此或許整菴要問到，何以心即理之學才是好的呢？首先此乃先秦儒學之正統。第二，此乃道德自律之學，非獨斷的以天道爲主，如同非獨斷的肯認有個上帝一般，因爲天道是什麼常是依於吾人的良知所證成有個外在的天道，離開了心，吾人不能談個天道之自身是什麼。

（二）整菴學的意義與貢獻

第一，整菴學把朱子學的尊天思想，發揮的更爲徹底，更能突顯出天道論的重要性。若如此，人道可以贊天地之化育這種講法，在整菴思想裡乃不

起眼的，也是不須要的。那麼依整菴學而言，人道還能作些什麼呢？以整菴學而言，人道的努力便是要法天，以天道爲準，人合於天便可，故人要格物、誠意，以復其天道所賦予之性善之初。

第二，整菴學撫平了理氣之鴻溝，儘管這種撫平是獨斷的定義式的撫平，即直接視理爲氣之理。但亦是對於理想與現實之間的哲學史上的重要問題的一種回應，雖然還是有其後遺症產生，不過看出整菴學已見到理想與現實之間的裂痕的確是一個需要理論解決的大問題。

第三，在晚明的思潮裡，常有喜談一氣之流行之論調，例如整菴、黃宗羲等。整菴爲何要講一氣之流行之語呢？吾人認爲，在晚明到清代有重視情欲思想的走向，其反動乃因爲朱子學的「存天理去人欲」講法太強勢了，有以理殺人之重擔。但整菴本身是朱子學，亦認爲要存天理去人欲，故整菴當該不是這種重欲型態。即是說重氣的思想者有不同的講法，並非皆同一型態。而整菴學是那一種型態呢？整菴學乃是要回到明道之學，明道之理氣一致的看法，乃是反對思辨的分解進路，此與整菴之反對朱子的理氣之區分的理論型態而不是實踐型態大有關係。當然理論的思辨方式可以用來詮釋實踐之學，但是一透過理論的分解，其體証的進路便容易被犧牲掉，而容易爲人所誤解。〔註1〕故整菴與黃宗羲都談流行之體，此流行便是體，與佛學的意思是一樣的。〔註2〕其二者雖都可言流行之體，但佛教認爲流行便是變動，便沒有本體的意思，所謂體空的意思；而儒家認爲以變動爲常體，如同《易經》談「易」的意思乃簡易、變易與不易，以變易爲不易之體。故流行之體的講法之用法，吾人認爲乃實踐的談，〔註3〕因爲談體都是在實踐的用中所談的體，體不離於用。且因爲談到實踐本身，便是面對活潑潑的生命本身，這是生命

〔註1〕　當吾人專心於工作時，這是實踐本身，不會於工作的同時，抽離出心來作後設的檢視。但一旦事後反省時，便會如此，甚至用概念以形容之，這種用概念的區分以談實踐，還是容易概念化而執定，非實踐的談。因爲概念是靜態的，要形容動態的生命本身總是不足。如朱子學的理論區分便是如此，雖然其用語是概念之區分以形容實踐，但是還是有二之的毛病，即分能與所。而語言文字一定是運用概念。但明道的講法，以概念的方式而不著於概念，用了一種所謂的實踐語言，較朱子的概念區分方式來的活潑。

〔註2〕　《黃宗羲全集》（七）（杭州：浙江古籍出版社，1992 年），頁 4：「此流行之體，儒者悟得，釋氏亦悟得。」此是大略的講法，若細講的話，佛學與儒學還是有其不同的地方。

〔註3〕　吾人此意思乃受了楊祖漢老師的講法影響而發揮。

事實，不當以概念式的解析進路來談生命之相續不斷的體証，此容易陷於執著而誤解，這可能也受了道家、佛家的想法所影響。故吾人認爲整菴與黃宗義的講法乃放棄朱子學而想回到明道，而提出這種實踐的語言之進路。當然整菴學作爲明道到黃宗義一氣思想之過渡，亦有其貢獻，而且明道之時，理氣論尚未正式提出，故整菴思想反而成了重要的開端，雖然整菴自己的理論講得不是很成功、很圓融，不過作爲一個中介的角色，亦是整菴的努力精思半輩子所得，不該隱沒其成就與貢獻。

三、本論文的新嘗試

本文以重視客觀天道性理來解釋羅整菴的哲學思想，與其他的整菴學的看法，如所謂氣本論，或是唯物論，或是自然主義的解釋方式都不同，除此之外，本文亦有其他的新觀點，如下：

第一，理氣論與天人一理的自由與自然之鴻溝問題之處理上，從整菴的思想比配到哲學界的大問題，即自然與自由之際之溝通之大問題，與德福一致的問題，在此以整菴學與西方哲學接軌。在此吾人的寫作方式，乃是先以朱子學的理弱氣強之講法爲一個起點，亦是說先把理與氣視爲二種不同的屬性，一個表示理想性，一個表示著現實性，然後吾人談到，若以朱子的此種方式之說明會有那些理論困難產生。故吾人於第二章，第六章，及附錄文裡談這些問題，如理氣之距離的問題，自由與自然之鴻溝問題，及理想與現實之距離問題。而整菴又如何解決之，及在解決之時又衍生了什麼其他問題。這是中國思想的寫作方式與哲學思考的結合，正可以與西方哲學接軌，此乃前人所未談及部分，而吾人於論文中所發揮的地方。

第二，吾人論文認爲，整菴學乃理氣一致論而非唯氣論。整菴認爲「物格則無物」，乃格物後不再有粗重之物的干擾，故整菴不是唯物論，因爲在此理不是氣或物的屬性。在天道論而言，物之氣清，通體透明而能依從性理而行，故物是神物，但在人身上，物有雜染，故要格物窮理以讓物能依理而行。故在心性論上，說整菴是唯物論是說不通的。且整菴批評佛教爲心學而尋不著理，故整菴若亦爲唯氣論，等於自己批評自己，故吾人証成整菴非爲唯物論、唯氣論。在整菴學而言，理還是比氣來的重要。因爲性即理，理是理想性，天道才有理想性可言，人世間在整菴眼裡只是現實性，故要格物以復其初。這是吾人論文對整菴學的合理定位，即整菴學爲尊天思想，不同於大陸

學者所認定整菴學爲唯氣論之思想。

四、結語：未來之展望

　　吾人認爲整菴思想還有值得研究的地方，例如整菴與與甘泉的論辯，目前吾人對於白沙學與甘泉學並無深入研究，待日後研究精當，可以再討論整菴學與甘泉學的論辯，以比較二人思想之異同。同樣的，整菴與歐陽南野有四、五封書信之往來，因本論文已處理陽明與整菴的論辯，故整菴與南野的論辯若放於此論文中，將顯得多餘，待日後以獨立單篇作爲未來研究的可能性。另外整菴學對後世的影響，除了劉蕺山與黃宗羲二人吾人已提到外，將更深入整菴學影響的擴大範圍，作爲論文的後續發展。

參考書目

依筆劃順序

一、古籍類

1. 《二程集》（台北：漢京文化事業有限公司，1983 年）。
2. 《大正藏》（台北：新文豐出版有限公司，2000 年）。
3. 《六祖壇經》（台北：正一善書，1996 年）。
4. 王陽明：《王陽明全集》（上海：上海古籍出版社，1997 年）。
5. 《王龍溪全集》（台北：華文書局，1960 年）清·道光二年刻本影印本。
6. 王懋竑：《朱熹年譜》（北京：中華書局，1998 年）。
7. 印順編：《雜阿含經論會編》（新竹：正聞出版社，1994 年）。
8. 《四書或問》（上海：上海古籍出版社、安徽教育出版社，2001 年）。
9. 《四書章句集註》（台北：鵝湖出版社，1984 年）。
10. 《朱熹集》（成都：四川教育出版社，1996 年）。
11. 朱子：《易本義》（台北：世界書局，1972 年）。
12. 《老子、帛書老子》（台北：學海出版社，1994 年）。
13. 李紱：《朱子晚年全論》（北京：中華書局，2000 年）。
14. 吳長庚主編：《朱陸學術考辨五種·道一編》（南昌：江西高校出版社，2000 年）。
15. 沈善洪主編：《黃宗羲全集》，（杭州：浙江古籍出版社，1992 年）。
16. 岡田武彥主編：《延平答問·上蔡語錄》（台北：中文出版社，日本寶歷六年刊本）。
17. 《周敦頤全書》（江西：江西教育出版社，1993 年）。
18. 《周張全書》（台北：廣文書局，1979 年）。

19. 胡仁華點校：《胡宏集》（北京：中華書局，1987 年）。

20. 郭建勳注：《易經讀本》（台北：三民書局，1996 年）。

21. 郭慶藩編：《莊子集釋》（台北：天工書局，1989 年）。

22. 陳榮捷編著：《王陽明傳習錄詳註集評》（台北：學生書局，1998 年）。

23. 曹端：《曹端集》（北京：中華書局，2003 年）。

24. 曹端：《太極圖說述解》（台北：台灣商務印書館，文淵閣四庫全書本），697 冊。。

25. 曹端：《曹月川集》（台北：台灣商務印書館，文淵閣四庫全書本），1243 冊。。

26. 《張載集》（台北：里仁書局，1981 年）。

27. 《陸象山全集》（台北：世界書局，1990 年），頁 300。。

28. 《湛甘泉先生文集》（台南：莊嚴文化事業有限公司，四庫全書存目叢書本），集部 56，57 冊。。

29. 《劉宗周全集》（台北：中央研究院中國文哲研究所，1996 年）。

30. 黎靖德編：《朱子語類》（台北：文津出版社，1986 年）。

31. 《歐陽南野先生文集》（台南：莊嚴文化事業有限公司，四庫全書存目叢書本），集部 80，81 冊。。

32. 《整菴存稿》（台北：台灣商務印書館，1986 年）文淵閣四庫全書 1261 冊。。

33. 韓廷傑釋譯：《中論》（高雄：佛光山宗務委員會，1997 年）。

34. 羅整菴：《困知記》（北京：中華書局，1990 年）。

二、近人著作

1. 王邦雄、楊祖漢、岑溢成、高柏園：《中國哲學史》（台北：國立空中大學，1998 年）。

2. 王曉朝譯：《柏拉圖全書》（北京：人民出版社，2003 年）。

3. 古清美：《宋明理學概述》（台北：臺灣書店，1996 年）。

4. 牟宗三：《心體與性體》（台北：正中書局，1996 年）。

5. 牟宗三：《中國哲學十九講》（台北：學生書局，1995 年）。

6. 牟宗三：《從陸象山到劉蕺山》（台北：學生書局，1993 年）。

7. 牟宗三：《圓善論》（台北：學生書局，1996 年）。

8. 牟宗三譯，康德：《判斷力之批判》（台北：學生書局，1993 年）。

9. 牟宗三：《佛性與般若》（台北：學生書局，1977 年）。

10. 牟宗三：《王陽明的致良知教》（台北：中央文物供應社，1980 年）。

11. 束景南：《朱子年譜長編》（上海：華東師範大學出版社，2001 年）。

12. 岑溢成：《大學義理疏解》（台北：鵝湖出版社，1997 年）。

13. 岡田武彥著，吳光、錢明、屠承先譯：《王陽明與明末儒學》（上海：上海古籍出版社，2000 年）。

14. 侯外盧主編：《宋明理學史》（北京：人民出版社，1997 年）。

15. 唐君毅：《中國哲學原論‧導論篇》（台北：學生書局，1993 年）。

16. 唐君毅：《中國哲學原論‧原教篇》（台北：學生書局，1990 年）。

17. 陳來：《宋明理學》（台北：洪葉文化事業有限公司，1994 年）。

18. 陳來：《有無之境》（北京：人民出版社，1991 年）。

19. 張立文：《宋明理學研究》（北京：人民出版社，2002 年）。

20. 勞思光：《中國哲學史》（台北：三民書局，1995 年）。

21. 楊祖漢：《儒家的心學傳統》（台北：文津出版社，1992 年）。

22. 楊祖漢：《當代儒學思辨錄》（台北：鵝湖出版社，1998 年）。

23. 楊祖漢：《中庸義理疏解》（台北：鵝湖出版社，1997 年）。

24. 劉述先：《朱子哲學思想的發展與完成》（台北：學生書局，1995 年）。

25. 劉述先：《黃宗羲心學的定位》（台北：允晨出版社，1986 年）。

26. 劉又銘：《理在氣中》（台北：五南出版社，2000 年）。

27. 蒙培元：《理學的演變》（福州：福建人民出版社，1998 年）。

28. 廖申白譯注：《尼各馬可倫理學》（北京：商務印書館，2003 年）。

29. 蔡仁厚：《新儒家的精神方向》（台北：學生書局，1984 年）。

30. 錢明：《陽明學說的形成與發展》（南京：江蘇古籍出版社，2002 年）。

31. 鍾彩鈞：《王陽明思想之進展》（台北：文史哲出版社。1983 年）。

32. 鍾彩鈞主編：《劉蕺山學術思想論集》（台北：中研院，中國文哲研究所，1998 年）。

三、單篇論文

1. 古清美：〈明代朱子理學的演變——從薛敬瑄、羅整菴到高景逸〉《國際朱子學會議論文集》（下）（台北：中研院中國文哲所，1993 年），頁 1301～1339。

2. 李明輝：〈劉蕺山對朱子理氣論的批判〉《漢學研究》（台北：中央圖書館，2001 年，12 月）19 卷，第二期，頁 1～32。

3. 楊祖漢：〈李栗谷與羅整菴思想之比較〉《哲學與文化月刊》（台北：輔仁大學，2004 年 8 月）第三十一卷第八期，頁 37～58。

4. 楊祖漢：〈唐君毅、牟宗三先生對劉蕺山哲學的研究〉《劉蕺山學術思想

論集》（台北：中研院，中國文哲研究所，1998 年），頁 573～579。

5. 鄧克銘：〈羅欽順「理氣爲一」說之理論效果〉，《漢學研究》第 19 卷第 2 期，（台北：漢學研究中心，2001 年 12 月），頁 33～57。

6. 鄧克銘：〈明中葉羅欽順格物說之特色及其效果〉《鵝湖學誌》（台北：鵝湖出版社，2001 年 6 月）二十六期，頁 67～105。

7. 鄧克銘：〈明儒羅欽順心性論之形成與意義〉《國立編譯館刊》第二十九卷第一期，2000 年 9 月，頁 185～212。

8. 蔡家和：〈朱子的孟子學──以知言養氣篇爲例〉（中壢：中央大學第一屆青年儒學國際學術會議論文集，2003 年），頁 248～250。

9. 蔡家和：〈從羅近溪分別體仁與制欲之工夫進路見心學與理學之不同〉《華梵人文學報》（台北：華梵大學，2003 年，7 月），第一期，頁 69～105。

10. 鍾彩鈞：〈羅整菴的理氣論〉，《中國文哲研究集刊》（台北：中研院，中國文哲研究所，1995 年，3 月）第六期，頁 199～220。

11. 鍾彩鈞：〈上海復旦大學藏《整菴續稿》及其價值〉《中國文哲研究通訊》（台北：中研院，中國文哲研究所，1995 年 9 月）第五卷‧第三期。頁 137～141。

12. 鍾彩鈞：〈羅整菴的心性論與工夫論〉《鵝湖學誌》（台北：鵝湖出版社，1996 年 12 月）17 期，頁 41～74。

13. 鍾彩鈞：〈羅整菴的經世思想與其政治社會背景〉《中國文哲研究集刊》（台北 1：中央研究院中國文哲所，1996 年 3 月）8 期，頁 197～226。

14. 鍾彩鈞：〈朱子學派尊德性道問學問題研究〉《國際朱子學會議論文集》（臺北市。中央研究院中國文哲研究所籌備處，1993 年），頁 1271～1300。

附錄：從所以然到自然——羅整菴對朱子理氣論的修正

大　綱

　　本文擬對整菴的理氣論作一解析，以視整菴對於朱子的理氣論之修正，整菴對於朱子理氣論認為有講法不瑩之處，擬作一修正，而以「理一分殊」來修補「理氣論」的罅縫，因為若如小程子與朱子的某些講法，則有理氣為二物之嫌。理氣為二物，而理又高高在上，容易讓人追求理而忘卻了人倫事物，此弊病為劉蕺山指出，然而在蕺山之前，整菴已經注意到了，故亦可說整菴重氣。整菴之學傳到韓國，韓儒李栗谷（雖栗谷認為整菴理氣微有一物之嫌〔註1〕）有氣機自爾的講法，〔註2〕被稱為主氣派。〔註3〕此與整菴有異曲同工之妙，且在中國明代時已有此義理，更早於韓儒李栗谷。

　　關鍵字：理一分殊、自然、所以然、惡

〔註1〕　「整菴則望見全體而微有未盡瑩者。且不能深信朱子，的見其意，而氣質英邁超卓，故言或有過當者，微涉於理氣一物之病，而實非以理氣為一物也。」〈答成浩原〉《栗谷全書》（一）（漢城：景仁文化社，韓國文集叢刊・冊44，1997）卷十，頁216。於此看出雖栗谷重氣，且有氣機自爾之意，然相較於整菴，整菴更重視氣機自爾的意思。

〔註2〕　「陰陽動靜，機自爾也，非有使之者也。」見〈答成浩原〉，《栗谷全書》（一）卷十，頁211。

〔註3〕　此韓儒主理、主氣派區分的講法，為日人高橋亨所提出。

一、前　言

　　吾人博士論文對羅整菴思想作一解析，其中整菴的理氣論亦處理過了，當時只對朱子理論熟悉而寫，近年來研究明末清初重氣思想，對於蕺山、黃宗羲、戴震等人的理論熟悉，再回過頭來檢視當初論文，當初所寫，不能算錯，但還是有一些重點義理未闡釋出來，今補充之，以使整菴的理氣論之重點及全貌能夠較為完整地表現。

　　整菴思想可說大部分是站在朱子學的立場，而小小修正朱子學，修正之後，自認與明道的圓融立場更為接近，而遠於小程子與朱子的分解立場。朱子思想，主要承繼伊川的精神，而發揮理氣論的思想，用以貫穿及詮釋四書五經，世稱程朱理學。然理與氣之間而言，朱子認為理氣不離不雜，就不離而言，理只是氣之理，非離於氣外，有個主宰者稱之為理；就其不雜而言，理為形而上，氣為形而下，不可渾同視之，理氣決是二物。此亦可說是朱子去世後，所遺留給後人的問題，即朱子的義理，應該重那一面向以詮釋之。在清代的漢學家，戴震亦曾對朱子的理「如有一物焉」，大加批評，儘管近人陳榮捷先生精於考証，而認為朱子並未對於理以「如有一物焉」形容之。〔註4〕但是朱子有「理氣決是二物」的講法，或是朱子詮釋《中庸》「天之生物，栽者培之，傾者覆之」處有言：「此非有物使之然，但物之生時自長將去，恰似有物扶持他。及其衰也，自消磨去，恰似箇物推倒他，理自如此。」〔註5〕這種講法，被視為把理當作一物看待。〔註6〕故可見朱子雖未明言理為「如有一物」，但在義理上卻的確有這種講法。而在整菴眼裡，其實朱子及伊川的然與所以然之區分，理氣未能渾融於一，讓人覺得理氣為二物之嫌。這正是整菴的問題意識所在，而認為朱子有講法不瑩之處，故作出修正。因為所以然與自然〔註7〕正是兩相矛盾之概念，因為所以然則為他然，非自然；而整菴願意站在「理為氣之理」的看法，理為

〔註4〕　「宋明理學從未把理視為如有一物焉，他們分別存在以前（形而上）做為理，存在以後（形而下）做為器，然而戴震不會接受這種區別，在這方面，他類似王夫之及顏元。」Wing-tsit Chan, *a source book in chinese philosophy* (princeton, new jersey princeton university press), p710.

〔註5〕　《朱子語類，第063卷中庸二　第十七章》。

〔註6〕　當然這種講法要如何詮釋，才是個大問題，可以詮釋為，理如有一物焉，故理氣為二物，理氣有蟬縫；亦可詮釋為其實只是似一物，而不是真有一物，故理只是氣之理，非氣外一物。

〔註7〕　此自然的意思，亦可表示為氣機自爾的意思。

氣自然之理，非所以然之理，以反省朱子學之不一處。

在此，吾人認爲整菴是個獨立思想家，但還不是最獨立的，因爲先全盤接受朱子學，再就內部改造。但是全盤接受朱子而且認定朱子詮釋的儒學是先秦的原意而言，整菴似乎深思不夠。

以下吾人分兩節以言整菴對朱子學理氣論之修正；也就是整菴眼中理想的朱子學，特就理氣論而言，應該強調那些面向，才能免於後人批評。

二、以理一分殊代替理氣論

理一分殊是朱子學的重點，亦可以用月印萬川以形容之，表示天理落在不同的氣質上，而有不同之分殊表現。此朱子承於伊川而發揮之，伊川對於張載的〈西銘〉，讚譽有加，在回答學生之問題裡，認爲其不只有墨家的兼愛，而是如儒家的親親仁民而愛物的推擴出去，如同一理而分殊於萬物之中。在朱子的理論中，既有理一分殊的講法，也有理氣論的講法，兩者相容而不相悖。但在整菴眼中，朱子的理氣論承於小程的然與所以然之區分，罅縫太大，理氣不圓融，容易造成理氣爲二物，甚至有理而沒有氣的講法，故認爲當該多強調理一分殊，以代替朱子的理氣區分爲二。〔註8〕

在此，可以看整菴的問題意識爲何？其言：

> 及宋，程、張、朱子出，始別白而言之，孰爲天命之性，孰爲氣質之性，參之孔孟，驗之人情，其說於是乎大備矣。然一性兩名，雖曰「二之則不是」，而一之又未能也，學者之惑，終莫之解，則紛紛之論，至今不絕於天下，亦奚怪哉！愚嘗冥以求之，沈潛以體之，

〔註8〕 整菴對於一性兩名亦有反省，說實了還是理氣二分的反省。即認爲不用區別爲氣質之性與天性之性的講法，而以理一分殊代替之即可。因爲他認爲難道言天命之性時，此天命不是落於氣質中嗎？或是言氣質之性時，難道其中沒有天命可言嗎？整菴有言：「但曰『天命之性』，固已就氣質而言之矣，曰『氣質之性』，性非天命之謂乎？一性而兩名，且以氣質與天命對言，語終未瑩。」羅整菴：《困知記》（北京：中華書局，1990年），頁7。在此整菴已反省到程朱的一性兩名之語意未瑩。但畢竟整菴還是朱子學，雖其反對天命與氣質之區分，但還是以理一與分殊代替之，還是代表著天命與氣質之兩種性，只是認爲兩種性是不能相離的意思。而性是一，性是血氣心知，人的血氣心知必爲善，必會以情絜情，這講法一直到戴震才正式說出。又整菴反省到，氣質與天命對言，不好，何以不好？因爲如此容易把氣質視爲惡，而存天理，去氣質。然氣質，如耳目口鼻，不一定是惡，此人之欲還是本有的，如何能去掉呢？要去掉的是私欲，而不是欲。

積以歲年，一旦恍然，似有以洞見其本末者。竊以性命之妙，無出理一分殊四字，簡而盡，約而無不通，初不假於牽合安排，自確乎其不可易也。蓋人物之生，受氣之初，其理惟一，成形之後，其分則殊。其分之殊，莫非自然之理，其理之一，常在分殊之中。此所以為性命之妙也。語其一，故人皆可以為堯舜，語其殊，故上智與下愚不移。聖人復起，其必有取於吾言矣。〔註9〕

在此段之前，整菴對於歷代言性作一考證，當然，整菴是站在小程子的「性即理」的方向下，認為如此解《孟子》才是正確的。但是認為程朱之學還是有其不瑩處，因為雖然程子認為「論性不論氣不備，論氣不論性不明，二之則不是。」〔註10〕也就是說論性時，除了要論天地之性外，也要論氣質之性，如此論之才完備，若只論天地之性，而不及氣質，難以解釋上智下愚之人；若只談氣質之性而論不及天命之性，這是荀、楊等人論性，只是一種生之謂性、氣質之性，而談不到天命之本源。雖然程子一再的說「二之則不是」，但是此區分已形成，而合一不起來，此整菴之所擔憂處。於是整菴看到朱子學所云的「理一分殊」之言，認為性命之妙，無出於此四字，因為就本末體用等，如根之自然發用而出枝芽，而出樹葉，此皆自然之理，非有造作安排所為，亦非人為所能安排。

此正是整菴的問題意識所在，亦是其所要解決朱子學之不一處，朱子的不一，在於理氣之割裂太甚，而合會不起來。而割裂之弊在哪呢？何以一定要會合為一呢？朱子學的理氣之區分，主要要維持一個道德天理的超越性，天理之優越，不是現實人間所足以比擬。但這種說法固有其好處，然還是講得不圓融而有缺點，〔註11〕缺點在於，提升一個天理而容易貶低了人倫世間，〔註12〕此亦因為朱子學視氣有時要為惡負責。〔註13〕所以朱子經常兩邊帶（即

〔註9〕 羅整菴：《困知記》（北京：中華書局，1990年），頁7。

〔註10〕 《二程集》（台北：漢京文化事業有限公司，1983），頁81。

〔註11〕 此缺點或可以說只是人病，即朱子學的義理沒有問題，但容易被認為其學說分解太甚。然朱子學義理是否沒有問題，此是詮釋上的問題，到目前為止，擁朱與反朱的詮釋都不一樣。

〔註12〕 劉蕺山常就此點以批朱子，其批評「吾儒亦曰理生氣」，指的是朱子。因為造成理先氣後的講法，理重要而氣不重要的講法。先不論蕺山的理解是否正確，至少朱子的理論容易讓人有人病產生。

〔註13〕 朱子言氣，未明顯分別所謂的先天之氣與後天之氣，故惡亦是由氣負責。如此容易讓人貶低人倫氣化，貶低身體。即氣若沒有理領導，氣為空氣，為盲爽發

重理也重氣），有時提升天理的超越性，認爲理氣有別；有時即氣言理，認爲理不在氣之外。但是整菴的看法，認爲此二種講法不如一以貫之，但他不是取一個中道觀以合於兩邊，而是取其一，而反對另一邊。其所取者，理一分殊（此理一是在分殊中的理一），或說理只是氣之理，整菴認爲這是朱子圓熟的講法；而反對朱子把理氣割截爲二。

理一分殊既然是要解決理氣割裂與二種性不能合一的講法，則理一就不是在氣之外，這也是整菴重氣的講法，其有言：「蓋通天地，亙古今，無非一氣而已。」〔註14〕還認爲，理只是氣之理，這意思，是取消掉了超越的天理，而把理內在於氣，〔註15〕似成了內在一元論的講法，超越義不顯，道德義減殺。然整菴不是這個意思，因爲他認爲本然之氣是善，後天才有惡，故本然之氣亦爲善，都是理想的，此可下接蕺山、黃宗羲與戴震的講法。這也是整菴所言「其分之殊，莫非自然之理」，即天道生成萬物（非先有一個天道生萬物），各正性命，而各個萬物，莫非性命之正，莫不有理。甚至以天理生成萬物的講法，在整菴看來，亦不甚正確，因爲會有一個只有天道而沒有萬物的時候，此爲天理至上而貶低氣化的講法，正是整菴認爲朱子學所以不瑩處。

整菴以理一分殊的理論，用在萬事萬理上，一以貫之，其如此說明：

> 「成之者性」，理之一也，「仁者」、「知者」、「百姓」也、「相近」也者，分之殊也。「天命之謂性」，理之一也，「率性之謂道」，分之殊也。「性善」，理之一也，而其言未及乎分殊，「有性善，有性不善」，分之殊也，而其言未及乎理一。程、張本思、孟以言性，既專主乎理，復推氣質之說，則分之殊者誠亦盡之。但曰「天命之性」，固已就氣質而言之矣，曰「氣質之性」，性非天命之謂乎？一性而兩名，且以氣質與天命對言，語終未瑩。朱子尤恐人之視爲二物也，乃曰：

狂之氣。然在整菴已有此意識了，即氣不可言其爲惡，因爲氣若是本然之氣，即先天本有之氣，如耳目口鼻之欲、視聽言動等，豈要爲惡負責呢？惡是後天之習所造成的，不可歸之於先天本有之氣。整菴有言：「視聽思慮動作皆天也，人但於其中要識得真與妄爾。動以天之謂真，動以人之謂妄。」羅整菴：《困知記》，頁 31。此認爲氣也是依於天性而有，不可去之。天性本有的是真，如吃喝飲食也是人之所不可缺，亦是真；但若因著後天的污染，吃喝沒有節制，則爲人僞，則爲妄。朱子論氣，未明顯區分此先天之氣與後天之氣。

〔註14〕羅整菴：《困知記》，頁4。
〔註15〕「夫易乃兩儀、四象、八卦之總名，太極則眾理之總名。」羅整菴：《困知記》，頁 5。此意思乃取消掉超越的天理，而強調理只是氣之理。

「氣質之性，即太極全體墮在氣質之中。」夫既以墮言，理氣不容
無罅縫矣。惟以理一分殊蔽之，自無往而不通，而所謂「天下無性
外之物」，豈不亶其然乎！〔註16〕

朱子以理氣論貫穿所有萬事萬物，天下萬物有氣便有理，有理便有氣，逃不
出理氣之外，此理氣論貫穿天人而為一。但整菴認為理氣論有其瑕疵，於是
以理一分殊以代替之，而且認為理一分殊也能貫通萬事萬物，而且較無語病。
整菴在此以理一分殊貫通四書五經，於《易傳》裡認為，「成之者性」，即為
天命之性，而仁者、知者、百姓等，即為分之殊，乃天命之性落在不同氣質
之而表現，然這種講法，以整菴的理一分殊以通貫之便可，若太強調天命與
氣質之不同，或是強調理與氣之分離，則有缺點，一，理氣有罅縫，即理氣
未相接時，理氣各在一處，而為二本。二，一性而兩名，而會歸為一有困難，
亦認為割截太甚。三，天命與氣質之對言，容易只是「存天理，去人欲」。然
人欲亦莫非天，人要吃喝飲食，難道不是天性嗎？難道不是生而本有嗎？若
是天性，豈可滅哉！當然朱子亦非要人不飲食，〔註17〕但整菴認為把理氣二
分，氣質、天命二分的弊病，很容易至此。朱子的區分，大致保住了性理的
超越性，但也容易造成了氣質之貶低的弊病。〔註18〕對於此，整菴認為強調
理一分殊，且此理一只在分殊中，如此是可以減少這種錯誤的認知（不管是
人病還是法病），而且這也是朱子沒有想通之處。

但若如整菴的理一分殊之說，理一只在分殊中，則天命之超越性，似乎
保不住了，整菴又將如何回應呢？第一，理一分殊裡的理一還是在，故天命
之粹然還是有的，純粹至善還是在的，只是這理一不是一個抽象光禿禿的理
一，而是表現在具體上的理一，這理一表現在萬事萬理上，都是同一個天理。
第二，整菴強調理一分殊，理一不在分殊之外，則似乎容易造成，理的超越
性減低了，變成了理為現實事物內在之理，好像是承認現實事物，即萬事萬
物都有其理，壞事亦有理，理的超越性保不住了，在此整菴如何回答之呢？
吾人認為，整菴學不會有此弊，整菴認為萬事萬物都有理，可以分為天道論
與心性論來談；就天道論而言，天地萬物自然而然的分殊，莫非自然之理，

〔註16〕羅整菴：《困知記》，頁7～8。
〔註17〕此從〈中庸章句序〉處談人心道心處可看出。
〔註18〕朱子雖然一再的重氣，一再的重視下學，然氣還是有其現實性的一面，終比
　　　　不上理的優越。

都是妙理，都是天之垂象，都是吾人法效的對象，故天道不遠而復，總都是善的，天道之氣化，自己而然，非外力而能成就，氣化如此不亂，其背後便是理，然理非一物焉以依附於氣之上，若如此則二本，整菴不是如此；氣化不亂的規律便是理，故天道有其氣便有理，即有理便是正道，都是吾人效法的對象；以上所言，從整菴反對朱子的「理管不住氣」〔註19〕可看出。至於心性論，朱子、整菴都認爲「學以復其初」，則其初之時，或是作工夫而後的境界（復其初），其理即心，心即理，心與理沒有距離，若如此天性之物，本即有理；但之後何以變壞？乃爲後天所染，故要學以復其初。故依於本然之氣，都是善的，都有其理；但若依於後天之習而加諸於氣，則爲蒙蔽，理爲蒙蔽而不清。〔註20〕故整菴之說，超越義並未減少，因爲其本然就是善的，本然而言，理與氣一滾而出，氣亦是先天，如目耳之食色、視聽言動亦是天命本有；天命與氣質，是一而二，二而一，有如是氣質，則有其天命之理，如有口目，則有口目當該飲食等之理，且自有節制，才是所謂的理。這也是整菴之學可免於下墮之理由，這種講法下開蕺山、黃宗羲，戴震等人，即爲重氣、重欲〔註21〕的講法，因爲在此整菴言的欲不是貶義，而是中性，甚至是善的。〔註22〕而牟宗三先生談到整菴時，〔註23〕把整菴與黃宗羲歸爲一類，這講法是對的，此只就分先天與後天這一點，整菴與黃宗羲同一派；但把整

〔註19〕 「嘗考朱子之言有云，『氣強理弱』，『理管攝他不得』。若然，則所謂太極者，又安能爲造化之樞紐，品物之根柢耶？」羅整菴：《困知記》，頁 29。即整菴認爲有是氣便有其理，天道之造化，都合其理。若有管攝不住氣者，則不能稱其爲太極。因爲整菴認爲太極爲眾理，眾理管攝的了眾氣。

〔註20〕 此段所言，可見整菴之言以證成之，整菴認爲「夫人之有欲，固出於天，蓋有必然而不容已，且有當然而不可易者。於其所不容已者而皆合乎當然之則，夫安往而非善乎？惟其恣情縱欲而不知反，斯爲惡爾。」羅整菴：《困知記》，頁 28。故可見在整菴的心性論裡談善與惡，乃就先天與後天之區分，先天之情欲，有其當然之則，不可稱爲惡；直到後天放縱而不知求放心，才爲惡。

〔註21〕 不是縱欲。而是肯定吃喝有其合理性。

〔註22〕 欲或是氣何以是善而不只是中性的呢？中性的講法是當代西方倫理學的講法，認爲物質是中性，不可以善惡言之；然在中國的傳統，現實的存在物，賦予它存在的價值，故爲善。如《易傳》談「地勢坤，君子以厚德載物。」這時不把地視爲只爲物質性的中性之物，而是賦予它存在的善的價值，而爲君子所仿效。

〔註23〕 「此蓋即羅整菴、劉蕺山、黃梨洲等所不滿意之歧理氣爲二也。然彼等不知其故，不知就體之體會不同而加以簡別糾正，卻只就理氣之分本身而直接去爭二不二，是以終于成朝三暮四之纏夾，而終不足以難朱子也。」牟宗三：《心體與性體》（一）（台北：正中書局，1996），頁 402。

菴與黃宗羲批評爲下墮之學、自然主義，〔註24〕這應該不是整菴的本意。

所以於上文處，整菴認爲理一分殊的講法已夠，便不用再分何爲天命、何爲氣質，因爲二本且有裂縫。而且天命之中，必有氣質存在，因爲不會只有理沒有氣的時候，故言天命，必伴隨著氣質；而言氣質時，也不是只是空的氣，背後必有理，若如此，則言理一分殊已足夠，而不用再談天命之性與氣質之性之別，因爲二本，且容易重理而貶氣。然整菴認爲朱子不是無見於此，朱子有「氣質之性，即太極全體墮在氣質之中」之語，這句話有兩個面向，第一，朱子還是把氣質與天命渾在一起講，怕人區分爲二，此一面向，整菴肯定之；第二，朱子用墮在氣質中的墮字，令人容易產生聯想，即墮在氣質後，太極與氣質合而爲一，但未墮之先，豈不兩物？如此令人視太極爲一物，此整菴所不得不修正朱子的講法。

故整菴對於理氣有二物之嫌的講法，都一一批評之，其批周子言：

> 《通書》四十章義精詞確，其爲周子手筆無疑。至如「五殊二實，一實萬分」數語，反覆推明造化之妙，本末兼盡，然語意渾然，即氣即理，絕無罅縫，深有合乎《易傳》「乾道變化，各正性命」之旨，與所謂「妙合而凝」者有間矣。知言之君子，不識以爲何如？〔註25〕

整菴認爲《通書》寫得義理圓融明確，當該是出於周子之手無誤；而〈太極圖說〉，則有待商榷，因爲有好有壞，例如「妙合而凝」幾個字，則讓人有二物之嫌，〔註26〕理與氣、太極與陰陽，之間有罅縫；至於〈太極圖說〉的另一段，所謂的「五殊二實，一實萬分」，深合於整菴的理一分殊之說，是造化自然之理，妙合無間，而且講得沒有瑕疵，理氣之間沒有縫隙，即氣言理，氣之秩序、規律便是理，非氣外有一個主宰之理，而理氣爲二。如此即氣言理，成爲了一元論，理內化而成了氣的屬性，有是氣便有是理，天道氣化，渾然之妙，一體而化，一氣流化，無非造化之妙，至理存焉。氣自有理，豈能以惡言之呢？天道至善而爲人所效法，如六十四卦，反覆對言，有好有壞，

〔註24〕 所謂的生之謂性的傳統，有自然的才質，便是吾人之性，便可放縱的講法。

〔註25〕 羅整菴：《困知記》，頁 29～30。

〔註26〕 雖然朱子學有理氣不離之意思，然理氣二分，容易讓人有理可以在氣之外的聯想，當然若好好的詮釋朱子，這可能只是人病，而不是法病。但朱子的確常常強調理的超越性，或是理管不住氣，理氣決爲二物的講法，容易讓人誤認，故這人病也常是說法不瑩所造成的。

但在〈易傳‧大象〉都以君子之德比配之，故不能以惡言。〔註27〕

整菴反對朱子的某些講法，而朱子的這些講法，很多是取自於伊川，故對於伊川，整菴亦有批評，其言：

> 理一分殊四字，本程子論〈西銘〉之言，其言至簡，而推之天下之理，無所不盡。在天固然，在人亦然；在物亦然，在一身則然，在一家亦然，在天下亦然；在一歲則然，在一日亦然，在萬古亦然。持此以論性，自不須立天命、氣質之兩名，粲然其如視諸掌矣。但伊川既有此言，又以為「才稟於氣」，豈其所謂分之殊者，專指氣而言之乎！朱子嘗因學者問理與氣，亦稱伊川此語說得好，卻終以理氣為二物，愚所疑未定于一者，正指此也。〔註28〕

整菴以理一分殊貫穿天地人三才，大至於天地，小至於一身皆然。並把程子論理一分殊之典故講了出來。依於理一分殊，整菴認為，則不須要再立天命與氣質之性的區分。然理一分殊雖是伊川之言，然整菴認為，伊川自己有時亦不能遵守之，這也是整菴想回到明道的圓融表示之意圖，而認為伊川與朱子之語小有未瑩。此乃因為朱子與伊川的話語裡，有時把理氣二分，把天命與氣質之性二分，此整菴所謂的一性兩名之弊。依於整菴，談一個性就夠了，或是談理一分殊就夠了，因為氣質之性就有天命於其中，言天命之性亦不離氣質，故言性，人知有氣質、天命於其中，而不用一性兩名，即氣言理，物物一太極，物物各有理。其認為伊川之所以有如此之弊，乃太強調二元區分，把理與氣作一超越的區分，此本是以人的理性所作的區分，然過於區分，容易在現實處真把它視為二物。故整菴認為伊川之弊，在於言氣稟時，只談到氣，而未言及理。然依朱子的規定，天下有理便有氣，有氣便有理，無無氣之理，亦無無理之氣，若如此理氣一滾而出，不可能各在一處，而為二物。其實依於朱子的理氣不離不雜的原則，伊川的講法，強調了不雜的面向，故言氣時，光只就氣談而言而不及理；而整菴強調理氣不離的面向，凡有氣便有理，天地間只有一氣之周流，而流行之規律便是理，此是理氣合一之說，

〔註27〕「延平李先生曰：『動靜真偽善惡皆對而言之，是世之所謂動靜真偽善惡也，非性之所謂動靜真偽善惡也。』……」羅整菴：《困知記》，頁22。此整菴肯定延平的意思，即天性中的相對反，甚至善惡之相對反，不是後天的善惡之對反的意思。如同吾人所舉例，天道的六十四卦的好壞對舉，然易傳都賦予其價值意義。

〔註28〕羅整菴：《困知記》，頁9。

而不希望一性兩名，以理一分殊一原則，代替一性兩名。如此的話，整菴似乎更爲一本，有向著明道的一本〔註29〕之精神趨近。

在此吾人認爲，整菴本來亦可以往戴震的一本論〔註30〕之思路走，因爲整菴認爲性只要談一個性就夠了，不用區分天命之性與氣質之性；且整菴重氣的思想似戴震。〔註31〕但整菴畢竟是朱子學，所以還沒有走到戴震處，何以見之呢？整菴有言：「董子云：『性者，生之質也。』觀告子論性，前後數說，其大旨不出生、質二字而已。」〔註32〕此意思乃受到伊川的「性即理」說法的影響，即認定孟子的性善是天理，故還要談一個氣以補之，所謂「論性不論氣不備」。然依於戴震，亦反對告子的「生之謂性」，即認爲告子只談到生之性，而談不到生之背後之理，依此理，故性爲善，血氣心知落在人這一類而言，總是善的。而整菴把董子打成了告子之流，此類於程朱，即視荀、楊都不識性，而同於告子之流。故吾人認爲整菴因受了程朱學的影響，雖有意跳離程朱的二元區分，然還無法全然跳脫出。

但整菴認爲，理氣雖爲一物，理與氣卻不是同一指涉，因整菴有明言：

> 理須就氣上認取，然認氣爲理便不是。此處間不容髮，最爲難言，要在人善觀而默識之。只「就氣認理」與「認氣爲理」，兩言明有分別，若於此看不透，多說亦無用也。〔註33〕

整菴認爲，所有的理都是氣之理，而不是光禿禿於氣外之理，此講法便重人倫氣化，也是整菴重氣的講法。理只在氣上認取，但是認氣爲理便不是，因

〔註29〕 明道的一本論，是徹形上形下爲一的一本，天人一本，天人無二。所謂的「居處恭，執事敬，與人忠，此是徹上徹下語，聖人元無二語。」《二程集》（一），頁13。此注了一個明字，表示是明道語。

〔註30〕 戴震的一本的意思，是性爲血氣心知，血氣心知自然合於仁義禮智，以血氣爲本，而仁義禮智是其背後之理，不在血氣之外，故爲一本，即是說合理氣爲一本，理不在氣之外。用以批程朱子的二本，此可參見《戴震集》（上海：上海古籍出版社，1980），頁285。吾人認爲整菴有往戴震學趨近的理由在於，整菴認爲，理自在分殊之氣中，若如此，此性則即氣言理，且天命之中自有氣質，氣質之中自有天命，相近於戴氏的一本論講法，戴震認爲氣稟自有理與其中，爲一本論，而不是二本，二本則理氣爲二物。且戴震與整菴同樣對欲能正視之。

〔註31〕 《困知記》點校者，閻韜亦有如此的看法，即視整菴爲戴震的前導。其言：「這種觀點是對理學禁欲主義、僧侶主義的嚴重挑戰，是對被理學否定的人民群眾生存權利的重新肯定，具有深刻的理論意義，成爲戴震思想的前導。」見閻韜點校，〈前言〉《困知記》，頁4。

〔註32〕 羅整菴：《困知記》，頁29。

〔註33〕 羅整菴：《困知記》，頁32。

為氣有先天之氣與後天之氣，先天之氣，氣皆合理，但後天之氣則蔽了理，不再依於自然而然的往來聚散之理而行，而變得不規律。所以整菴肯認就氣中指出其本然之規律，此便是理；而不是認氣為理，後天之氣不再有規律。且整菴的「就氣認理」的意思是理不在氣之外的意思，故依此可見整菴的理氣為一物的意思，非指理氣是同一指涉，而是指理氣落在同一物上。

以上言整菴的理一分殊之原則以貫穿程朱的理氣論，依此原則，整菴反省朱子學所遺留下來的問題，即當該強調理氣的不離面向或是不雜的面向；或說即當該強調物物一太極，還是該強調超越性的統體一太極之面向。此為氣機自然與所以然之衝突。以下試言之。

三、自然與所以然之衝突

自然（氣自有理、氣機自爾）與所以然的兩個面向，是朱子學理氣論所強調者，然朱子本人不會視為矛盾，但整菴似乎不如此認為。〔註34〕上一節處，吾人談整菴肯認理一分殊的講法，而反對所以然的義理。且依於理一分殊之義理，總認為這是氣機自行自爾，都是自然而然的道理。故氣機自然的講法可以等同於整菴所謂的理一分殊。而自然之理與所以然之理的講法有何衝突矛盾呢？朱子認為不衝突，因為朱子兩種講法都有，他不可能自打嘴巴；也因為朱子把理氣認定為不離不雜，所謂的不離不雜，就看似矛盾，就看似詭譎的相即。自然而然，就不是依他起而然，不是所以然，所以然代表著依乎一個超越的天理而言，則氣機如此是依一個外來之物而然，此為所以然，非自然者。所以然者，自己不成，而依待於他以成，此整菴認為有所衝突。於是嘗試著歸於一，其歸一者，不是合會與綜合，不是二種講法都肯認，而是批評然與所以然之區分，語意不透徹，見理不明；故整菴依於自然之理，也就是說依於理一分殊之說法，其對於朱子學的二種講法，取捨如此。

試看整菴之言：

〔註34〕 韓國儒學亦認為自然與所以然予盾，奇蘆沙言：「論以愚見，自爾二字與所以然三字，恰是對敵。自爾為主張，則所以然不得不退縮。今欲兩存而并用，其貌頗似魏延、楊儀同在丞相府，安能免畢竟乖張乎？此又事勢之必不可行者也。動者靜者氣也，動之靜之者理也。動之靜之，非使之然而何？」〈猥筆〉，《蘆沙集》卷十六，收入《韓國文集叢刊》第 310 冊，首爾，民族文化推進會，2003年 12 月，頁 371。此韓國朱子學亦認為氣機自爾與所以然者為理的講法，似為敵對。然韓國儒者的解決方式不同於整菴。但整菴於年代上早於栗谷與奇蘆沙。

自夫子之贊《易》，始以窮理爲言。理果何物也哉？蓋通天地，亘古今，無非一氣而已。氣本一也，而一動一靜，一往一來，一闔一闢，一升一降，循環無已。積微而著，由著復微，爲四時之溫涼寒暑，爲萬物之生長收藏，爲斯民之日用彝倫，爲人事之成敗得失。千條萬緒，紛紜膠輵而卒不可亂，有莫知其所以然而然，是即所謂理也。初非別有一物，依於氣而立，附於氣以行也。或者因「易有太極」一言，乃疑陰陽之變易，類有一物主宰其間者，是不然。夫易乃兩儀、四象、八卦之總名，太極則眾理之總名也。云「易有太極」，明萬殊之原於一本也，因而推其生生之序，明一本之散爲萬殊也。斯固自然之機，不宰之宰，夫豈可以形迹求哉？斯義也，惟程伯子言之最精，叔子與朱子似乎小有未合。今其說具在，必求以歸于至一，斯可矣。〔註35〕

整菴認爲《易傳》爲孔子所作，而《易傳》裡最早談到窮理二字，〈說卦〉中言：「和順道德而理於義，窮理盡性至於命。」然《易傳》所謂的窮理是否爲朱子的格物窮理之義呢？這或許還可以討論，於此暫不論之。至少整菴是把它們看作是相同的，既然理這麼重要，而理是什麼東西呢？是爲一物嗎？由先前的討論，吾人可知，整菴不會把理視爲一物，若理爲一物，則理氣有二物之嫌，而氣變得不重要，〔註36〕而容易讓人嚮往一個至上之理。於是整菴明言，天地古今，只有一氣而已矣。如此說時，把天地古今，視爲一具體流行的存在，而只就氣來談。但整菴的意思不是取消掉理，因爲他認爲「認氣爲理便不是」，而是認爲氣之有規律有秩序，便是理，這種講法，似把理內化而爲氣的規律條理，成爲氣之屬性，而取消掉了一個所以然之理，取消掉了一個主宰者。這種講法與蕺山的講法相似，〔註37〕蕺山有「太極者萬物之總名」的講法，〔註38〕即把太極之理，內化而爲萬物之理，〔註39〕而取消一

〔註35〕羅整菴：《困知記》，頁4～5。

〔註36〕因爲氣有時要爲惡負責，而理代表著理想性，是爲至善。

〔註37〕蕺山爲心學，而整菴爲理學，故還是有一些不同，然就二者重氣而言，吾人認爲其義理有其相似性。且黃宗羲認爲整菴言理氣最爲精確，應該還是承蕺山的意思而來。

〔註38〕見《黃宗羲全集》（一）（杭州：浙江古籍出版社，2005），頁252。

〔註39〕此內化不是超越義的減殺，因爲蕺山肯認氣的存在必要性，氣都是天命所爲，本爲善，惡是後天造成，故該分爲先天之氣與後天習染之氣，而蕺山的氣是就本然先天之氣而言是善的，故理想還是能保住，失去理想是後天的習造成，非由氣負責。

個造物主太極的講法；又蕺山批評禪家的「有物先天地，無形本寂寥，能為萬象主，不逐四時凋」之說，〔註40〕而認為朱子自命為儒家竟也說「理生氣」，何以異於禪家呢？亦是說整菴與蕺山於這一點上是相似的，即若先有理而後有氣，理氣未合之先，理為一物，則人人追求這一重要之物，而遺卻了人倫世間。而整菴與蕺山重氣、重人倫，故要取消掉先有一個主宰者的講法，若如此理氣之關係，不是「然與所以然」的關係，而是氣自然有理，氣機自爾。故整菴希望修正朱子學，從所以然的講法，一改而成為自然之說，因為自然與所以然正好矛盾，所以然者，依主宰者太極而然，依待他起，不是氣機自然，此為他然，他然就不是自然，而整菴不取朱子的他然義、所以然義，而只取氣機自然的意思。所以整菴言，天地之間只有一氣，而氣機如此而不如彼的有規律、有法則，此便是理。而且這理，是不知所以然而然，不知所以然而然是為自然，此莊子己申言之「已而不知其然謂之道。」〔註41〕在形式上，受了莊子的影響，然骨子裡是儒家義理，因為儒家更該重視人倫氣化。所以整菴認為這理是仁義道德之理，不是道家玄理。於是整菴認為初非別有一物，依於氣而立，附於氣以行也，這些講法都是對於朱子講法的不瑩處作一反省。若太極為一物，乘氣機而行，則未乘氣之前，在於何處，此將淪為理氣各為一物，而後始能二物合，這種講法無法正視人倫氣化的重要，因為理高高在上，大家將追求一個高尚之理，而忽視了氣。

　　整菴修正了朱子之言，而自己站在一個發問者的角度以問難之，因為朱子之所以認為「太極如有一物」的講法，也是依於經典而發言，《易傳》有言：「易有太極」，易有太極生兩儀的講法，容易讓人聯想到宇宙論的模式，由太極作為根柢，而生發萬事萬物，既然《易傳》有言，而朱子依之，朱子之認為太極類為一物，也是依於孔子的權威而發言，難道整菴也修正孔子嗎？整菴並未如此，而是把「易有太極」一言，作了自己的詮釋，以氣自有理的方式詮釋，而不取朱子的「所以然」之方式詮釋；亦是說若把「易有太極」，視為太極是一個主宰者，用以主宰天地萬物的講法，在整菴眼裡，這是錯的。整菴認為易是兩儀、四象、八卦等之總名，因為兩儀、四象、八卦等，說實了便是天地間的陰陽之變化，這與整菴認為的天地間「一氣而已矣」的意思是相同的，即天地間只是一氣的來往流行，只是聚散屈伸等的氣化之改變，

〔註40〕《黃宗羲全集》（八），頁891。
〔註41〕見《莊子‧齊物論》。

而變化往來之間，有其不可不如此的必然規律，此爲理也。而太極呢？太極是眾理之總名，亦是說把太極之理散殊爲萬理，即不是萬理之外還有個主宰者太極；太極不是一個主宰者，而是萬物各有萬物之理，這是太極，即太極內化而爲萬物之理，此所謂的物物一太極的講法，也是整菴的理一分殊的講法。而理一只是同一個天理，散落在分殊中，因著分殊之氣的不同，而理之表現亦不同，〔註42〕表現出不同的分殊之理。但這理一，不是超絕於萬物之外的天理，這理一就只表現在分殊之中，用整菴的話來形容，就是理一分殊，或是一本萬殊，然一本只在萬殊中顯。亦是說整菴對於「易有太極」的詮釋，視爲天地之萬理，而萬理只是同一個理落於不同的殊性中表現，所以這一本、這太極的意思，是表明眾理都是同一個理，然這同一個理，不是在氣化之外有一個創生者、造物主而爲一個根源存有之意思。故整菴以「自然之機」以形容之，〔註43〕乃是反對所以然的講法。又整菴言「不宰之宰」，乃是取消主宰的造物主，即雖有主宰，然此宰是自然之宰，不是造物者爲一所以然之宰，即反對把太極視爲一創生根源的意思，因爲天地間有理便有氣，非理生氣，此不宰之宰的意思，即萬物自有其理，理不從外來的意思。此太極不可以形跡求之，若可形跡求之，是有一物稱爲太極，則太極淪爲一物，理氣二本，理氣有罅縫。整菴認爲這個意思，只有明道講得最爲完善，至於朱子與小程子的所以然之說，都是思想未透，語意未瑩的講法，不可取。

整菴作爲朱子後學，要解決朱子學所遺留下來的問題，這也是整菴的問題意識所在，即要把朱子學不圓融處，用以歸一，故看出到了明代的朱子學----羅整菴，理與氣之關係，有從重視所以然之理到重視氣機自爾的轉變。

〔註42〕 整菴對此一理散爲萬理的講法有言：「《易》逐卦逐爻各是象，象各具一理，其爲象也不一，而理亦然。然究而論之，象之不一，誠不一也，理之不一，蓋無往而非一也。故曰：『同歸而殊塗，一致而百慮。』非知道者，孰能識之？」此意思乃表示，要說一理也可以，要說萬理也可以，一理的意思乃，雖然有萬理之多，然此萬理都是同一個天理；萬理的意思乃，雖都是同一個天理，但落在不同的氣的表現不同，理亦跟著不同。然不論整菴言一理或是萬理，理絕不能離氣而自存。

〔註43〕 整菴的「自然之機」之講法，影響到了韓儒李栗谷，李栗谷對於整菴的評語，認爲整菴微有理氣爲一物的講法，然整菴認爲氣不是理，故可免於此弊。又栗谷有「氣機自爾」的講法，韓儒評爲主氣派，亦是重氣的講法，與整菴的重氣、整菴自然之機的講法，相當的雷同。

四、結　語

在結語處，依著上文的分析，必要牽引到三個問題，一是整菴對惡的看法；一是整菴是否為下墮之學，此二問題是息息相關的；最後談吾人此文有進於以往的觀點。

第一，走筆至此，對於整菴論惡的看法不得不提及，因為整菴的物物一太極、萬物自有其理、有是氣便有是理的講法，讓人聯想到自然主義，〔註44〕即凡存在皆合理的意思，難道惡的存在也合理嗎？若如此，整菴又如何面對惡的問題呢？其實整菴對惡的講法，須是先區分天道論與心性論，就天道論而言，天道當該無惡，而人道才有惡，何以如此呢？例如整菴認為易之六十四卦都是自然之理，都是天道的一氣流行，易卦都是對舉，有否有泰，有乾有坤，然此區分，都是天性中本有之物，不可謂之惡，都是自然之理，但為人見，不合於人，但不見得不合於天道，故整菴認為性中之惡，非世俗中的惡，〔註45〕因為世俗中的惡，是人道的後天習染所造成，非天道負責，整菴亦有言：「視聽思慮動作皆天也，人但於其中要識得真與妄爾。動以天之謂真，動以人之謂妄。天人本無二，人只緣有此形體，與天便隔一層，除卻形體渾是天也。然形體如何除得？但克去有我之私，便是除也。」〔註46〕此意思是說，天人本都是善的，甚至人道而言亦是善的，亦是真的，而不是虛妄，天與人就其本而言，都是真的，即是指天生本有而言，本是善的，縱是視聽言動都是善的、都是真的。然人道論（心性論）裡，人依著後天的習染而不善，這是後天之習所造成，非天生的氣質要負責；且在天道論裡，先天而天不違，後天而奉天時，天道不因習染而惡，故天道總是善的，人要效法天始可，故整菴認為人因為有形體之私而隔於天，不再是真而為妄，然此形體亦是天性所為，如何為私呢？此是指人的形體為後天所染，而不再善了，故要學以復其初，作克己復禮的工作，恢復回原來的形色天性。故從這一段看來，看出整菴論天道論與人道論，就天道論而言，天道不因後天而為惡，故天道總是善的；就人道而言，人道依於後天的污染而為惡，故天人總是不一，此乃就後天而言，天人總是不一；但就其本源而言，天人本是善的，視聽言動，莫

〔註44〕類於告子的生之謂性之傳統。

〔註45〕「延平李先生曰：『動靜真偽善惡皆對而言之，是世之所謂動靜真偽善惡也，非性之所謂動靜真偽善惡也。』……」羅整菴：《困知記》，頁22。整菴肯定延平的話。

〔註46〕羅整菴：《困知記》，頁31～32。

非天性，故都是善的。〔註47〕

第二，整菴學是否爲下墮之學。吾人認爲不是。雖然整菴只取物物一太極的面向，即有是氣便有是理的講法；而不取理氣之間爲然與所以然關係的面向，如此是否有超越義的減殺的意思呢？即有存在都合理，壞事也合理的意思。其實依於整菴的先天與後天之區分，整菴的確可以把欲高看，因爲都是合於天性，都是天命所爲，都是本有，不當爲惡。若先天本有爲惡，則是上天天生有意爲惡，而人道要努力以去以惡、去此欲，若如此，則人以離開身體爲努力的方向。但儒家的義理豈要人厭惡身體、厭惡視聽言動呢？此莫不是天，動之以天性本有，則莫非至善，即視聽言動都合於先天之法則，即重視氣，氣中自有理。此先天後之天區分，不同於朱子的理氣區分，朱子之區分乃拿一個理以對治氣，氣有善有惡，故氣有時要爲惡負責。故整菴曾批評過象山（其實說整菴在批朱子亦可），以其視欲爲惡，故認爲有不恰。〔註48〕整菴認爲本然之氣亦是善的，若本然之氣，心即理，理即心，全氣是神，本來就是好的，但後天才流於不善，故惡爲後天之習負責，不爲先天之氣負責。

第三，吾人此文與博士論文處理整菴的理氣論有何不同呢？以現在眼光視之，吾人博士論文亦非有誤，而是有些重要的義理沒有完全發揮出來，故以此文章補充之。主要是，一，看出整菴的自然與所以然之區別，而整菴重自然之意。二，整菴的先天與後天的區別，此乃吾人後來研究了蕺山黃宗羲之學，所得的心得，現在看出，整菴其實正要表示此區分，此區分爲先天與

〔註47〕 此整菴有言：「故人道所貴，在乎『不遠而復』，奈何『滔滔者天下皆是也』！是則循其本而言之，天人曷嘗不一？究其末也，亦安得而不二哉？」羅整菴：《困知記》，頁 28。此整菴言天人之間，就其本有而言，天人都是善的，視聽言動亦是眞，而不是妄。但若循其末而言，即就後天而言，人道因後天之染，故不能如其初，故要復其初，談復的意思，便是表示本有，而後天失去的意思。

〔註48〕 「《樂記》『人生而靜，天之性也。感於物而動，性之欲也』一段，義理精粹，要非聖人不能言。陸象山乃從而疑之，過矣。彼蓋專以欲爲惡也。夫人之有欲，固出於天，蓋有必然而不容已，且有當然而不可易者。於其所不容已者而皆合乎當然之則，夫安往而非善乎？惟其恣情縱欲而不知反，斯爲惡爾。先儒多以『去人欲』，『過人欲』爲言，蓋所以防其流者，不得不嚴，但語意似乎偏重。」羅整菴：《困知記》，頁 28。從整菴這段話看來，其對欲的意思不同於先儒，特別是象山與朱子，其認爲欲不爲惡，因爲是天性本有的，後天的習染放縱才要爲惡負責。由此看出，整菴的超越區分，不同於朱子，朱子以理氣爲區分，而整菴取先天後天之區分，故本有之氣、本有之欲、視聽言動亦是善，亦是天性，不可去之。

後天，與程朱的區分理氣是不同的，因爲在程朱而言，氣是形下的，而在整菴而言，氣卻是先天本有的，如視聽言動等，都是眞，而不是妄。